1000 FRAUEN

1000 FRAUEN

Bedeutende Persönlichkeiten
von der Antike bis zur Gegenwart

© Naumann & Göbel Verlagsgesellschaft mbH, Köln
Autor: Friedemann Bedürftig
Lektorat & Bildredaktion: Katrin Höller
Titelabbildungen: dpa
Gesamtherstellung: Naumann & Göbel Verlagsgesellschaft mbH, Köln
Alle Rechte vorbehalten

ISBN 978-3-625-12228-9
www.naumann-goebel.de

Inhalt

Vorwort

Warum ein Buch mit tausend Frauen-Porträts? – Rekordhascherei? Magie der großen Zahl? Beides hat beim Entschluss, der historisch weitgehend vernachlässigten und bis heute vielerorts unterdrückten Hälfte der Menschheit einen Sammelband zu widmen, wohl auch eine Rolle gespielt, doch allenfalls am Rande. In erster Linie geht es darum, sichtbar zu machen, dass es zu allen Zeiten Frauen gegeben hat, die sich in der von Männern dominierten Welt trotz aller Ausgrenzung und Ausbeutung Gehör zu verschaffen verstanden haben. Ihre Leistungen sind eben wegen der vielen Hürden beim öffentlichen Wirken umso höher einzuschätzen.

Die große Zahl bot sich daher als Herangehensweise an. Nur so war die Breite des Spektrums der Talente zu erfassen und ein Eindruck davon zu vermitteln, welch großes Potenzial an Kreativität und Intelligenz durch die Beschränkung der Frau auf Kindbett und Küche vergeudet worden ist. Selbst bei tausend Kürzestbiographien musste natürlich dennoch eine scharfe Auswahl getroffen werden. Und manche/r wird bemängeln, dass Fußballerinnen oder Kurtisanen einige wichtige Wissenschaftlerinnen oder Künstlerinnen verdrängt haben. Das war unvermeidlich, wollten wir nicht elitäre Maßstäbe anlegen, sondern auch schlichtere Begabungen würdigen und zeigen, wie Frauen oft nur durch Rückgriff auf ihre „natürlichen Waffen" haben Einfluss nehmen können, und sei es indirekt.

In den wenigen Zeilen, die pro Person zur Verfügung standen, ließ sich selbstverständlich kein Lebenslauf bieten. Es kam vielmehr darauf an, das herauszuarbeiten, was die betreffende Frau besonders charakterisiert und was ihre Aufnahme begründet. Je bedeutender sie war, desto drastischer musste gerafft werden. Ob Marie Curie oder Elisabeth I., ob Kleopatra oder Madame de Staël, ob Olympe de Gouges oder Mutter Teresa – da reichte nicht bloßer Mut, da brauchte es schon Tollkühnheit zur Lücke. Gleichwohl sind Miniaturen entstanden, die etwas von der Unverwechselbarkeit der kurz ins Licht gerückten Figuren vermitteln und womöglich zur näherer Beschäftigung mit dieser oder jener bedeutenden Frau verlocken.

Ist das geglückt, sehen wir einen Zweck unserer Edition erfüllt: Veränderung des Blicks auf die Rolle der Frauen in Geschichte und Kultur. Das zu unterstützen, dient auch das chronologische Vorgehen und die Einteilung der Porträts nach Epochen. Dabei nämlich wird deutlich, wie unendlich lange Frauen fast ganz von Mitbestimmung und Mitgestaltung des Weltgeschehens ausgeschlossen gewesen sind: Aus Altertum und Antike kommen uns nur 36 Persönlichkeiten näher, im Mittelalter sind es etwa doppelt so viele und in der Neuzeit bis um 1850 ragen an die 200 heraus. Wirklich Notiz von weiblichen Leistungen aber nimmt erst die Neueste Zeit mit rund 700 Nennungen, wobei Frauen aus den westlichen Ländern allerdings weit überrepräsentiert sind. In anderen Kulturen haben die Frauen noch immer nicht die Freiheiten, die zur vollen Entfaltung ihrer Fähigkeiten unabdingbar sind.

Fähigkeiten, die wir dringlicher denn je brauchen: Männer, entwicklungsgeschichtlich eher aggressiv gepolt, haben bis in die jüngste Vergangenheit fast allein die Richtung vorgegeben und den Planeten entstellt. Zwar sind Frauen sicher nicht die besseren Menschen, doch oft die friedfertigeren, auf Nachhaltigkeit bedachteren. Fest steht: Mehr weiblicher Einfluss wäre ein Segen gewesen für Erde und Menschheit. Heute ist er zur Existenzfrage geworden, denn die Probleme, vor denen die Welt steht, sind nicht mehr wie einst der Gordische Knoten per Schwertstreich zu lösen.

Köln, Sommer 2009   *Verlag, Redaktion und Autor*

Altertum/Antike

16. Jh. v. Chr. bis 500 n. Chr.

In vielen Gesellschaften des alten Orients und der antiken Mittelmeerwelt wurde den Frauen nicht einmal eine Seele zugestanden; eine Rolle im politischen Raum war schon gar nicht vorgesehen. Dennoch sind uns Namen und Taten einer ganzen Reihe von bedeutenden weiblichen Persönlichkeiten aus den frühen Epochen (bis etwa 500 n. Chr.) überliefert. Es sind Herrscherinnen (Kleopatra) darunter, Dichterinnen (Sappho) und auch erste Heilige (Monika). Die Geschichtsschreiber vermerkten obendrein angeblich zänkische Frauen (Xanthippe) und einige schurkische Damen (Messalina). Zur Ablenkung von männlichen Untaten oder als Kontrastfiguren zum höheren Ruhm der Herren?

Seit 1479 v. Chr. führte Hatschepsut das Reich am Nil über zwanzig Jahre für ihren unmündigen Stiefsohn Thutmosis III. Mit umsichtiger Friedens- und Handelspolitik schuf sie Voraussetzungen für eine wirtschaftliche Blüte. Sie entfaltete eine rege Bautätigkeit, der wir unschätzbare Kunstwerke verdanken, wie den Tempel von Deir el-Bahri am Westufer des Nils gegenüber von Luxor.

Nofretete
* 1. Hälfte des
14. Jahrhunderts
v. Chr., ägyptische
Königin

Nofretete war mit Pharao Amenophis IV. (regierte 1364–1347 v. Chr.) verheiratet und teilte mit ihm die Verehrung der Sonne (Aton) als einzige Gottheit; er nannte sich daher Echnaton. Sie lebten in der neu erbauten Hauptstadt Amarna, wo 1912 bei Ausgrabungen mehrere Porträtköpfe von Nofretete, darunter eine lebensnah bemalte Gipsbüste (bald im Neuen Museum, Berlin), entdeckt wurden.

Nefertari
† um 1260 v. Chr.,
ägyptische Königin

Die adlige Nefertari heiratete Ramses II., der seit 1270 v. Chr. die Geschicke Ägyptens über sechs Jahrzehnte bestimmte. Welche Bedeutung Nefertari bei Hofe als „Großer Königlicher Gemahlin" zukam, ist an der Vielzahl von Reliefdarstellungen und am reichen Schmuck ihres Grabes im Tal der Königinnen abzulesen. In Abu Simbel ist ihr der kleinere Felsentempel gewidmet.

Als Regentin für ihren unmündigen Sohn Adad-Nerari III. (regierte 810–782 v. Chr.) stand Semiramis fünf Jahre an der Spitze des assyrischen Reiches und wurde für ihre Städtegründungen gerühmt. Wegen Namensähnlichkeit mit einer sagenhaften früheren Königin schrieb man ihr die Errichtung der „Hängenden Gärten" von Babylon zu, eines der sieben Weltwunder des Altertums.

Viele ihrer Werke, darunter vor allem Hymnen und Liebeslieder, sind verloren. Die bruchstückhaft überlieferten Texte entfalteten dennoch in ihrer Bildhaftigkeit große Wirkung etwa auf Dichter wie den Römer Horaz oder den Deutschen Hölderlin. Um Sappho bildete sich auf Lesbos eine Gruppe eng befreundeter Schülerinnen (daher später der Begriff „lesbisch").

Die Geschichte weiß von Xanthippe und von ihrem angeblich zänkischen Wesen, weil sie Ehefrau des großen Philosophen Sokrates war. So schrecklich aber kann sie in Wirklichkeit nicht gewesen sein, denn sie schenkte dem Weisen immerhin drei Kinder und versorgte die Familie. Die Literatur aber nutzte sie als finstere Kontrastfigur zur Lichtgestalt des Sokrates.

Vom Vater Aristippos hatte sie gelernt, den Dingen auf den Grund zu gehen: Arete, die im nordafrikanischen Kyrene aufwuchs, war die erste Philosophin, von der wir wissen. Vom Einfluss des Vaters zeugt ein Brief, den er der Tochter kurz vor seinem Tod geschrieben hat. Darin mahnte er sie, sich an die Realität zu halten und mythische Erklärungen abzulehnen. (Abbildung: Landschaft von Kyrene)

Olympias von Epirus
* 375 v. Chr.,
† 316 v. Chr., make-
donische Königin

Die Tochter des Königs von Epirus heiratete Philipp II. von Makedonien und gebar
ihm den Sohn Alexander, den späteren
Welteroberer. Es wurde gemunkelt, Olympias sei in die Ermordung ihres Mannes
zugunsten der Thronfolge des Sohnes ver-
wickelt gewesen. In den Kampf um das
Erbe des 323 v Chr. verstorbenen Alexander griff sie aktiv ein und wurde schließlich
von einem Rivalen beseitigt.

Die Gemahlin des Pharaos Ptolemaios III. war
berühmt für die Schönheit ihres langen Haars.
Das opferte sie der Liebesgöttin zum Dank
dafür, dass ihr Mann unversehrt aus dem Krieg
zurückkehrte. Zur Ehrung solcher ehelichen
Zuneigung nannten die Astronomen ein Stern-
bild am Frühlingshimmel „Haar der Berenike" – als Namensgeberin dieses kosmischen
Objekts ist Berenike bis heute bekannt.

Berenike II.
† 221 v. Chr., ägyp-
tische Königin

Roxane
* um 345 v. Chr.,
† Amphipolis (Nord-
ostgriechenland)
310 v. Chr., make-
donische Königin

Er hatte das Weltreich der Perser besiegt, sie
eroberte ihn: Alexander der Große heiratete im
Jahr 327 v. Chr. Roxane, die Tochter eines Fürsten aus Baktrien (heute etwa Afghanistan). Sie
begleitete ihn beim Vormarsch nach Indien und
war an seiner Seite, als er 323 v. Chr. in Babylon
starb. Ihr kurz darauf geborener Sohn wurde
wie auch Roxane selbst in den Kämpfen um das
Erbe Alexanders ermordet.

Zeitweilig lenkte Kleopatra die Geschicke des Landes mit ihrem Bruder und Ehemann Ptolemaios XIII., dann wurde sie dank ihres Geliebten Caesar im Jahre 46 v. Chr. Alleinherrscherin unter römischer Aufsicht. Nach dessen Tod verband sie sich mit dem römischen Feldherrn Marcus Antonius. Mit seiner Niederlage gegen Oktavian im Jahr 31 v. Chr. sank auch ihr Stern. Sie wählte den Freitod.

Kleopatra
* 69 v. Chr., † Alexandria 30 v. Chr., ägyptische Königin

Cornelia
* um 190 v. Chr., † Rom um 100 v. Chr., römische Patrizierin

Cornelia war Tochter des Kriegshelden Scipio Africanus und heiratete Tiberius Sempronius Gracchus. Von ihren zwölf Kindern überlebten wenige das Kindesalter, darunter Tiberius und Gaius, die als Volkstribunen wegen ihrer Sozialreformen Anschlägen zum Opfer fielen. Trotz dieser Schicksalsschläge blieb Cornelia ungebeugt und genoss im hohen Alter große Verehrung.

Livia Drusilla
* 30. Januar 58 v. Chr., † Rom 29 n. Chr., römische Kaiserin

Im Jahr 39 v. Chr. begegnete Livia dem späteren Kaiser Augustus, der sich in die Schwangere verliebte und ihre Scheidung anordnete; den von ihr geborenen Stiefsohn Tiberius adoptierte er. Livia hatte bis zum Tod ihres Mannes im Jahr 14 n. Chr. großen politischen Einfluss und sicherte dem Sohn die Nachfolge, angeblich auch durch mörderische Ausschaltung von Rivalen.

Der Vater, Kaiser Augustus, zwang Julia aus politischen Gründen zu mehreren Heiraten und legte damit den Grund für ihre zahlreichen Affären auch während ihrer letzten, im Jahr 12 v. Chr. geschlossenen Ehe mit dem Stiefbruder und späteren Kaiser Tiberius. Die damit verbundenen Skandale führten im Jahr 2 v. Chr. zu ihrer Verbannung auf die winzige Insel Pandateria.

Julia
* 39 v. Chr., † Rhegium 14 n. Chr., römische Kaisertochter

Die nach christlicher Lehre als Jungfrau vom Heiligen Geist schwanger gewordene Maria ist biographisch kaum fassbar. Wie lange sie ihren gekreuzigten Sohn überlebte, ist offen. Sie wurde schon früh von den Christen als Muttergottes, in den Himmel aufgenommene Fürbitterin und Vorbild für bedingungsloses Gottvertrauen verehrt und künstlerisch verherrlicht.

Maria
* um 20 v. Chr, † nach 30 n. Chr., Mutter des Religionsstifters Jesus von Nazareth

Agrippina die Ältere
(A. maior)
*14. v. Chr.,
† 33 n. Chr.,
römische Prinzessin

Als Enkelin des Augustus stand Agrippina nahe am Kaiserthron. Sie heiratete den Feldherrn Germanicus, begleitete ihn auf Feldzügen und gebar ihm den späteren Kaiser Caligula. Mit ihrem Schwiegervater Kaiser Tiberius kam es nach dem Tod ihres Mannes zu Konflikten, die im Jahr 29 n. Chr. zu ihrer Verbannung auf die Insel Pandateria führten. Sie wählte den Tod durch Verhungern.

Oft besuchte Jesus Martha, ihren Bruder Lazarus und ihre Schwester Maria in Bethanien bei Jerusalem. Als Lazarus starb, flehte ihn Martha um Hilfe an. Vom Wunder der Wiedererweckung des Verstorbenen berichtet das Neue Testament. Nach Jesu Auferstehung soll Martha nach Südgallien gezogen und in Tarascon gestorben sein: Die dortige Kirche Sainte-Marthe erinnert an die Heilige (Gedenktag 29.7.).

Maria Magdalena
* Magdala am See Genezareth um Christi Geburt, Jüngerin des Jesus von Nazareth

Eine Frau in Jesu nächster Nähe, das beflügelte die Phantasie vieler Künstler: Maria Magdalena war Zeugin seines Sterbens sowie der Beisetzung und die erste, die den Auferstandenen am Ostersonntag sehen, aber nicht berühren („Noli me tangere!") durfte. Sie verbreitete die Nachricht vom leeren Grab. Das fernere Schicksal der Heiligen (Gedenktag 22.7.) ist von Legenden überwuchert.

Agrippina die Jüngere
(A. minor),
* Ara Ubiorum (Köln)
6. November 15, † bei
Baiae (Kampanien)
59, römische Prinzessin

Ihr Vater Germanicus war Adoptivsohn von Kaiser Tiberius, ihre Mutter Agrippina d. Ä. war Augustus-Enkelin und ihr Bruder war Kaiser Caligula – Agrippina war eine begehrte Partie. In dritter Ehe mit ihrem Onkel Kaiser Claudius verheiratet, sorgte sie 54 n. Chr. für dessen Ermordung, um die Nachfolge ihres Sohnes Nero aus erster Ehe zu sichern. Das wurde ihr zum Verhängnis: Nero ließ sie beseitigen.

Mit 14 Jahren wurde Valeria dritte Ehefrau des 35 Jahre älteren Kaisers Claudius, dem sie zwei Kinder gebar. Da das Leben im Palast für die junge Frau langweilig war, gab sie sich ausgiebigen Vergnügungen hin. Der Klatsch darüber und über Valerias mörderische Rachsucht wuchs. Claudius fürchtete bald selbst einen Anschlag und ließ sie hinrichten.

Valeria Messalina
* um 25, † Rom 48,
römische Kaiserin

Poppaea Sabina
* Pompeji um 31,
† Rom Sommer 65,
römische Kaiserin

Aus Roman und Film „Quo vadis" kennen sie viele: die schöne, aber gewissenlose Geliebte des Kaisers und Christenverfolgers Nero, der Poppaea nach Scheidung seiner ersten Ehe im Jahr 62 heiratete. Traut man den Quellen, so verband die beiden Liebe und das Vergnügen an Gelagen und Grausamkeiten. Der jähzornige Nero soll die schwangere Poppaea durch einen Tritt getötet haben.

Boudicca
* Südengland
1. Hälfte des
1. Jahrhunderts
n. Chr., keltische
Fürstin

Die Priestertochter Julia willigte im Jahr 186 in die Ehe mit dem römischen Offizier Septimius Severus ein, der 193 Kaiser wurde. Ihm gebar sie die Söhne Caracalla und Geta. Die gebildete Frau gewann einen für die Zeit ungewöhnlichen Einfluss auf den Kaiser und wurde zum Mittelpunkt des severischen Hofes. Nach dem Mord am Sohn Caracalla nahm sie sich das Leben.

Julia Domna
* Emesa (Syrien) um
170, † Antiochia 217,
römische Kaiserin

Unter Kaiser Claudius setzten sich die Römer seit 43 in Britannien fest. Dagegen lehnten sich die unterworfenen Stämme auf. Sie sammelten sich um Boudicca, griffen im Jahr 61 römische Siedlungen an, darunter das spätere London, und zerstörten sie. Boudicca fand beim römischen Gegenschlag den Tod. Im 19. Jahrhundert errichtete man ihr ein Denkmal am Themse-Ufer.

Caecilia
* Rom um 200,
† ebendort 22. November um 230,
römische Märtyrerin

Von der Gastwirtin zur Kaiserin – eine erstaunliche Karriere. Flavia gewann das Herz des späteren Kaisers Constantius, der sich aber scheiden ließ. Ihr Sohn Constantin der Große berief sie 306 an den Hof zurück und machte sie zur Mitregentin. Als Christin förderte die zu den Heiligen (Gedenktag 18.8.) zählende Flavia die neue Religion und sammelte in Palästina Reliquien.

Flavia Julia Helena
* Drepanum (Bithynien/Kleinasien) um
250, † Nikomedia
18. August 329,
römische Kaiserin

Obwohl sie nie heiraten wollte, spielte die Eheschließung für Caecilia als Patronin der Kirchenmusik (Fest 22.11.) eine Schlüsselrolle: Sie wurde gegen ihren Willen dem heidnischen Valerianus angetraut und soll bei der Hochzeit mit innerem Gesang zum Orgelspiel um den Erhalt ihrer Reinheit gefleht haben. Der Ehemann bekehrte sich und erlitt wie sie das Martyrium.

An ihr Leiden erinnert in Rom die Kirche S. Agnese fuori le mura: Agnes soll Tochter aus gutem Hause gewesen sein, weigerte sich aber zu heiraten, weil sie schon mit Christus verlobt sei. Das war in der Zeit von Kaiser Diokletian (regierte 284–306) ein todeswürdiges Verbrechen: Agnes wurde enthauptet. Sie wird als Patronin der Verlobten (Gedenktag 21.1.) verehrt.

Flavia Maxima Fausta
* Rom um 298,
† Trier 326, römische Kaiserin

Agnes von Rom
* Rom um 280,
† ebendort wohl 304,
römische Märtyrerin

Kaiser Maximian verheiratete seine Tochter Flavia mit dem Sohn seines Mitkaisers Constantius: Constantin. Mit der Machtübernahme durch ihren Mann errang Flavia auch selbst die Krone und wurde Mutter dreier Söhne, die später ebenfalls Kaiser wurden. Ob sie an einer Intrige gegen Constantin beteiligt war, ist unklar. Er sah es wohl so und ließ sie ermorden.

Monika von Tagaste
* Tagaste (Nordafrika) um 332,
† Ostia November 387, römische Christin

„Ein Kind so vieler Tränen kann nicht verloren sein", tröstete der Mailänder Bischof Ambrosius die weinende Monika, die ihrem Sohn Augustinus aus Afrika nachgereist war. Sie wollte ihn zum Glauben bekehren. Das gelang ihr vereint mit der Überzeugungskraft des Bischofs. Augustinus setzte seiner heiligen Mutter (Gedenktag 27.8.) in seinen „Bekenntnissen" ein Denkmal.

Legenden überzeichnen oft, im Fall der heiligen Ursula (Gedenktag 21.10.) drastisch: Die christliche Prinzessin soll mit 11 000 Gefährtinnen (richtig sind wohl zehn) ins von Hunnen besetzte Köln geraten sein. Es heißt, die Wilden hätten alle Frauen missbraucht und ermordet, nur Ursula habe überlebt, weil sie dem Anführer gefiel. Als sie sich verweigerte, sei auch sie getötet worden.

Denker genossen große Achtung im antiken Alexandria, Denkerinnen aber waren eigentlich nicht vorgesehen. Um so größeres Erstaunen erregten Hypatias vielseitigen Kenntnisse in Mathematik, Astronomie, Mechanik und Musik. Sie wurde sogar Dozentin an der bedeutenden Hochschule der Stadt. Fanatische Christen aber sahen in ihr eine Zauberin und lynchten sie.

Aelia Eudoxia
* um 380, † Konstantinopel 6. Oktober 404, oströmische Kaiserin

Kaisertochter Galla (Vater war Theodosius I.) geriet 410 in gotische Gefangenschaft, wurde 414 die Frau Königs Athaulfs und 417 freigelassen. Im gleichen Jahr heiratete sie den späteren Westkaiser Constantius III. und gebar Valentinian III., dessen Thronfolge sie 421 sicherte und für den sie bis 435 regierte. Berühmt ist ihre prachtvolle Grabeskirche in Ravenna.

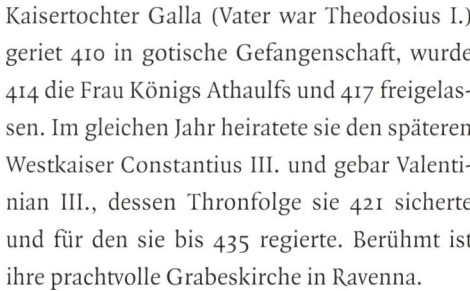

Galla Placidia
* Konstantinopel um 390, † Rom 27. November 450, weströmische Kaiserin

Eine „Barbarin" auf dem römischen Kaiserthron – das wäre noch wenige Jahre zuvor undenkbar gewesen: Aelia war Tochter des Franken und oströmischen Heermeisters Bauto. Kaiser Arcadius verliebte sich in die junge Frau und heiratete sie 395. Aelia wurde Mutter der Aelia Pulcheria und des künftigen Kaisers Theodosius II. Sie starb nach einer Fehlgeburt.

Aelia Pulcheria
* Konstantinopel 19. Januar 399, † ebendort 18. Februar 453, oströmische Kaiserin

414 verlieh der 13-jährige Kaiser Theodosius II. Aelia als seiner ältesten Schwester den Titel „Augusta" und erhob sie zur Mitregentin im oströmischen Reich. Die tief gläubige Christin setzte sich für Kirche und Klerus ein, kümmerte sich um sozial Schwache und bekämpfte Andersgläubige. Nach dem Tod des Bruders 450 heiratete sie Markian und regierte mit ihm.

Genoveva
(Geneviève) von
Paris, * Nanterre um
422, † Paris 3. Januar
502, fränkische Hei-
lige (Gedenktag 3.1.)

Die burgundische Prinzessin Chlotilde heiratete 493 Frankenkönig Chlodwig I. und
bemühte sich um seine Bekehrung zum katholischen Glauben. Ob zum Dank für einen Sieg
oder aus Liebe zu seiner Frau – als erster Ger-
manenkönig ließ er sich 496 katholisch taufen.
Nach seinem Tod im Jahr 511 gründete die heilige Chlotilde (Gedenktag 3.6.) mehrere Klöster und ging selbst in eines.

Chlothilde
(Chrodechilde)
* Lyon 474, † Tours
3. Juni 544, fränki-
sche Königin

Die Gebete der frommen Genoveva sollen 451
die Hunnen von Paris abgelenkt haben. Bis
dahin als Schwärmerin beargwöhnt, genoss sie
fortan große Bewunderung. Frankenkönig
Chlodwig gehörte nach seiner Bekehrung zu
ihren Verehrern. Er ließ nach ihrem Tod eine
Kirche über ihrem Grab erbauen, die Kern des
heutigen Pantheons ist. Genoveva ist Patronin
von Paris.

Theodora
* Konstantinopel
um 500, † ebendort
28. Juni 548, byzan-
tinische Kaiserin

Kaiser Justinian I. musste ein Gesetz erlassen, damit er die schöne Theodora zur Frau
nehmen konnte. Schauspielerinnen wie sie
waren nämlich nicht standesgemäß. Er
bereute seinen Entschluss nie, machte
Theodora zur Mitregentin und hatte ihr im
Jahr 532 bei einem Aufstand die Rettung
des Throns zu verdanken. Herrlich ihr Bild
in der Kirche San Vitale in Ravenna.

Mittelalter

500 bis 1500

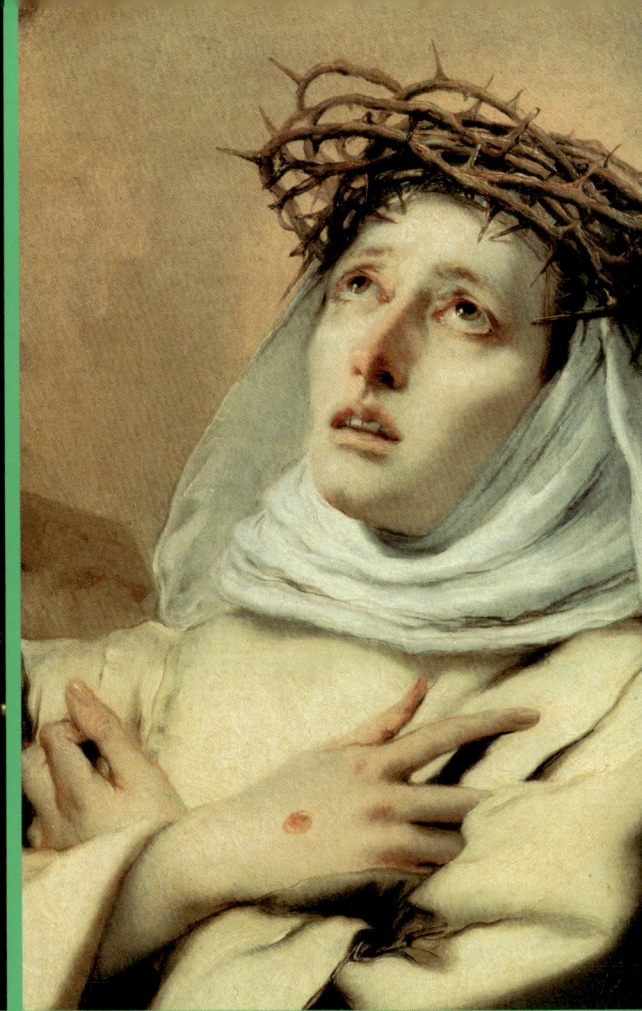

Die Kirche übernahm auch den politischen Staffelstab beim Untergang des Römischen Weltreichs. Sie war ebenso männerdominiert wie die Gesellschaft, in der sie herangewachsen war und deren Prägung sie empfangen hatte. Immerhin hatten Frauen nun in der Heilsgeschichte ihren Platz schon durch die Gottesmutter Maria. Im Glauben ließen sie sich von den Männern nicht übertreffen, und die Kirche anerkannte das durch Verehrung besonders tugendhafter und visionärer Frauen als Heilige, die allen Menschen als Vorbild dienen sollten. Nonnen, aber auch einfache weibliche Laien tauchen daher in dieser bis um 1500 andauernden Epoche besonders häufig als Kultpersonen auf. Und erste Frauen aus Nah- und Fernost kommen in den Blick.

Für sie trennte sich König Chilperich I. von seiner ersten Frau, für sie brachte er die zweite um: Fredegunde war als Magd an seinem Hof tätig und um 565 seine Geliebte geworden. Bei der zweiten Eheschließung versprach er, das Verhältnis zu beenden, hielt sich aber nicht daran. Nach dem Mord an der Ehefrau heiratete er 570 Fredegunde, die nach seinem Tod 584 Regentin wurde.

Von Wikingern verschleppt wurde Balthild 641 als Sklavin ins Frankenreich verkauft. Dort verliebte sich König Chlodwig II. in sie und heiratete sie 649. Seit dem Tod des Königs 657 führte Balthild die Geschäfte für ihren Sohn Chlotar III. Nach einem Putsch verbrachte die Heilige (Gedenktag 30.1.) ihre letzten Jahre als einfache Nonne im von ihr gegründeten Kloster Chelles.

Balthild (Bathilde)
* England um 630,
† Chelles 30. Januar
680, fränkische
Königin

Wie im Frankenreich bewirkte eine Frau im oberitalienischen Staat der Langobarden, dass die Wende zum katholischen Glauben vollzogen wurde: Dietlinde, Enkelin des Langobardenkönigs Wacho, heiratete um 590 Herzog Agilulf von Turin, der dadurch König wurde. Ihn bewegte die Heilige (Gedenktag 22.1.) dazu, den gemeinsamen Sohn Adaloald katholisch taufen zu lassen.

Dietlinde (Theodelind)
* Bayern 2. Hälfte
6. Jahrhundert,
† bei Varenna
22. Januar 627,
langobardische
Königin

Lioba von Tauberbischofsheim
* Wessex (England) um 705, † bei Mainz 28. September 782, Äbtissin

Der Vater war ein Freund des Bonifatius und die Mutter mit dem „Apostel der Deutschen" sogar verwandt. Die im südenglischen Kloster Wimborne erzogene Lioba folgte dem Ruf des Onkels 735 nach Würzburg und wurde von ihm zur Äbtissin des neugegründeten Klosters Tauberbischofsheim ernannt. Die Heilige Lioba (Gedenktag 28.9.) gründete eine Reihe von Tochterklöstern.

Hemma (Emma)
*um 808, † Regensburg 31. Januar 876, ostfränkische Königin

Als große Wohltäterin ging Hemma (Koseform von Wilhelma), bayerische Grafentochter und seit 827 Gemahlin Ludwigs des Deutschen, in die Geschichte ein. Die Mutter von sieben Kindern kümmerte sich zeitlebens um Notleidende und Bedürftige, außerdem unterstützte sie großzügig das Frauenkloster Obermünster in Regensburg. Hemma wird in Sankt Emmeram verehrt (Gedenktag 31.1.).

Die athenische Prinzessin Irene heiratete 769 Kaiser Leo IV. von Byzanz und führte nach dessen Tod 780 die Regierung für den unmündigen Sohn Konstantin VI. Er sicherte sich ihren Rat seit 792 als Mitregentin, wurde aber von ihr 797 gestürzt. Irene war bis 802 Alleinherrscherin, wurde dann von Putschisten abgesetzt und musste auf die Insel Lesbos in die Verbannung.

Irene von Athen
* Athen 752, † Lesbos 9. August 803, byzantinische Kaiserin

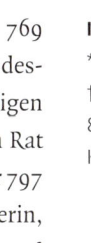

Sie war so freigebig, dass man ihr Vergeudung vorwarf. Mathilde, sächsische Grafentochter, ließ sich nicht beirren und behielt ihre Mildtätigkeit bei, als sie 909 Ehefrau von Herzog Heinrich und dieser 919 deutscher König geworden war. Fünf Kindern, darunter dem späteren Kaiser Otto I., schenkte sie das Leben. Die Heilige (Gedenktag 14.3.) stiftete viele Klöster.

Mathilde
* Enger bei Herford um 895, † Quedlinburg 14. März 968, deutsche Königin

Adelheid von Burgund
* um 931, † Kloster Selz (Elsass)
16. Dezember 999,
deutsche Kaiserin

Adelheid war Tochter des burgundischen und wurde 937 Ehefrau des langobardischen Königs. Schon 950 verwitwet, wurde sie vom Nachfolger ihres Mannes bedrängt, doch der deutsche König und spätere Kaiser Otto I. der Große kam ihr zur Hilfe, befreite und heiratete sie 951. Die heilige Adelheid (Gedenktag 16.12.) machte sich als Förderin von Kirchen und Klöstern einen Namen.

Roswitha von Gandersheim
* um 935, † Gandersheim nach 973, mittellateinische Dichterin

Die sächsische Adlige Roswitha genoss eine fundierte Bildung als Stiftsdame in Gandersheim. Sie gilt als erste deutsche Dichterin, obwohl sie ihre Legenden und Lesedramen in mittellateinischer Sprache verfasste. Sie wollte anstößige antike Schauspiele durch christliche ersetzen. Wertvoll ihr Epos über die Taten Ottos I. („Carmen de gestis Oddonis I Imperatoris").

Eine Brücke schlagen vom Deutsch-Römischen Reich zum Byzantinischen (Oströmischen) Reich wollte Otto der Große 972 durch die Heirat seines Sohnes Otto II. mit der Prinzessin Theophanu aus Byzanz. Privat gelang das in einer glücklichen, aber kurzen Ehe – der Mann starb schon 983 –, politisch aber nicht. Theophanu. sicherte ihrem Sohn Otto III. (* 980) energisch die Thronfolge.

Murasaki Shikibu
* Kyoto um 976, † ebendort um 1016, japanische Schriftstellerin

Theophanu
* um 955, † Nimwegen 15. Juni 991, deutsche Kaiserin

Aus einer hochgestellten Familie stammend, heiratete Murasaki und trat nach dem Tod ihres Mannes 1001 in den Dienst der Kaiserin. Hier lernte sie das höfische Leben genau kennen und nutzte dieses Wissen für ihren Roman „Die Geschichte des Prinzen Genji". Es faszinieren sowohl die dramatischen (Liebes-)Erlebnisse des Helden als auch die farbigen Naturschilderungen.

Kunigunde
* Lützelburg um 980,
† Kloster Kaufungen
bei Kassel 3. März
1033, deutsche Kai-
serin

Kinderlosigkeit war verdächtig: Verleum-
der bezichtigten Kaiserin Kunigunde, die
999 geschlossene Ehe mit Heinrich II.
gebrochen zu haben. Sogleich bot Kunigunde an, sich einem Gottesurteil zu
unterziehen: Unversehrt wandelte sie über
glühende Pflugscharen. Nach Heinrichs
Tod 1024 ging sie als einfache Nonne in das
von ihr 1017 gestiftete Kloster Kaufungen.

Gisela
*um 999, † Goslar
15. Februar 1043,
deutsche Kaiserin

Die schwäbische Herzogstochter Gisela wurde
1017 Ehefrau des salischen (rheinfränkischen)
Grafen Konrad, der 1024 deutscher König und
drei Jahre darauf Kaiser wurde. Er räumte seiner
Frau, die ihm Burgund verschaffte, erheblichen
Einfluss auf die Reichspolitik ein. Die Wahl des
gemeinsamen Sohnes zum König Heinrich III.
1028 sicherte die salische Dynastie.

Irmgard von Köln
* um 1013, † Köln
4. September um
1085, niederrhei-
nische Einsiedlerin

Wenig Genaues ist bekannt über das Leben der
Tochter Irmgard des Grafen von Aspel. Sie soll
ihr Erbe an Armeneinrichtungen und Kirchen
verschenkt und eine Zeit lang als Einsiedlerin in
Süchteln bei Krefeld gelebt haben, wo eine
Kapelle an die Heilige (Gedenktag 4.9.) erinnert. Ihre letzten Jahre verbrachte Irmgard in
Köln; ihre Gebeine ruhen in der Agnes-Kapelle
des Doms.

Agnes von Poitou
* um 1025, † Rom
14. Dezember 1077,
deutsche Kaiserin

Nicht zuletzt ihr Erbe reizte den deutschen König Heinrich III. aus machtpolitischen Gründen, als er Agnes um ihre Hand bat. Aus der 1046 geschlossenen Ehe gingen sechs Kinder hervor, darunter der künftige Kaiser Heinrich IV. Nach dem Tod des Mannes 1056 führte Agnes für ihn die Regentschaft bis 1061. Dann zog sie sich aus der Politik in ein Kloster zurück.

Die im ungarischen Exil geborene Margareta, Tochter des englischen Königs Edmund, wuchs am Hof ihres Onkels Eduard auf. Sie floh beim Einfall der Normannen 1066 nach Schottland und heiratete den dortigen König Malcolm III. Wie um das Wohl ihrer acht Kinder kümmerte sich die Schutzheilige Schottlands (Gedenktag 16.11.) um die Armen und bekämpfte heidnische Bräuche.

Margareta von Schottland
* Reska bei Násad (Ungarn) um 1045, † Edinburgh 26. November 1093, schottische Königin

Selbst seelisch und körperlich krank, widmete sich Herluka ganz dem Gebet, der Krankenpflege und der Armenfürsorge, angeleitet von Abt Wilhelm von Hirsau. 1086 ging die fromme Frau nach Epfach im Süden von Augsburg. Dort wirkte die Heilige (Gedenktag 18.4.) mit ihrem Beispiel als gottesfürchtige Klausnerin bis 1122. Vor Verleumdungen floh Herluka nach Bernried. (Abbildung: Kloster Bernried)

Herluka von Bernried
* Stuttgart um 1060, † Bernried am Starnberger See 1127, schwäbische Einsiedlerin

Hildegard von Bingen
* bei Alzey um 1098,
† bei Bingen 17. September 1179, rheinische Äbtissin und Forscherin

Hildegard schöpfte ihre große geistige und geistliche Kraft ganz aus dem Glauben. Sie fand schon als Achtjährige in eine klösterliche Gemeinschaft, wurde 1136 Priorin und verlegte wenig später ihr Kloster auf den Rupertsberg bei Bingen. Die heilige Hildegard (Gedenktag 17.9.) stand mit Kaisern und Päpsten in Briefkontakt und unternahm systematische Heilkräuterzüchtungen.

Zunächst ein Normalfall: Heloise verliebte sich in ihren Hauslehrer, den Theologen Abälard, und heiratete ihn heimlich. Dann der Extremfall: Ein Onkel der Heloise ließ Abälard entmannen. Wie er ging Heloise daraufhin in ein Kloster, das sie später als Äbtissin leitete. Ihr (fingierter?) Briefwechsel mit dem ehemaligen Geliebten ist ein anrührendes Zeugnis der Beziehung.

Heloise
* um 1095, † Kloster Le Paraclet bei Nogent-sur-Seine 1164, französische Nonne

Eine Herrscherin, die bezauberte: Eleonore, in erster Ehe (1137) mit Ludwig VII. von Frankreich, in zweiter (1152) mit Heinrich II. von England verheiratet. Sie gewann großen Einfluss auf die englische Politik, kehrte nach Heinrichs Tod 1189 nach Frankreich heim und verbrachte die letzten Jahre im Kloster; dort ist sie neben Mann und Sohn Richard Löwenherz begraben.

Eleonore von Aquitanien
* um 1122, † Kloster Fontevrault 31. März 1204, französische und englische Königin

Graf Berthold II. von Andechs gab seine kleine Tochter Mechthild 1130 ins Augustinerinnen- kloster in Dießen zur Ausbildung. Das Mäd- chen entwickelte eine tiefe Frömmigkeit und wurde Nonne. Bald stand sie dem Kloster als Priorin vor. 1153 wurde sie zur Äbtissin in Edelstetten berufen. Die heilige Mechthild (Gedenktag 31.5.) kehrte kurz vor ihrem Tod nach Dießen zurück.

Sie ist die erste französische Poetin, von der wir wissen, auch wenn sie in einem normanni- schen Dialekt schrieb. Bekannt und bis heute lebendig geblieben sind Maries Versnovellen (so genannte Lais) in Reimpaaren. Sie verarbei- tete darin Märchenstoffe und Sagenhaftes, wobei Liebesmotive oft eine zentrale Rolle spie- len. Daneben gehören 100 Fabeln zu ihrem Werk.

„So wie sie die Glückselige mit Namen hieß, so war sie in der Tat", sagte eine Chronik über Beatrix, die 1156 Kaiser Friedrich I. Barbarossa angetraut wurde. Vielleicht hatte sie über ihren Liebreiz mehr Einfluss auf ihren Mann als damals üblich. Jedenfalls nennt ein anderer Chro- nist die Mutter von elf Prinzen und Prinzes- sinnen „Genossin seiner Macht".

Im Königreich Sizilien gab es keine männlichen Thronerben mehr. Konstanze, Tochter König Rogers II., wurde zur begehrten Partie für Europas Herrscher. Kaiser Friedrich I. Barbarossa gewann sie 1186 zur Ehe mit seinem Sohn und Nachfolger Heinrich VI., dem sie 1194 den späteren Kaiser Friedrich II. gebar. Konstanze bestimmte Papst Innozenz III. zum Vormund ihres Sohnes.

Hildegund von Schönau
* um 1170,
† Kloster Schönau
(Odenwald) 20. April
1188, deutsche
Nonne

Der Mönch, der eine Nonne war: Zwölfjährig machte Hildegund mit dem Vater eine Wallfahrt ins Heilige Land. Als der Vater im Sterben lag, riet er ihr, sich als Jüngling auszugeben. Hildegund nannte sich Joseph, entging so Belästigungen und trat später ins Kloster Schönau als „Bruder" ein. Erst nach dem Tod der Heiligen (Gedenktag 20.4.) erkannte man ihr wahres Geschlecht. (Abbildung: Kloster Schönau)

Hedwig von Andechs
* Andechs 1174,
† Trebnitz (Schlesien)
15. Oktober 1243,
Herzogin von Schlesien

Grafentochter Hedwig wurde als Zwölfjährige dem Herzog Heinrich I. von Schlesien angetraut, gebar ihm sieben Kinder und lebte dann bis zu seinem Tod 1238 in glücklich-enthaltsamer Ehe. Die tatkräftige Herzogin stiftete Krankenpflege-Einrichtungen und das Kloster Trebnitz, wo sie ihre letzte Ruhestätte fand. 1267 wurde sie heiliggesprochen (Gedenktag 15.10.).

Blanka
* Palencia (Kastilien)
4. März 1188, † Kloster Maubuisson
27. November 1252,
französische Königin

Der König von Kastilien gab im Jahr 1200 seine zwölfjährige Tochter Blanka dem französischen Kollegen Ludwig VIII. zur Frau. 1215 kam Kronprinz Ludwig IX. zur Welt, und erbte 1226 den Thron. Blanka regierte für ihn bis 1236 und erneut seit 1248, als der Sohn zu einem Kreuzzug aufbrach. Sie kümmerte sich um die Sozialfürsorge und um das Wohlergehen der Klöster.

Klara von Assisi
* Assisi 1194, † San Damiano (heute Teil Assisis) 11. August 1253, italienische Ordensgründerin

1212 floh die 18-jährige Klara (Chiara) dei Scifi aus ihrem Elternhaus in Assisi und beschloss, es dem Franz(iskus) nachzumachen: auf jeden Besitz zu verzichten und ganz im Glauben zu leben. Sie ließ sich bei dem Kirchlein S. Damiano nieder und sammelte gleichgesinnte Frauen um sich, woraus der Klarissenorden entstand. Klara wurde 1255 heiliggesprochen (Gedenktag 11.8.).

Elisabeth von Thüringen
* um 1207, † Marburg 17. November 1231, thüringische Landgräfin

„Was ihr getan habt einem meiner geringsten Brüder, das habt ihr mir getan." Zita beherzigte das Wort Jesu. Sie hatte sich als Magd in einem vornehmen Haus verdingt, speiste aus dem Überfluss die Armen und hüllte einmal einen frierenden Bettler in den Pelz ihres Herrn. Immer wieder bestraft, blieb die heilige Zita (Gedenktag 27.4.) freundlich und gewann die Herzen aller.

Zita
* Monsagrati bei Lucca 1218, † Lucca 27. April 1278, italienische Wohltäterin

Die Wunder, die sich um die ungarische Prinzessin Elisabeth ranken, füllen Folianten. Sie heiratete den Landgrafen von Thüringen, kümmerte sich nach franziskanischem Vorbild um Notleidende, geriet deswegen in Konflikt mit der Familie und wurde nach Marburg vertrieben. Die dortige gotische Elisabethkirche erinnert an die schon 1235 heiliggesprochene Frau (Gedenktag 17.11.).

Margareta von Ungarn
* Burg Klissza (Dalmatien) 1242, † Budapest 1270, ungarische Nonne

Die Männer rissen sich um die schöne Tochter des ungarischen Königs Béla IV., doch Margareta blieb bei ihrem Gelübde, jungfräulich als Nonne im Kloster auf der Budapester Haseninsel zu leben; dort pflegte Margareta Schwerkranke. Dadurch und mit unermüdlichen Bußübungen erschöpfte Margareta ihre Kräfte und starb schon mit 28 Jahren. Sie wurde 1943 heiliggesprochen (Gedenktag 18.1.).

Ein sorgenfreies Leben an der Seite eines Adligen schien ihr vorgezeichnet. Margareta folgte dem Geliebten nach Montepulciano und gebar ihm einen Sohn. Dann der Schock: Ihr Partner wurde Opfer von Räubern. Margareta wollte fortan nur noch Gott dienen und wurde Franziskanerin in Cortona. Hier gründete sie ein Hospital für Arme. Sie ist Patronin der Büßer (Gedenktag 22.2.).

Hadewijch von Antwerpen
*Anfang des 13. Jahrhunderts, † Antwerpen um 1260, flandrische Dichterin

Die Eltern gaben Gertrud 1261 ins Zisterzienserkloster Helfta. Hier entfaltete sich die Spiritualität des Mädchens, das in Visionen Christi Ankündigung „göttlicher Wonnen" erlebte. Diese Erlebnisse hielt die Nonne schriftlich fest. Die später so populären Werke („Geistliche Übungen") der heiligen Gertrud (Gedenktag 17.11.) hatten großen Einfluss auf die Volksfrömmigkeit.

Hadewijch stand in der Tradition der religiösen Frauenbewegung in den Niederlanden, lebte mit anderen unverheirateten oder verwitweten Frauen in einer Art Stift zusammen und schrieb ihre mystischen Erfahrungen in Gedichtform nieder. Es geht immer um den Weg zu erlebter Einheit der Seele mit dem Göttlichen, wobei es galt, den Erdenweg Jesu Christi nachzuempfinden.

Gertrud von Helfta („die Große")
* 6. Januar 1256,
† Helfta bei Eisleben
17. November 1302,
thüringische Mystikerin

Notburga von Rattenberg
* um 1265, † Schloss Rottenburg (Tirol) 13. September 1313, Tiroler Magd

Früh verdingte sich Notburga bei einem Grafen als Dienerin. Weil sie ihr Erspartes den Armen schenkte, wurde sie entlassen und ging zu einem Bauern. Auch hier eckte sie mit ihrer Frömmigkeit an: Sie unterbrach für Andachten die Arbeit und hängte ihre Sichel an einem Lichtstrahl auf. An die Heilige (Gedenktag 13.9.) erinnert ein Standbild in der Kirche von Eben am Achensee.

Sibyllina Biscossi
* Pavia 1287, † ebendort 19. März 1367, italienische Einsiedlerin

Im Jahr 1299 erblindet, schloss sich Sibyllina bald dem Dominikanerorden an. Sie zog dann aber in eine Zelle neben der Klosterkirche und lebte dort ganz im Gebet und der gläubigen Versenkung. Menschen aus allen Schichten und von weit her suchten die schon zu Lebzeiten als Heilige verehrte Sibyllina (Gedenktag 19.3.) auf und erbaten ihren Rat. Sie ist Patronin der Mägde. (Abbildung: Holzschnitt der Stadtansicht von Pavia)

Birgitta
* bei Uppsala 1303,
† Rom 23. Juli 1373,
schwedische Ordens-
gründerin

Margarete, Tochter Herzog Heinrichs von Kärnten, erbte 1335 Tirol. In einigen Quellen wird sie als abstoßend geschildert (Übertragung des Schlossnamens). Daran soll ihre Ehe gescheitert sein. Sie übertrug ihr Land nach dem Tod ihres Sohnes Meinrad 1363 an Herzog Rudolf IV. von Österreich. Sie lebt fort im Roman „Die häßliche Herzogin" von Lion Feuchtwanger (1923).

Margarete Maultasch
* Schloss Maultasch 1318, † Wien 3. Oktober 1369, Tiroler Herzogin

Schon als Kind hatte Birgitta Christus-Visionen, heiratete, bekam acht Kinder und zog sich nach dem Tod ihres Mannes in die Einsamkeit zurück. Sie kümmerte sich um die Armen, entwarf eine Ordensregel und etablierte auf dem Landgut Vadstena am Ufer des Vätternsees den Birgittenorden, der 1370 päpstlich anerkannt wurde. Birgitta (Gedenktag 23.7.) ist seit 1988 Patronin Europas.

Ines de Castro
* um 1320 † Coimbra 1355, Gemahlin des portugiesischen Thronfolgers

Don Pedro begegnete Ines bei der eigenen Hochzeit und verliebte sich unsterblich in sie. Er verließ sofort seine Frau und lebte einige Jahre mit der Geliebten und bald auch insgeheim Angetrauten, mit der er mehrere Kinder hatte. Sein Vater König Alfons IV. ließ Ines ermorden. Als Pedro dann später selbst auf den Thron kam, rächte er sich furchtbar an den Schuldigen.

Im Jahr 1343 trat Johanna ihr Erbe an, zu dem auch die Provence gehörte. Da ihr Mann, Andreas von Ungarn, Mitsprache forderte, ließ sie ihn beseitigen. Vor der Rache seines Bruders musste sie nach Frankreich fliehen und erhielt dort die Absolution durch Papst Clemens VI. gegen die Überschreibung der Stadt Avignon. Johanna fiel einem Rivalen um die Macht zum Opfer.

Katharina von Schweden
* 1331, † Vadstena 24. März 1381, schwedische Ordensfrau

Johanna I. von Anjou
* Neapel um 1326, † Muro Lucano (Potenza) 22. Mai 1382, Königin von Neapel-Sizilien

Die Tochter der schwedischen Nationalheiligen Birgitta tat viel für die Etablierung des von dieser gegründeten Birgittenordens: Katharina heiratete, lebte aber in „jungfräulicher" Ehe. Als ihr Mann 1349 starb, schloss sich Katharina ganz der Mutter an, machte mit ihr 1372 eine Wallfahrt nach Jerusalem und übernahm 1374 das Kloster in Vadstena (Östergötland).

Katharina von Siena
* Siena 25. März 1347, † Rom 29. April 1380, italienische Mystikerin

Die materielle Not war groß, größer die geistliche, als Katharina (Caterina Benincasa) zur Welt kam. Sie schloss sich den Dominikanerinnen an, erlebte Christusvisionen und zeigte seit 1375 die Wundmale des Herrn. Bei aller Versenkung war sie tatkräftig und konnte zur Rückkehr der Päpste von Avignon nach Rom beitragen. Katharina ist Patronin Italiens (Gedenktag 29.4.).

Dorothea, die Patronin Preußens (Gedenktag 25.6.), erblickte als Tochter eines reichen Bauern das Licht der Welt. Sie heiratete 16-jährig, gebar neun Kinder und lebte nach dem Tod ihres Mannes in einer Klause beim Dom von Marienwerder. Die Menschen strömten zu ihr und baten die fromme Witwe um Rat. Ihre Visionen berichtete sie ihrem Beichtvater, der sie aufschrieb.

Margarethe I.
* Søborg auf Seeland
Frühjahr 1353,
† Flensburg 28. Oktober 1412, Königin
von Dänemark,
Norwegen und
Schweden

Dorothea von Montau
* Marienwerder
6. Februar 1347,
† ebendort 25. Juni
1394, preußische
Klausnerin

Dänenkönig Waldemar IV. gab seine Tochter Margarethe schon 1363 dem Herrscher Norwegens und Schwedens zur Frau. Sie regierte dort nach dem Tod des Mannes (1380) für den Sohn Olav und wurde nach dessen Tod (1387) Alleinherrscherin in allen drei skandinavischen Ländern. Mit geschickter Bündnispolitik sicherte sie deren Union („Kalmarer Union"), die bis 1523 Bestand haben sollte.

Christine de Pisan
* Venedig 1365,
† Poissy bei Paris
nach 1430, französische Schriftstellerin

Nach dem frühen Tod ihres Mannes bemühte sich Christine, ihre Familie mit Schreiben durchzubringen. Sie verfasste dem damaligen Geschmack entsprechende anmutige Erzählungen im höfischen Stil sowie Gedichte. Bemerkenswert für die Zeit war ihr Einsatz gegen die antiweiblichen Vorurteile in der Gesellschaft etwa im 1405 erschienenen „Buch von der Stadt der Frauen".

Margarethe von Bayern
* 1372, † Nancy
27. August 1434,
Herzogin von Lothringen

1997 sprach Papst Johannes Paul II. eine Frau heilig, der seine Heimat viel zu danken hat: Hedwig (Gedenktag 17.7.), Tochter des Ungarnkönigs Ludwig, war Frau des litauischen Großfürsten und späteren polnischen Königs Jagiello. Sie bekehrte ihren Mann und sorgte für die Christianisierung ihres Landes. Die Universität Krakau erhielt durch sie eine theologische Fakultät.

Hedwig
* Venedig 3. Oktober
1374, † Krakau
17. Juli 1399,
polnische Königin

Kurfürst Ruprecht von der Pfalz gab seine Tochter Margarethe 1392 Herzog Karl II. von Lothringen zur Frau. Die Ehe wurde nicht glücklich, weswegen sich die Herzogin ganz der Kranken- und Armenpflege widmete. Als die Lothringer im Jahr 1407 einen Sieg über ein Heer des Herzogs von Orléans errangen, wurde er einem Gebet der Heiligen (Gedenktag 27.8.) zugeschrieben.

Rita von Cascia
* Roccoporena
(Umbrien) um 1381,
† Cascia 22. Mai
1457, italienische
Nonne

Es war bitterkalt im umbrischen Cascia, als Augustiner-Eremitin Rita im Sterben lag. Sie bat, man möge ihr eine Rose aus dem Garten holen, und tatsächlich war ein Strauch soeben erblüht. Seitdem werden am Gedenktag (22.5.) die „Rita-Rosen" geweiht. Das war nur eines der Wunder, die sich mit der frommen Nonne verbinden, die 1443 Wundmale Christi empfing.

Johanna von Orléans

* Domrémy (Lothringen) 1412, † Rouen 30. Mai 1431, französische Jungfrau

Die Bauerntochter Johanna, französisch Jeanne d'Arc, hörte eine innere Stimme, die ihr befahl, Frankreich von den Briten zu befreien. Die Jungfrau bat 1429 den König um Truppen, konnte das belagerte Orléans versorgen und ermöglichte die Krönung Karls VII. in Reims. Der aber ließ sie fallen. Die Inquisition sprach das Todesurteil über die Nationalheilige (Gedenktag 30.5.).

Den Beinamen „Dame de Beauté" erhielt Agnès, weil ihr König Karl VII. von Frankreich das Schloss Beauté-sur-Marne schenkte, aber auch wegen ihres Aussehens: Die blonde Schönheit hatte es dem König auf den ersten Blick angetan, wurde 1444 seine Geliebte und gebar ihm vier Töchter. Ihr Einfluss auf Karl schuf ihr viele Feinde und befeuerte Vergiftungsgerüchte.

Agnès Sorel

* Formenteau (Touraine) um 1422, † Anneville-sur-Seine (Normandie) 9. Februar 1450, französische Mätresse

Christina Camozzi

* um 1435, † Spoleto (Umbrien) 13. Februar 1458, italienische Nonne

Sie kam als Augustina Christina am Luganer See zur Welt, heiratete früh, verlor bald den Mann und suchte sich durch Ausschweifungen zu trösten. 1455 erkannte sie dies als fatalen Irrweg und trat unter dem Namen Christina in den Augustinerorden in Spoleto ein. Ihr aufopferungsvolles Leben im Dienst der Nächstenliebe trug ihr den Status der Heiligkeit ein (Gedenktag 13.2.). (Abbildung: Kathedrale S. Maria Assunta in Spoleto)

Katharina von Genua

* Genua 1447,
† ebendort 15. September 1510, italienische Mystikerin

Ihr Vater Fieschi war Vizekönig von Neapel, gegen seinen Wunsch gab es keinen Widerstand: Katharina heiratete 1463 den Lebemann Adorno, zog sich aber ständig ins Gebet zurück und hatte Visionen. 1474 verlor ihr Mann das Familienvermögen – zur Freude der heiligen Katharina (Gedenktag 15.9.), die erlebte, wie auch er sich bekehrte und sie in der Arbeit für die Armen unterstützte.

Zusammen mit ihrem Ehemann seit 1469, Ferdinand II. von Aragonien, baute Isabella ein ganz Spanien umfassendes Doppelreich auf. Es entwickelte sich dank ihrer Verwaltungsreformen zu einer dynamischen Macht, der die letzte maurische Bastion Granada 1492 erlag. Im gleichen Jahr begannen mit ihrer entscheidenden Förderung die profitablen Entdeckungsfahrten des Columbus.

Isabella I.

* Madrigal de las Altas Torres (Ávila) 22. April 1451,
† Medina del Campo 26. November 1504, Königin von Kastilien

Stephana Quinzani

* Orcinuovi bei Brescia 1457, † Soncino 2. Januar 1530, italienische Nonne

Die Dominikanerin Stephana trug in den letzten 40 Jahren ihres Lebens die Wundmale Christi. Sie nahm die damit verbundenen Leiden als von Gott gesandte Buße demütig hin. Seit 1485 war sie Äbtissin eines Klosters in Crema. 1740 heiliggesprochen, wird sie in der Kirche S. Giacomo ihres Sterbeortes verehrt (Gedenktag 2.1.), wo zwei schöne Porträts von ihr hängen. (Abbildung: Kirche S. Giacomo in Soncino)

Schon früh hatte sich die Tochter Margareta des Herzogs von Lothringen bemüht, nach dem Vorbild der von ihr verehrten Elisabeth von Thüringen zu leben. Doch sie musste in eine Ehe einwilligen (1488). Als ihr Mann, der Herzog von Alençon, bald darauf starb, opferte sie all ihre Habe der Fürsorge für Arme und Kranke. Sie trat dem Klarissenorden bei und stiftete ein Kloster.

Margareta von Lothringen
* Vaudémont (Lothringen) 1463,
† Argentan (Normandie) 2. November 1521, Herzogin

Angela Merici
* Desenzano am Gardasee 1474,
† Brescia 27. Januar 1540, italienische Ordensgründerin

Ihr Leichnam ruht in einem Glasschrein in der Kirche S. Angela Merici in Brescia. Dorthin war Merici 1516 gezogen und hatte sich ganz karitativen Aufgaben gewidmet. Zur geistlichen Ausbildung von Frauen gründete sie nach einer Wallfahrt ins Heilige Land 1525 den nach ihrer Schutzpatronin genannten Ursulinenorden. Angela wurde 1807 heiliggesprochen (Gedenktag 27.1.).

Johanna die Wahnsinnige
* Toledo 14. November 1479, † Tordesillas 12. April 1555, spanische Königin

Sie war die Erbin der „Katholischen Könige" Ferdinand und Isabella: Johanna verband sich 1496 mit dem Kaisersohn Philipp dem Schönen und regierte mit ihm Kastilien. Als der geliebte Mann schon 1506 starb, kam Johanna darüber nicht hinweg und zog mit dem Leichnam durchs Land. Sie wurde festgenommen und als Geisteskranke bis zum Tod in Tordesillas gefangen gehalten.

Margarete von Österreich

* Brüssel 10. Januar 1480, † Mecheln 1. Dezember 1530

In drei durch baldigen Tod der Männer rasch beendeten Ehen fand Margarete, Tochter Kaiser Maximilians I., keine Erfüllung. Als sie der Vater aber 1507 zur Generalstatthalterin der Niederlande einsetzte, zeigte sie, was in ihr steckte: eine kluge Politikerin und eine weise Erzieherin ihres Neffen, des späteren Kaisers Karl V., der ihr zeitlebens eng verbunden blieb.

Als ihr erster Mann früh starb, nahm dessen Bruder, König Heinrich VIII. von England, Katharina 1509 zur Frau. Sie konnte ihm aber keinen Thronfolger schenken, weswegen er sich gegen päpstliches Verbot und gegen den Protest Kaiser Karls V., ihres Neffen, von ihr scheiden ließ und die englische Kirche von Rom löste. In ihren letzten Lebensjahren stand Katharina unter Hausarrest.

Katharina von Aragon

* Alcalá de Henares 16. Dezember 1485, † Kimbolton (Cambridgeshire) 7. Januar 1536, englische Königin

Vittoria Colonna

* Castillo di Marino (bei Rom) um 1492, † Rom 25. Februar 1547, italienische Dichterin

Die als Kind mit dem nachmaligen kaiserlichen Feldherrn Pescara verlobte Vittoria wurde von vielen umschwärmt, von Dichtern wie Ariosto und Michelangelo in Versen gepriesen und von manchen gar als „die Göttliche" bezeichnet. Nach dem Tod des geliebten Mannes („Meine Sonne") 1525 suchte sie Trost in der Poesie und schrieb Gedichte („Rime") in höchster Vollendung.

Margarete von Navarra
* Angoulême 11. April 1492,
† Odos (Hautes-Pyrénées) 21. Dezember 1549, Königin von Navarra

Margarete, ältere Schwester des französischen Königs Franz I., verband sich mit Henri d'Albret, König von Navarra. An den Hof der hoch gebildeten Frau zog es Künstler und Dichter. Sie fanden in ihr eine poetisch begabte Gönnerin, die mit einer Sammlung von 72 Novellen über amouröse Abenteuer hervortrat, die später nach dem Muster Boccaccios „Heptaméron" betitelt wurden.

Diana von Poitiers
* 3. September 1499,
† Anet (Eure-et-Loir) bei Paris 22. April 1566, französische Mätresse

Reife Frauen haben für heranwachsende Männer oft einen hohen Reiz. Die Witwe Diana, 20 Jahre älter als der französische Thronfolger Heinrich, wurde um 1535 dessen Geliebte. Anders aber als in ähnlichen Fällen blieb sie seine engste Vertraute und offizielle Mätresse bis zu seinem Turnier-Tod 1559. Seit 1547 König, hatte er Diana Schlösser und Ländereien geschenkt.

Katharina von Bora
* Hirschfeld bei
Altzella (Sachsen)
29. Januar 1499,
† Torgau 20. Dezember 1552, Ehefrau
Martin Luthers

Der entlaufene Mönch und die geflohene Nonne – Reformator Martin Luther und Katharina mussten sich nach ihrer Eheschließung 1525 einige Häme gefallen lassen. Dass sie die Stürme der schweren Zeit gut überstanden, daran hatte Katharina entscheidenden Anteil. Sie führte den Haushalt und schaffte Luther den nötigen Freiraum für sein geistliches und politisches Wirken.

Im Kindesalter wurde Roxelane Sultan Sulaiman dem Prächtigen geschenkt. Obwohl er über 300 Haremsdamen hatte, wurde er auf die heranwachsende Schönheit aufmerksam, nahm sie 1533 zur offiziellen Ehefrau und räumte ihr erheblichen Einfluss auf Hofhaltung und Politik ein. Roxelane nutzte das zur Sicherung der Rechte ihrer Kinder, wobei sie auch vor Mord nicht zurückschreckte.

Anna Boleyn
* um 1507, † London
19. Mai 1536, englische Königin

Roxelane
* Ukraine um 1505,
† Istanbul 17. April
1558, türkische
Herrscherin

Gerade ein Grund ihrer Hinrichtung sollte Geschichte machen: Anna, zweite Frau König Heinrichs VIII., musste nämlich keineswegs wegen Ehebruchs, wie es offiziell hieß, das Schafott besteigen, sondern weil der König bereits eine Neue hatte, vor allem aber weil sie ihm „nur" ein Mädchen geboren hatte. Diese Tochter sollte eine ganz Große werden: Elisabeth I.

Neuzeit

1500 bis 1850

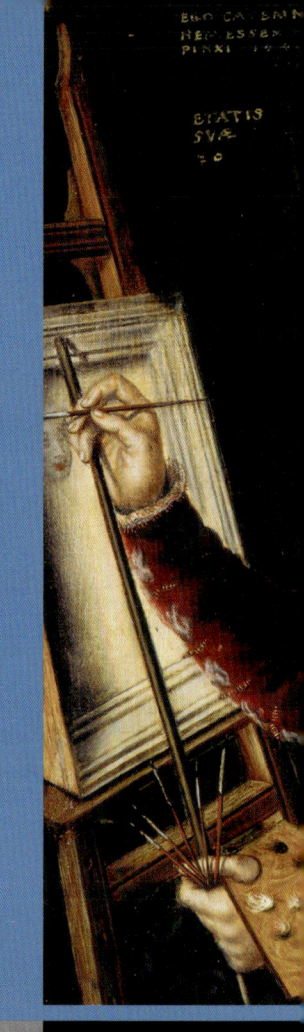

Das Zeitalter der Glaubenskriege brachte noch einmal einen Rückschlag für die allmähliche Verbesserung der Lage der Frauen. Erst mit der Aufklärung im 18. Jahrhundert und mit der großen Revolution in Frankreich bahnte sich ein Fortschritt an. Erste unerschrockene Kämpferinnen für die Frauenrechte traten auf. Die hochgemute Verkündigung der Menschenrechte nämlich wäre bloßes Papier geblieben, wenn sie nicht auch für die andere Hälfte der Menschheit in Geltung gesetzt würden. Dennoch haben es noch immer die meisten Frauen als Gemahlinnen, Geliebte, Schwestern oder Töchter bedeutender Männer zu Ansehen vor allem in der Kulturgeschichte gebracht.

Johanna Seymour
* um 1509,
† Schloss Hampton
Court 24. Oktober
1537, englische
Königin

Die „Neue", von der bei Anna Boleyn die Rede ist, war Johanna (Jane), eine Hofdame. König Heinrich VIII. heiratete sie einen Tag nach Annas Hinrichtung. Johanna schenkte ihm, was dieser versagt geblieben war: den Thronerben Eduard. Allerdings kostete die Geburt die Königin das Leben. Von seinen Frauen habe er Johanna am meisten geliebt, soll Heinrich gesagt haben.

Katharina hatte das Glück, erst 1543 König Heinrichs VIII. (6.) Gemahlin zu werden, als er bereits krank und seelisch angeschlagen war. Vielleicht fand er gerade deswegen an der reiferen Frau Gefallen, die bereits zwei Männer überlebt hatte. Sie liebte zwar einen anderen, willigte aber aus familiären Rücksichten in die vorteilhafte Ehe mit dem Herrscher ein.

Anna von Kleve
* Düsseldorf 22. September 1515,
† Schloss Richmond House (London) 16. Juli 1557, englische Königin

Katharina Parr
* 1512, † Sudeley
Castle (Gloucester-shire) 5. September
1548, englische
Königin

Heinrich VIII. von England suchte eine neue Frau nach dem tief betrauerten Tod von Johanna Seymour. Er ließ seinen Maler Hans Holbein d. J. mehrere europäische Kandidatinnen malen und entschied sich 1540 für Anna, auch wegen ihrer Mitgift. Doch in Wirklichkeit war sie bei Weitem nicht so schön wie auf Holbeins Bild. Heinrich ließ daher die Ehe annullieren.

Geboren als Teresa de Cepeda y Ahumada, trat die spätere Schutzheilige Spaniens (Gedenktag 15.10.) 1535 in den Karmel von Ávila ein. Sie begründete seit 1567 Klöster ihres Reformzweiges der Unbeschuhten Karmelitinnen. Die bußstrenge Frau zog die Menschen durch natürliche Schlichtheit an, die auch ihre Werke, darunter „Der Weg zur Vollkommenheit", prägt. Bekannt ist sie auch für ihre Visionen.

Teresa von Ávila
* Ávila 28. März 1515, † Alba de Tormes (Salamanca) 4. Oktober 1582, spanische Nonne

Maria I. Tudor
* Greenwich 18. Februar 1516, † London 17. November 1558, englische Königin

Als ihr Halbbruder Eduard VI. kaum 16-jährig 1553 starb, folgte ihm Maria, Tochter Heinrichs VIII. und Katharinas von Aragon, als regierende Königin. Sie versuchte, das Land mit aller Gewalt zu rekatholisieren und zog sich damit die Beinamen „die Katholische" und „die Blutige" (Bloody Mary) zu. Rückhalt fand sie beim 1554 ihr angetrauten Philipp II. von Spanien.

Katharina de Medici
* Florenz 13. April 1519, † Blois 5. Januar 1589, französische Königin

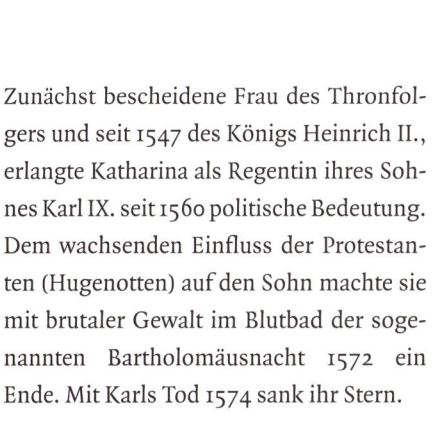

Zunächst bescheidene Frau des Thronfolgers und seit 1547 des Königs Heinrich II., erlangte Katharina als Regentin ihres Sohnes Karl IX. seit 1560 politische Bedeutung. Dem wachsenden Einfluss der Protestanten (Hugenotten) auf den Sohn machte sie mit brutaler Gewalt im Blutbad der sogenannten Bartholomäusnacht 1572 ein Ende. Mit Karls Tod 1574 sank ihr Stern.

Katharina Howard
* um 1520, † London
13. Februar 1542,
englische Königin

Die Liebelei blieb bloßes Abenteuer für Kaiser Karl V., die Folgen nahm er ernst: Aus der Liaison mit einer niederländischen Bürgerin hatte er die Tochter Margarethe, die er mit Herzog Ottavio von Parma verheiratete. Sie wurde von seinem Sohn Philipp II. von Spanien 1560 zur Generalstatthalterin der Niederlande ernannt, die sie in schwerer Zeit bis 1567 verwaltete.

Margarethe von Parma
* Pamele (Schelde) 28. Juli 1522,
† Ortona (Provinz Chieti) 18. Januar 1586, italienische Herzogin

Noch ehe König Heinrich VIII. seine vierte Ehefrau Anna von Kleve losgeworden war, verguckte er sich in deren Hofdame Katharina und heiratete sie nach der Annullierung der Ehe mit Anna im Juli 1540. Neider aber streuten das Gerücht, die Königin habe sich nicht wirklich von einer Jugendliebe gelöst. Der argwöhnische Heinrich glaubte dem und ließ Katharina hinrichten.

Gaspara Stampa
* Padua um 1523,
† Venedig 23. April 1554, italienische Dichterin

Früh verwaist, suchte Gaspara als Mädchen und junge Frau Halt in Liebesbeziehungen. Leidenschaftlich war vor allem die Bindung an den venezianischen Grafen Collatio di Collato, der sie aber sitzen ließ. Über die seelischen Freuden und Qualen schrieb Gaspara ergreifende Gedichte, deren deutscher Titel „Liebes Sonette" (1922) den erotischen Impuls treffend benennt.

Louise Labé
* Parcieux (bei Lyon) um 1526, † ebendort 25. April 1566, französische Dichterin

Seit neun Jahren Witwer und nach einer Kur von Gichtschmerzen befreit, gewann Kaiser Karl V. 1546 die Zuneigung von Barbara, die ihm in seiner Bleibe beim Regensburger Reichstag aufwartete. Der gemeinsame Sohn war der spätere Kriegsheld Juan d'Austria. Barbara wurde mit einem kaiserlichen Offizier verheiratet, erhielt eine Rente und 1577 ein Landgut in Spanien.

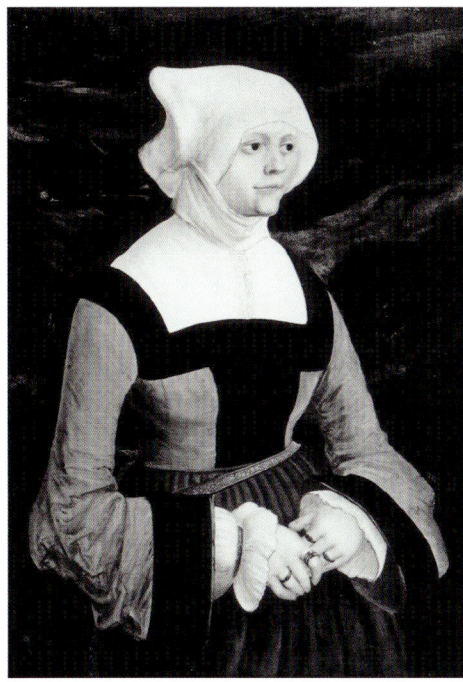

Barbara Blomberg
* Regensburg um 1527, † Ambrosero (Nordspanien) 18. Dezember 1597, deutsche Handwerkerstochter

Nach dem Beruf ihres reichen Mannes „die schöne Seilerin" genannt, war Louise umschwärmter Mittelpunkt eines Literaturzirkels, der als „Lyoner Dichterschule" bekannt wurde. Sie übte Kritik an der geringen Geltung der Frau in der Gesellschaft und verfasste nach dem Vorbild des italienischen Dichters Petrarca kunstvolle Sonette, die um Liebesmotive kreisen.

Catarina van Hemessen
* Antwerpen um 1527, † ebendort nach 1583, flämische Malerin

Der Vater Jan van Hemessen, Meister des flämischen Sittenbildes, erkannte das künstlerische Talent der Tochter und förderte es. Bald löste sich Catarina von seinem Vorbild und schuf dunkelgrundige Porträts, darunter 1548 drei realistische Selbstbildnisse, die sie bei der Arbeit zeigen. Trotz mancher Anerkennung schuf Catarina nach der Eheschließung 1554 keine weiteren Werke.

Im Jahr 1930 sprach Papst Pius XI. eine Frau heilig, die zu Lebzeiten Bewunderung und Befremden ausgelöst hatte: Die schon als Kind von religiösen Visionen heimgesuchte Katharina trat in den Orden der Augustiner-Chorfrauen ein, entwickelte ihre mystische Begabung und kämpfte mit schweren Versuchungen. Sie wird als Schutzheilige von Mallorca verehrt (Gedenktag 5.4.).

Da der ältere Bruder gestorben war, erbte Jeanne (Johanna) 1555 den Thron in Navarra, einem Reich zwischen Spanien und Frankreich. Sie war seit 1548 verheiratet mit Antoine de Bourbon und hatte mehrere Kinder, darunter den späteren König Heinrich IV. von Frankreich. Nach dem Tod des Mannes führte sie im Land die Reformation ein und verbot die katholische Lehre.

**Katharina Tomás
(Santa Catalina)**
* Palma de Mallorca
1. Mai 1531, † ebendort 5. April 1574,
spanische Mystikerin

**Sofonisba
Anguissola**
* Cremona 1532,
† Palermo 16. November 1625, italienische Malerin

Die Eltern sorgten dafür, dass die talentierten sechs Töchter und nicht nur der einzige Sohn eine gründliche Ausbildung genossen. Anguissola wurde Malerin und schaffte den Durchbruch, als sie 1559 an den spanischen Hof berufen wurde. Ihre Porträts sind ebenso Präzisionsarbeiten wie die Selbstbildnisse oder szenischen Werke (z. B. „Drei Schwestern beim Schachspiel").

Elisabeth I.
* Greenwich
7. September 1533,
† Richmond upon
Thames 24. März
1603, englische
Königin

Fürstin war Ana durch die Ehe mit einem hoch-rangigen Berater König Philipps II. von Spanien geworden. Bedeutung gewann sie selbst durch geschicktes Ränkespiel bei Hofe und mittels gut geschmierter Beziehungen. Wie weit Lieb-schaften, sogar mit dem König, dabei eine Rolle spielten, wie in Schillers Drama „Don Carlos" dargestellt, ist ungeklärt. 1579 fiel Ana in Ungnade.

Ana de Mendoza y de la Cerda, Fürstin von Éboli
* Cifuentes (bei Guadalajara) 29. Juni 1540, † Pastrana (bei Guadalajara) 2. Februar 1592, spanische Hofdame

Virtuos setzte die 1558 auf den Thron gekom-mene Elisabeth ihren Marktwert als mögliche Ehefrau ein, hielt aber alle Bewerber klug auf Distanz und band sich nie. Mit ihrem Sieg über die spanische Invasionsflotte (Armada) 1588 legte sie den Grundstein für den Aufstieg Eng-lands zur Weltmacht. Innerer Rivalen und Riva-linnen entledigte sie sich notfalls durch den Henker.

Maria Stuart
* Linlithgow
8. Dezember 1542,
† Fotheringhay
Castle (Northamp-tonshire) 8. Februar
1587, schottische
Königin

1558 dem französischen König Franz II. angetraut, kehrte Maria nach dessen Tod 1561 nach Schottland zurück und geriet wegen ihres eigenwilligen Lebenswandels und katholischer Tendenzen in Opposition zum protestantischen Adel. Sie floh 1565 nach England, wo sie aber wegen ihrer Ansprüche auf den Thron Elisabeths I. nach langer Haft hingerichtet wurde.

Sie hätte lieber den Schleier genommen, doch dann willigte Renata, Tochter des Herzogs von Lothringen, doch in die Ehe mit Herzog Wilhelm V. von Bayern ein. Zehn Kindern schenkte sie das Leben, und ihr Vermögen opferte sie fast ganz für Werke der Nächstenliebe. Sie stiftete das Münchener Elisabeth-Spital und lud Arme an ihren Tisch. 1597 dankte das Herzogspaar ab.

Renata von Lothringen
* Nancy 20. April 1544, † München 22. Mai 1602, bayerische Herzogin

König Heinrich II. von Frankreich wünschte bessere Beziehungen zu Spanien und verlobte seine Tochter Elisabeth mit Thronfolger Don Carlos. 1558 aber wurde dessen Vater Philipp II. zum zweiten Mal Witwer und warb nun selbst um die ungemein reizvolle Prinzessin. Sie heirateten im Jahr darauf. Elisabeth wurde zum guten Geist am spanischen Hof. Sie starb im fünften Kindbett.

Elisabeth von Valois
* Fontainebleau 13. April 1545, † Aranjuez 3. Oktober 1568, spanische Königin

Margarete von Valois
* Saint-Germain-en-Laye 14. Mai 1553, † Paris 27. März 1615, französische Königin

Margarete („Königin Margot"), Tochter Heinrichs II. von Frankreich, heiratete 1572 den protestantischen König Heinrich von Navarra – als Zeichen der Aussöhnung. Es wurde aber eine „Bluthochzeit", denn am Ende stand das Massaker der Batholomäusnacht an den Protestanten. Heinrich IV. bestieg 1589 auch den französischen Thron und ließ die kinderlose Ehe 1599 annulieren.

Marie Le Jars de Gournay
* Paris 6. Oktober 1565, † ebendort 13. Juli 1645, französische Schriftstellerin

Aus verarmtem Landadel stammend, eignete sich Marie im Selbststudium eine fundierte Bildung an. Sie errang die Freundschaft und Achtung des Philsophen Michel de Montaigne und war als seine „Wahltochter" nach seinem Tod 1592 die Verwalterin des literarischen Nachlasses. Sie selbst schrieb gesellschaftskritische Essays u. a. über die Diskriminierung der Frau.

Johanna Franziska Frémyot von Chantal
* Dijon 28. Januar 1572, † Moulins 13. Dezember 1641, französische Ordensgründerin

Behütete Kindheit, glückliche Ehe, fröhliche Kinder – und doch nicht die Erfüllung: von Chantal versenkte sich nach dem Tod ihres Mannes ganz in ihren Glauben, begegnete Franz von Sales und gründete mit ihm 1610 den Orden „Von der Heimsuchung Mariens", die Salesianerinnen. Sie geloben ein frommes Leben im Zeichen der Zuwendung zum Nächsten. Der Heiligen wird am 12.8. gedacht.

Maria de Medici
* Florenz 26. April
1575, † Köln 3. Juli
1642, französische
Königin

König Heinrich IV. von Frankreich brauchte einen legitimen Thronerben und bekam ihn von der ihm 1600 angetrauten Maria. Als dieser nach Heinrichs Ermordung 1610 als Ludwig XIII. die Krone übernahm, führte die Mutter die Regentschaft. 1617 kam es zum Zerwürfnis. Auf Betreiben von Kardinal Richelieu wurde Maria 1631 der Prozess gemacht; sie setzte sich ins Ausland ab.

Alix Le Clerc
* 2. Februar 1576,
† Nancy 9. Januar
1622, französische
Ordensgründerin

Gemeinsam mit dem Theologen Petrus Fourier gründete Le Clerc in Nancy den Lehrorden der „Chorfrauen Unserer Lieben Frau". Als dessen Leiterin nahm sie den Ordensnamen Maria Theresia von Jesus an. Sie sorgte umsichtig für ihre Schwestern und war ihnen ein Vorbild an Tugendhaftigkeit. 1621 fühlte die Heilige (Gedenktag 9.1.) ihre Kräfte schwinden und gab die Verantwortung ab.

Als „erste Blüte der Heiligkeit in Südamerika" gilt Flores, die auch Rosa von Lima genannt wurde. Sie entzog sich Eheplänen und wurde 1606 Dominikanerin. Im elterlichen Garten errichtete sie sich einen Schuppen, in dem sie in Askese lebte und litt. Ihr wurden neben Visionen auch Schmerzen zuteil, die sie als Prüfung begriff. Sie ist die Patronin Perus (Gedenktag 23.8.).

Louise de Marillac
* Paris 12. August 1591, † ebendort 15. März 1660, französische Ordensgründerin

Isabel Flores
* Lima 20. April 1586, † ebendort 24. August 1617, peruanische Ordensfrau

Die Sozialarbeiter haben in ihr die Schutzheilige (Gedenktag 15.3.): Die Witwe Marillac begegnete 1624 Vinzenz von Paul und gründete mit ihm 1633 den Orden der Barmherzigen Schwestern („Filles de la Charité"), die Vinzentinerinnen. Bis zu ihrem Tod leitete sie das Pariser Mutterhaus. Die von ihr ins Leben gerufene Kongregation ist heute der größte Frauenorden der Welt.

Artemisia Gentileschi
* Rom 8. Juli 1593, † Neapel um 1665, italienische Malerin

Es scheint, als habe sie sich mit ihrem Malen Luft machen wollen, so impulsiv, ja aggressiv gestaltete sie manche Motive (z. B. „Judith enthauptet Holofernes", 1613). Der Vater Orazio, dem sie nacheiferte, schickte sie zu einem Freund in die Lehre. Der aber vergewaltigte sie. Das traumatische Erlebnis prägte ihren Stil, der beim Publikum großen Erfolg hatte.

Elisabeth Stuart
* Falkland Castle
(Schottland)
19. August 1596,
† London 13. Februar
1662, Kurfüstin von
der Pfalz

Wegen ihrer Schönheit und Liebenswürdigkeit als „Queen of hearts" verehrt, wurde Elisabeth, älteste Tochter des englischen Königs Jakob I., 1613 Frau von Kurfürst Friedrich von der Pfalz, dem sie 13 Kinder gebar. Wenige Monate war sie an seiner Seite 1619/20 sozusagen „Winterkönigin" in Böhmen, musste dann mit ihm ins Exil und kehrte im Alter nach England zurück.

Anna von Österreich
* Valladolid 22. September 1601, † Paris
20. Januar 1666,
französische Königin

Anna, älteste Tochter Philipps III. von Spanien, war seit 1615 mit Ludwig XIII. von Frankreich verheiratet. Als dieser 1643 starb, wurde sie Regentin für ihren fünfjährigen Sohn Ludwig XIV. Trotz ihrer Herkunft blieb sie bei der antihabsburgischen Linie, die Kardinal Mazarin in ihrem Namen verfolgte. Der Hofklatsch sagte ihr ein Verhältnis mit ihm nach.

Amalie Elisabeth
* Hanau am Main
29. Januar 1602,
† Kassel 8. August
1651, Landgräfin
von Hessen-Kassel

Aus dem reformierten Grafenhaus Hanau-Münzenberg stammend, heiratete Amalie 1619 Landgraf Wilhelm V. von Hessen-Kassel und übernahm nach seinem Tod 1637 die Regentschaft für ihren unmündigen Sohn Wilhelm. Entschlossen sicherte Amalie die hessische Anwartschaft auf Hanau und wirkte mit an der Beendigung des 30-jährigen Krieges durch den Westfälischen Frieden 1648.

**Johanna Maria
Bonomo**
* Asiago (Venetien)
15. August 1606,
† Kloster San Gero-
lamo von Bassano
(Venetien) 1. März
1670

Die Wundmale Christi zeigten sich bei der
Benediktinerin Bonomo schon früh. Die an
Mariä Himmelfahrt geborene junge Frau
legte 1622 das Ordensgelübde ab. Sie war
Novizenmeisterin und Priorin und gab mit
ihren Bußübungen und dem demütigen
Ertragen von Krankheiten allen Schwestern ein Beispiel. Ihre Schriften über aske-
tisches Leben fanden weite Verbreitung.

Mit den reformierten Eltern kam die kleine
Anna Maria aus den Niederlanden nach Köln
und kehrte erst 1623 dorthin zurück. Sie unterhielt eine rege Korrespondenz mit den wichtigsten Forschern der Zeit, beherrschte alle Kul-
tur-Sprachen, schrieb theologische Traktate
und forderte in der Schrift „Darf eine christliche Frau studieren?" (1638) ein weibliches Bil-
dungsrecht.

**Madeleine de
Scudéry**
* Le Havre 15. Okto-
ber 1607, † Paris
2. Juni 1701, franzö-
sische Schriftstellerin

**Anna Maria von
Schürmann**
* Köln 5. November
1607, † Wieuwerd
(Friesland) 14. Mai
1678, niederländi-
sche Gelehrte

Mithilfe des Bruders Georges fasste Scudéry in
Paris Fuß, wohnte mit dem Bruder zusammen
und begann unter seinem Namen zu schreiben.
Ihr Salon war Mittelpunkt des Kreises der „Pré-
cieuses", in dem verfeinerte Literatinnen und
hochgestellte Persönlichkeiten verkehrten.
Scudéry wurde berühmt durch umfangreiche
Schlüsselromane im galanten Stil, z. B. „Clelia"
(zehn Bände 1654–60).

Judith Leyster
* Haarlem 1609,
† Heemstede 1660,
niederländische
Malerin

Nur wenig ist über ihre Ausbildung und künstlerischen Anfänge bekannt: Belegt aber ist die Bekanntschaft Leysters mit Frans Hals, dessen Einfluss sich in ihrem Schaffen bemerkbar macht. Seit 1636 war sie mit dem Maler Jan Molenaer verheiratet und arbeitete mit ihm an manchen Werken gemeinsam. Besonders vital sind Genrebilder von Leyster wie z. B. „Lustige Gesellschaft" (1630).

**Anne de Lenclos
(genannt Ninon L.)**
* Paris 10. November
1620, † ebendort
17. Oktober 1705,
französische Salon-
dame

Von unbändiger Wissbegier, dabei schön, kokett und von wenigen moralischen Bedenken gehemmt, lebte die Adlige Lenclos am Hof Ludwigs XIV. und versammelte in ihrem Salon die politischen und geistigen Größen der Zeit von Molière bis zur Königin. Ihre geschickte Gesprächsführung, ihr Esprit und ihre Distanz wahrende Nähe machten den Umgang mit ihr so anziehend.

Christine
* Stockholm
18. Dezember 1626,
† Rom 19. April 1689,
schwedische Königin

Die Tochter des großen Feldherrn Gustav II. Adolf erbte minderjährig den Thron, regierte seit 1644 selbstständig und zeichnete sich durch kulturpolitisches Geschick aus. 1654 dankte sie zugunsten eines Vetters ab, trat im Jahr darauf zum Katholizismus über, war aber weiterhin diplomatisch tätig. Greta Garbo verkörperte sie im Spielfilm „Königin Christine" (1933).

Als zwölftes Kind Elisabeth Stuarts war Sophie Enkelin des englischen Königs Jakob I. und bei Erlöschen der männlichen Linie für das britische Parlament 1701 die nächste protestantische Erbberechtigte. Da sie seit 1658 mit dem späteren Kurfürsten Ernst August von Hannover verheiratet war, begründete sie die Anwartschaft seiner Dynastie auf den englischen Thron.

Sophie von der Pfalz
* Den Haag 14. Oktober 1630, † Schloss Herrenhausen (Hannover) 8. Juni 1714, Kurfürstin von Hannover

Catharina Regina von Greiffenberg
* Schloss Seyssenegg (Niederösterreich) 7. September 1633, † Nürnberg 8. April 1694, österreichische Dichterin

Als glühende Protestantin hatte es Greiffenberg im österreichischen Umfeld schwer. Sie setzte ihr poetisches Talent daher auch für Versuche ein, den katholischen Kaiser zur Lehre Luthers zu bekehren. Das wurde bei Hofe übel vermerkt, und von Greiffenberg musste nach Nürnberg ausweichen. Ihre klangvollen Gedichte (u. a. „Geistliche Sonette", 1662) sind inbrünstig-religiös aufgeladen.

In La Fayettes Hauptwerk „Die Fürstin von Kleve" (1678) verzichtet die Heldin auf den Geliebten, weil es ihr mehr ums Seelenheil geht und sie das reine Gefühl nicht durch Alltag beschädigt oder gar durch Untreue zerstört sehen möchte. Radikalität zeichnete auch La Fayette persönlich aus, die mit dem Moralisten La Rochefoucault bis zu dessen Tod 1680 eng befreundet war.

Elisabeth Sirani
* Bologna 8. Januar 1638, † ebendort 28. August 1685, italienische Malerin

Marie-Madeleine de La Fayette
* Paris 18. Januar 1634, † ebendort 26. Juni 1693, französische Schriftstellerin

Der Vater Giovanni, der seinerseits bei Guido Reni in die Schule gegangen war, unterrichtete Sirani in der Kunst des Halbfigurenporträts. Ihren eigenen Stil entwickelte sie in den letzten Jahren ihres kurzen Lebens anhand biblischer Motive, die sie durch Helligkeitsabstufungen wirkungsvoll inszenierte. Den Übergang zeigt gut die „Allegorie der Musik" von 1659.

Die verheiratete Montespan kam als Ehrendame von Königin Marie-Thérèse an den Hof von „Sonnenkönig" Ludwig XIV. Bald gewann sie die Gunst des Herrschers und wurde 1667 seine offizielle Geliebte (Maîtresse en titre). Sieben Kinder gingen aus der Verbindung hervor, ehe Montespan einer Rivalin weichen musste. Sie zog sich 1691 vom Hof zurück und ging in ein Kloster.

Elena Lucrezia Cornaro Piscopia
* Venedig 25. Juni 1646, † ebendort 26. Juli 1684, italienische Gelehrte

Françoise Marquise de Montespan
* Tonnay-Charente (bei La Rochelle) 5. Oktober 1640, † Bourbon l'Archambault (Auvergne) 27. Mai 1707, französische Mätresse

Ihr Vater, ein hoher Beamter, erkannte die Begabung der Tochter und ließ sie in Sprachen und Wissenschaften ausbilden. Zwar blieb ihr ein theologischer Abschluss versagt, doch errang sie mit einer philosophischen Arbeit 1678 als erste Frau einen Doktortitel. Cornaro hatte für die Vergnügungen der feinen Gesellschaft nichts übrig und wurde Benediktinerin.

Maria Sibylla Merian
* Frankfurt am Main
2. April 1647, † Amsterdam 13. Januar
1717, deutsche Kupferstecherin

Vom Vater hatte sie das zeichnerische Talent und die Genauigkeit der Beobachtung: Merian hielt die Ergebnisse ihrer naturkundlichen Studien in hochfeinen kolorierten Stichen fest und gab sie in Buchform heraus. Besonders beeindruckend sind ihre Untersuchungen über „Der Raupen wunderbare Verwandlung" (1680), die sie als erste entschlüsselte und dokumentierte.

Juana Inés de la Cruz
* 12. November
1651, † Mexiko
17. April 1695, mexikanische Schriftstellerin

Die unehelich geborene Juana fiel wegen ihrer Begabung der spanischen Vizekönigin auf und gewann ihre Unterstützung. Sie trat in ein Kloster ein und erhielt den Ordensnamen, unter dem sie bekannt wurde. In der guten Bibliothek konnte sie ihre Bildung vervollkommnen und in der Stille Verse schreiben (u. a. „Der Traum", 1685), die sie ihrer Gönnerin widmete.

Elisabeth Charlotte, genannt Liselotte von der Pfalz
* Heidelberg 27. Mai 1652, † Saint-Cloud bei Paris 8. Dezember 1722, Herzogin von Orléans

Mit 19 Jahren heiratete Elisabeth einen homosexuellen Bruder Ludwigs XIV. und nahm das Hofleben auf sich. Sie ließ sich aber nicht verbiegen, wie ihre berühmte Korrespondenz zeigt. In annähernd 60 000 Briefen berichtete sie in nicht selten drastisch-komischer Sprache von den Vergnügungen, Liebeleien und Intrigen im Umfeld des selbstherrlichen „Sonnenkönigs".

Sofia Alexejewna
* Moskau 5. September 1657, † ebendort 3. Juli 1704, russische Regentin

Als ihr Bruder Zar Fjodor III. 1682 starb, setzte Sofia durch, dass sie für den geistig behinderten anderen Bruder Iwan V. und für ihren erst zehn Jahre alten Halbbruder Peter (später der Große) die Regentschaft übertragen bekam. Sie nutzte die Jahre, die ihr bis zur Absetzung durch Peter 1689 blieben, zur Öffnung Russlands durch Handelsverträge mit dem Westen.

Die Kirche achtete immer darauf, dass Wunder nicht vorgetäuscht wurden: Als Giuliani, seit 1677 Kapuzinerin in Città di Castello, 1696 die Wundmale Christi ausbildete, wurde sie schweren Prüfungen unterzogen. Jahrelang mussten sie ihre Mitschwestern als Betrügerin behandeln. Sie aber trug dies mit Demut, ja Heiterkeit. Sie wurde 1839 heiliggesprochen (Gedenktag 9.7.).

Veronica Giuliani
* Mercatello bei Urbino 27. Dezember 1660, † Città di Castello bei Perugia 9. Juli 1727, italienische Nonne

S. VERONICA GIULIANI
PATRONA DEI FOTOGRAFI
2-4-1995

Anders als ihr Vater König Jakob II. von England, der 1672 konvertiert war, blieb Maria protestantisch, heiratete 1677 Wilhelm III. von Oranien und wurde nach Absetzung des Vaters vom Parlament 1689 auf den englischen Thron berufen. Ihre und ihres Mannes Krönung am 11. April in Westminster Abbey gilt als „Glorreiche Revolution" im anglikanischen Großbritannien.

Maria II. Stuart
* London 30. April 1662, † ebendort 28. Dezember 1694, englische Königin

Marie Aurora von Königsmarck
* Stade 28. August 1662, † Quedlinburg 16. Februar 1720, deutsche Hofdame

Am Welfen-Hof in Hannover gewann von Königsmarck die Gunst des Kurfürsten Georg I. und ihr Bruder Philipp Christoph die der Kurfürstin Sophie. Der Bruder verschwand eines Tages spurlos, und von Königsmarck kam bei ihrer vergeblichen Suche 1694 an den sächsischen Hof Augusts des Starken. Auch ihm war sie erotisch zu Diensten. 1700 übernahm sie die Leitung des Stifts Quedlinburg.

Anna war die letzte der Dynastie Stuart und erbte 1702 den englischen Thron. Sie regierte Großbritannien als Erste nach der 1707 erfolgten Vereinigung Englands und Schottlands. Dank ihres Feldherrn Marlborough feierte sie im Spanischen Erbfolgekrieg (1701–14) Erfolge. Seit 1683 verheiratet, hatte sie 13 Fehl- oder Totgeburten; die fünf weiteren Kinder überlebte sie.

Anna Stuart
* London 6. Februar 1665, † ebendort 1. August 1714, englische Königin

Sophie Dorothea von Braunschweig-Lüneburg
* Celle 15. September 1666, † Schloss Ahlden an der Aller 13. November 1726, deutsche Fürstin

Während sich ihr Ehemann (seit 1682) Kurfürst Georg Ludwig von Hannover mit der Gräfin Königsmarck vergnügte, unterhielt Sophie eine Liaison mit deren Bruder. Doch was dem Mann erlaubt war, galt als schwerer Treuebruch der Frau. Der Liebhaber wurde beseitigt, Sophie 1695 lebenslang auf Schloss Ahlden verbannt, weswegen sie „Prinzessin von Ahlden" genannt wurde.

Für die kunstsinnige Sophie ließ ihr Mann (seit 1684), der spätere König Friedrich I. in Preußen, Schloss Charlottenburg errichten. Dort empfing sie Künstler wie den Bildhauer Andreas Schlüter und andere Geistesgrößen ihrer Zeit, darunter den Philosophen Leibniz, mit dem sie eine Kultur-„Societät" gründete, die sich zur Preußischen Akademie der Wissenschaften entwickelte.

Sophie Charlotte
* Bad Iburg 30. Oktober 1668, † Hannover 1. Februar 1705, preußische Königin

Lucia Filippini
* bei Rom 13. Januar 1672, † Montefiascone (Viterbo) 25. März 1732, italienische Ordensgründerin

In der Erziehung katholischer junger Mädchen spielt der Orden „Maestre Pie Filippini" eine bedeutende Rolle. Der Name geht auf die Gründerin Filippini zurück. Sie ergriff Ende des 17. Jahrhunderts die Initiative zur Bildung einer solchen Gemeinschaft, die sich auch um Bräute kümmerte und die sie seit 1704 leitete. Filippini wurde 1930 heiliggesprochen (Gedenktag 25.3.).

Rosalba Carriera
* Venedig 7. Oktober 1675, † ebendort 15. April 1757, italienische Malerin

Ausgebildet an der Accademia di San Lucca, entwickelte Carriera bemerkenswertes Talent. Ihre im graziösen Stil des Rokoko gehaltenen Miniaturen und Pastellporträts waren an den Höfen Europas hoch begehrt. Daneben wandte sie sich religiösen Motiven zu und schuf Selbstbildnisse. Elf Jahre vor ihrem Tod erblindete Carriera und fiel, so sagte sie, in „schwärzeste Nacht".

Anna Constantia von Cosel
* Depenau bei Plön 17. Oktober 1680, † Schloss Stolpen bei Dresden 31. März 1765, sächsische Hofdame

Für damalige Zeiten hatte von Cosel eine gute Ausbildung genossen, heiratete 1703 einen sächsischen Grafen und begegnete 1705 in Dresden Kurfürst August dem Starken. Er verliebte sich in die schlagfertige junge Frau. Sie wurde seine Geliebte und 1707 zur Reichsgräfin von Cosel erhoben, 1713 aber aus politischen Gründen verstoßen und bis zum Tod in Haft gehalten.

Eine atemberaubende Karriere: Die litauische Bauerstochter Martha wurde Geliebte des Zaren-Günstlings Fürst Menschikow, bei dem sie Zar Peter den Großen kennenlernte. Der übernahm sie 1703 und heiratete sie 1712 gegen alle Standesbedenken; sieben Kinder kamen zur Welt. 1724 ließ er sie als Katharina zur Kaiserin krönen. Bei seinem Tod 1725 trat sie die Nachfolge an.

Katharina I.
* 15. April 1684,
† Sankt Petersburg
17. Mai 1727, russische Zarin

Elisabetta Farnese
* Parma 25. Oktober
1692, † Aranjuez
11. Juli 1766, spanische Königin

Der heute regierende Zweig der Bourbonen in Spanien geht auf Elisabetta zurück: Ihr ältester Sohn überlebte Ferdinand VI., den Sohn ihres Mannes Philipps V. aus erster Ehe, und kam 1759 als Karl III. auf den Thron. Elisabetta, die schon zur Zeit Philipps die Politik maßgeblich mitbestimmt hatte, konnte ihr Projekt der Rückgewinnung ihrer italienischen Besitzungen vollenden.

Seit 1730 ließ Anna ihren Günstling Biron, Herzog von Kurland, zehn Jahre lang Russland regieren. Die Kriege, die er um Polen und gegen die Türken in ihrem Namen führte, waren wenig erfolgreich. Hingegen prägten ihre Maßnahmen zum Aus- und Umbau von Petersburg das Bild der Hauptstadt nachhaltig durch die sternförmige Anlage der sogenannten Admiralität.

Anna Iwanowna
* Moskau 28. Januar
1693, † ebendort
17. Oktober 1740,
russische Zarin

Die Advokatentochter Friederike brannte 1716 mit Johann Neuber durch, und gründete 1727 die Neuber'sche Komödiantengesellschaft. Sie erhielt das Recht zum Betrieb eines festen Theaters in Leipzig, zahlte regelmäßige Gehälter, zog dadurch viele Talente an und wurde damit Begründerin des deutschen Schauspielwesens. Einer ihrer Förderer war der Dichter Gottsched.

Friederike Caroline Neuber („die Neuberin")
* Reichenbach (Vogtland) 8. März 1697,
† Laubegast bei Dresden 29. November
1760, deutsche
Schauspielerin

Wilhelmine, die älteste und wohl vertrauteste Schwester Friedrichs des Großen, heiratete 1731 den späteren Markgrafen Friedrich von Bayreuth und entkam damit dem überstrengen Vater. Mit ihm, dem Hofleben in Berlin und der Unterdrückung der Frauen rechnete die kunstsinnige Wilhelmine in ihren französisch geschriebenen, erst postum erschienenen „Denkwürdigkeiten" ab.

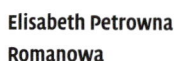

Wilhelmine von Preußen
* Potsdam 3. Juli 1709, † Bayreuth 14. Oktober 1758, Markgräfin von Bayreuth

Gestützt auf die Garde, die sich eine Erneuerung Russlands im Geist Peters des Großen, ihres Vaters, erhoffte, konnte Elisabeth sich 1741 gegen Zar Iwan VI. durchsetzen. Sie gründete 1755 die Universität Moskau. Von Anfang an war sie eine entschiedene Gegnerin Friedrichs des Großen. Ihr Tod rettete Preußen im Siebenjährigen Krieg vor dem Zusammenbruch.

Elisabeth Petrowna Romanowa
* Moskau 29. Dezember 1709, † Sankt Petersburg 5. Januar 1762, russische Zarin

Luise Gottsched („die Gottschedin")
* Danzig 11. April 1713, † Leipzig 26. Juni 1762, deutsche Schriftstellerin

Die gebildete Arzttochter Luise lernte weiter bei ihrem 1734 angetrauten Mann, dem Literaturprofessor Gottsched in Leipzig. Sie war seine Helferin, schrieb Rezensionen für seine Zeitschrift und setzte seine Ideen zu einer Theaterreform in eigenen und übersetzten Komödien um. Bekannt wurden u. a. „Die Pietisterey im Fischbein-Rocke" (1736), „Der Witzling" (1745).

Elisabeth Christine
* Wolfenbüttel
8. November 1715,
† Schloss Nieder-
schönhausen bei
Berlin 13. Januar
1797, preußische
Königin

Wenn die Bilder nicht allzu sehr schmeicheln, dann war die Prinzessin Elisabeth von Braunschweig-Bevern recht ansehnlich. Dem Manne aber, dem sie 1733 das Ja-Wort gab, war das nicht wichtig: Friedrich II. von Preußen wurde „der Große" wegen seiner politischen und militärischen Taten. Die Ehe blieb kinderlos; das Paar traf nur bei sehr seltenen Festen zusammen.

Was es medizinisch zu wissen gab, wusste Erxleben aus der Mitarbeit in des Vaters Praxis. Selber praktizieren aber konnte sie zunächst nach seinem Tod nur illegal – sie durfte erst auf Befehl Friedrichs des Großen studieren und als erste Frau in Deutschland 1754 promovieren. Frau Dr. Erxleben sorgte dabei noch als Stiefmutter für vier Kinder ihres Mannes und für vier eigene.

Dorothea Christiana Erxleben
* Quedlinburg
13. November 1715,
† ebendort 13. Juni
1762, deutsche
Ärztin

Maria Theresia
* Wien 13. Mai
1717, † ebendort
29. November 1780,
österreichische
Königin

Als Erbtochter Kaiser Karls VI. und (seit 1745) Ehefrau von Kaiser Franz I., wurde Maria Theresia als Kaiserin bezeichnet. Sie regierte energisch, konnte aber ihren Erzfeind Friedrich den Großen von Preußen trotz kluger Koalitionen nicht bezwingen und musste Schlesien abtreten. Als Mutter von 16 Kindern wurde sie dank ihrer Heiratspolitik zur „Großmutter Europas".

Luise Ulrike (Lovisa Ulrika)
* Berlin 24. Juli 1720,
† Svartsjö bei Stockholm 16. Juli 1782,
schwedische Königin

Umfangreich ist die Korrespondenz zwischen der seit 1744 mit dem späteren schwedischen König Adolf Friedrich verheirateten Luise Ulrike und dem Bruder Friedrich II. von Preußen. Mit ihm verständigte sie sich in musischen Fragen, las seine Berichte über Militärisches und teilte die Vorliebe für französische Kultur. Sie brachte drei Söhne und eine Tochter zur Welt.

Barberina (Barbara Campanini)
* Parma 7. Juli 1721,
† Barschau bei Breslau 7. Juni 1799, italienische Tänzerin

„Fliegende Göttin" war einer der Ehrennamen für die ausdrucksstarke Tänzerin aus Parma, die zunächst in Paris für Furore sorgte und 1744 von Friedrich dem Großen nach Berlin engagiert wurde. „La Barberina" war der hellste Stern am dortigen Theaterhimmel. Wegen ihrer heimlichen Ehe mit Carl von Cocceji fiel sie in Ungnade und lebte danach auf ihren schlesischen Gütern.

Anna Dorothea Therbusch
* Berlin 23. Juli 1721, † ebendort 9. November 1782, preußische Malerin

Beim Vater, einem Porträtmaler, lernte Therbusch die Grundlagen der Kunst so rasch, dass sie in Berlin als Wunderkind gefeiert wurde. Dann unterbrach die Ehe mit einem Gastwirt die Arbeit. Erst um 1760 konnte sie sich wieder den Farben zuwenden. Sie wurde preußische Hofmalerin und porträtierte u. a. König Friedrich Wilhelm II. und seine Geliebte Wilhelmine Enke.

Jeanne Marquise de Pompadour
* Paris 29. Dezember 1721, † Versailles 15. April 1764, französische Mätresse

König Ludwig XV. von Frankreich hieß mit Beinamen „der Vielgeliebte" und hatte viele Geliebte. Dem Letzteren machte vorübergehend die bürgerlich geborene Pompadour ein Ende, denn sie beherrschte ihn seit 1745 als „Maitresse en titre" einige Jahre ganz. Sie übte enormen Einfluss auf die französische Politik aus, auch noch nach Ende der sexuellen Beziehung 1751.

Anna Luise Karsch („die Karschin")
* bei Schwiebus 1. Dezember 1722, † Berlin 12. Oktober 1791, deutsche Dichterin

Als alle Welt in Rokoko-Versen tändelte, kam eine Magd nach Berlin und lieferte vitale, tief empfundene Lieder. Bekannt aber wurde Karsch, nach zwei unglücklichen Ehen in die Stadt geflohen, durch Gesänge über die Kriegstaten Friedrichs des Großen. Es fanden sich Förderer, darunter der Dichter Lessing. Erst in neuerer Zeit werden ihre Strophen wieder gewürdigt.

Sie war von den sechs Schwestern dem Bruder König Friedrich II. von Preußen wohl am ähnlichsten. Wie er hatte sie für die Ehe nichts übrig, wie er war sie musikalisch begabt, und wie er soll sie oft schroff und besserwisserisch gewesen sein. Anders als er aber konnte sie ihre musischen Neigungen ausleben: Sie schrieb Kantaten und Choräle; Bach war ihr Idol.

Johanna Charlotte Unzer
* Halle 27. November 1725, † Altona 29. Januar 1782, deutsche Schriftstellerin

Amalie von Preußen
* Berlin 9. November 1723, † ebendort 30. März 1787, preußische Prinzessin und Komponistin

„Grundriß einer Weltweisheit für das Frauenzimmer" war ihr ungemein erfolgreiches Hauptwerk. Fräulein Johanna Ziegler schrieb es 1751, im gleichen Jahr, in dem sie den Musiker Johann Unzer heiratete. Die Auszeichnung als Poeta laureata (lorbeerbekränzte Dichterin) errang sie u. a. mit ihren „Sittlichen und zärtlichen Gedichten" (1754, zweiter Band 1766).

Katharina II.
* Stettin 2. Mai 1729, † Sankt Petersburg 17. November 1796, russische Zarin

Als Sophie von Anhalt-Zerbst geboren, gab Katharina 1745 dem russischen Thronfolger Peter (III.) das Jawort und ließ ihn 1762 nach der Übernahme der Zarenkrone absetzen und töten. Genauso entschlossen regierte sie, festigte die russische Machtstellung (Gewinn der Schwarzmeerküste und der Krim) und setzte Verwaltungsreformen durch. Sie wird als „die Große" bewundert.

Marie Sophie von La Roche
* Kaufbeuren
6. Dezember 1730,
† Offenbach am Main
18. Februar 1807,
deutsche Schrift-
stellerin

Die Verlobte des Dichters Wieland heiratete unverhofft 1753 Georg von La Roche,
gebar ihm acht Kinder und führte seit 1771
in Ehrenbreitstein bei Koblenz einen literarischen Salon, in dem auch Goethe verkehrte. Er nannte sie „die wunderbarste
Frau" und „gar anmutig". La Roche verfasste empfindsame Romane, u. a.
„Geschichte des Fräuleins von Sternheim"
(zwei Bände 1771).

Julie de Lespinasse
* Lyon 9. November
1732, † Paris 23. Mai
1776, französische
Schriftstellerin

Von einem Werk im üblichen Sinn kann bei
Lespinasse nicht die Rede sein. Sie hinterließ
„nur" Liebesbriefe an Verehrer, die in ihrem
literarischen Salon verkehrten. Ihre größte
Liebe galt D'Alembert, der wie andere Enzyklo-
pädisten zu ihrem Freundeskreis gehörte. Ihre
Beziehung aber blieb platonisch und färbte
dennoch die glühenden Briefe an die „Ersatz"-
Männer.

Als 16-Jährige wurde Anna Amalia mit dem
kränklichen Herzog von Sachsen-Weimar verheiratet, gebar zwei Söhne und wurde nach
dem Tod des Mannes (1758) Regentin (bis
1775) für den älteren Sohn Karl August. Sie
holte den Dichter Wieland 1771 als Prinzener-
zieher an den Hof und betrieb auch die Berufung Goethes, die Weimar zur Kulturhaupt-
stadt Deutschlands machen sollte.

Anna Amalia
* Wolfenbüttel
24 Oktober 1739,
† Weimar 10. April
1807, Herzogin von
Sachsen-Weimar

In London bis 1766 ausgebildet, ging Kauffmann 1782 nach Rom. Hier führte sie ein gastliches Haus, in dem Bildungsreisende wie Herder und Goethe (sein Urteil: „Als Weib wirklich ungeheures Talent") verkehrten. Ihre im Stil des späten Rokoko gehaltenen Bilder gefallen durch Natürlichkeit („Die Dichtung umarmt die Malerei", 1782), wirkungsvoll auch ihre zahlreichen Porträts.

Man könnte von Stein als „indirekte Dichterin" bezeichnen, denn ihr Werk ist hinter dem Goethes verschwunden. Sie war die idealisierte Muse seines ersten Weimarer Schaffens. Davon zeugen seine Dichtungen und seine Briefe. Ihre eigenen hat sie zurückgefordert und verbrannt. Die Behauptung dürfte nicht zu kühn sein, dass sie neben seinem Werk Bestand gehabt hätten.

In der Goldschmiede-Werkstatt des Vaters bildete sich ihr Geschmack und eine Vorliebe für ruhige Arrangements, besonders für Stillleben; die Miniaturen-Kunst der Mutter legte den Grund für einen Hang zum Porträtieren: Vallayer-Coster erreichte große Detailtreue. Ihre Bilder waren in der feinen Gesellschaft geschätzt. Königin Marie Antoinette gehörte zu ihren Förderern.

Anne Vallayer-Coster
* Paris 21. Dezember 1744, † ebendort 18. Feburar 1818, französische Malerin

Marie Jeanne Dubarry
* Vaucouleurs bei Toul 19. August 1743, † Paris 8. Dezember 1793, französische Mätresse

Die letzte Geliebte (seit 1769) des „vielgeliebten" Königs Ludwig XV. hatte mit Politik wenig im Sinn, dafür einen ausgeprägten Sinn für Vergnügungen und fürs Geldausgeben. Das konnte Dubarry dank der üppigen Geschenke des Königs fast unbegrenzt. Es wurde ihr aber von den Revolutionären als Vergeudung von Volksvermögen ausgelegt und trug maßgeblich zu ihrem Todesurteil bei.

Olympe de Gouges
* Montauban 7. Mai 1748, † Paris 3. November 1793, französische Publizistin

Ihre Theaterstücke und Romane sind weitgehend vergessen oder werden doch vor allem noch wegen ihres mutigen Manifestes von 1791 gelesen: „Erklärung der Rechte der Frau und Bürgerin." In Anlehnung an die „Erklärung der Menschenrechte" verlangte Gouges darin die völlige Gleichberechtigung. Das war selbst für die Revolutionäre zuviel; es erging das Todesurteil.

Amalie von Gallitzin
* Berlin 28. August
1748, † Münster
27. April 1806, deut-
sche Literatin

Auf den Tag ein Jahr älter als Goethe, war dieser für die Fürstin von Gallitzin (so durch Heirat mit einem russischen Diplomaten, 1774 geschieden) der hellste Stern am deutschen Literaturhimmel. Sie selbst schrieb Gedichte und trug sie in ihrem literarisch-philosophischen Salon in Münster vor. Sie unterhielt eine ausgedehnte Korrespondenz mit den Größen der Zeit.

Sie lernte das Malen von Miniaturen und Ornamenten beim Künstler Vincent in der Nachbarschaft des elterlichen Kurzwarenladens. Bald traute sie sich auch Ölgemälde zu und hatte damit solchen Erfolg, dass sie 1783 eine Malschule für Frauen gründen konnte. Zunächst porträtierte sie Hochadlige, dann die prominenten Revolutionäre, darunter Robespierre (1791).

Adélaïde Labille-Guiard
* Paris 11. April 1749,
† ebendort 24. April
1803, französische
Malerin

Julie Billiart
* Cuvilly (Picardie)
12. Juli 1751,
† Namur 8. April
1816, französische
Nonne

Sie sollte Priester versteckt haben und sei sowieso eine Hexe: Die fromme Billiart war während der Revolution in höchster Gefahr. Dem Scheiterhaufen entging die nach einem Schockerlebnis gelähmte Frau nur knapp. Trotz der Behinderung gründete sie 1804 die Kongregation der „Schwestern Unserer Lieben Frau" zur Mädchenerziehung; 1969 wurde sie heiliggesprochen.

Die Musikertochter Schröter hatte eine wohl-klingende Stimme, die sie in Leipzig ausbilden ließ. Dort begegnete sie Goethe, der sich auch von ihren mimischen Fähigkeiten überzeugte und sie 1776 am Liebhabertheater in Weimar verpflichtete. Sie spielte die Iphigenie bei der Uraufführung 1779. Ihr Erfolg war durchschlagend. Schröter gab später Schauspielunterricht.

Corona Schröter
* Guben 14. Januar 1751, † Ilmenau 23. August 1802, deutsche Schauspielerin und Sängerin

Friederike Brion
* Niederroedern (Elsass) 19. April 1752, † Meißenheim bei Lahr 3. April 1813, deutsche Dichterfreundin

Es kann ein zweifelhaftes Glück sein, ins Licht der Weltliteratur gezogen zu werden. Brion, Tochter des Pfarrers im elsässischen Sesenheim, widerfuhr dies, nachdem sie 1770 Goethe kennengelernt hatte. Die kleine Liebelei zwischen ihnen inspirierte ihn zu den unvergleichlichen „Friederikenliedern" und verleitete sie dazu, mehr als Freundschaft zu erwarten.

Dass sie noch einem anderen und nicht nur ihrem Verlobten Kestner gefiel, mag Buff geschmeichelt haben. Dass dieser Jemand aber Goethe war und er seine unglückliche Neigung zu ihr im Roman „Die Leiden des jungen Werther", einem Weltbestseller, darstellte, das hing ein Leben lang an ihr und machte die einfache Frau zu einer Literatur-Ikone wider Willen.

Charlotte Buff
* Wetzlar 11. Januar 1753, † Hannover 16. Januar 1828, deutsche Dichterfreundin

Als Elfjährige muss sie schon bei der ersten Begegnung auf den späteren König Friedrich Wilhelm II. von Preußen tiefen Eindruck gemacht haben. Er finanzierte der Musiker-Tochter Enke eine solide Ausbildung und kam ihr bald auch erotisch näher. Sie wurde für einige Jahre seine offizielle Geliebte und zur Gräfin Lichtenau erhoben. Ihre fünf Kinder starben jung.

Wilhelmine Enke
* Dessau 29. Dezember 1753, † Berlin 9. Juni 1820, deutsche Gräfin

Eine tolle Partie für die Tochter der österreichischen Königin Maria Theresia: Marie Antoinette wurde 1770 mit dem kommenden König Ludwig XVI. von Frankreich getraut und hatte ein Leben vor sich, wie sie es liebte: sorglos, vergnüglich, prunkvoll. Das Volk aber hatte die Ausbeutung satt. 1789 erhob es sich und köpfte den König; Marie Antoinette folgte ihm wenig später aufs Schafott.

Marie Antoinette
* Wien 2. November 1755, † Paris 16. Oktober 1793, französische Königin

Zum Durchbruch verhalf Vigée-Lebrun Königin Marie Antoinette, deren Porträt sie 1778 malte. 1783 sorgte königlicher Druck für die Aufnahme der Malerin in die Akademie, die sich gegen Frauen sträubte. Während der Revolutionszeit arbeitete Vigée-Lebrun an vielen Höfen Europas. Ihre gefällig-heiteren Porträts, geschult an den großen holländischen Meistern, waren äußerst begehrt.

Élisabeth Vigée-Lebrun
* Paris 16. April 1755, † Louveciennes bei Versailles 30. März 1842, französische Malerin

Julie war sie getauft worden; den Namen Maria Magdalena nahm Postel als Benediktinerin 1798 an. Sie hatte in ihrem Heimatort eine kleine Schule eingerichtet, in der sie Mädchen ausbildete, die aus der Bahn geraten waren. 1807 gründete sie zum selben Zweck die „Schwestern der christlichen Schulen von der Barmherzigkeit". Sie wurde 1925 heiliggesprochen (Gedenktag 16.07.).

Anna Elisabeth („Lili") Schönemann
* Offenbach am Main 23. Juni 1758, † Krautergersheim bei Straßburg 6. Mai 1817, deutsche Dichter-Verlobte

Maria Magdalena Postel
* Barfleur (Normandie) 28. November 1756, † St-Saveur-le-Vicomte bei Cherbourg 16. Juli 1846

Feste Bindungen scheute der junge Goethe, doch die anmutige Schönemann hätte ihn beinahe umgestimmt. Es kam 1775 zur Verlobung, es kamen aber auch beiderseits familiäre Bedenken. Goethe floh schließlich nach Weimar, Schönemann heiratete 1778 einen Bankier. Unvergänglich aber sind die „Lili-Lieder": „Wo du, Engel, bist, ist Lieb und Güte,/Wo du bist, Natur."

Mary Godwin
* London 27. April 1759, † ebendort 10. September 1797, englische Schriftstellerin

Unter ihrem Geburtsnamen Wollstonecraft erschienen die Manifeste, mit denen Godwin die Frauenrechtsbewegung in England in Gang brachte: „Gedanken über die Erziehung einer Tochter" (1785) und „Rettung der Frauenrechte" (1792). Sie erhoffte sich Schub durch die Revolution in Frankreich. Sie starb bei der Geburt ihrer Tochter, der später berühmten Mary Shelley.

Maria Theresia von Paradis
* Wien 15. Mai 1759, † ebendort 1. Februar 1824, österreichische Pianistin und Komponistin

Mit vier Jahren erblindet, bekam von Paradis als Achtjährige ein Spinett und erwies sich trotz und vielleicht auch wegen ihrer Behinderung als Wunderkind am Klavier. Wie der Zeitgenosse Mozart ging sie auf ausgedehnte Konzerttourneen und bezauberte das Publikum von Paris bis Berlin und Prag. Ihre eigenen Kompositionen schuf sie mithilfe eines Setzbretts für Noten.

Charlotte von Kalb
* Waltershausen bei Saal an der Saale 25. Juli 1761, † Berlin 12. Mai 1843, deutsche Schriftstellerin

Bedeutender als die eigenen Produktionen „Charlotte" (Memoiren) und „Cornelia" (Roman), die beide postum erschienen, war ihr Einfluss auf Dichter ihrer Zeit. Sie war nacheinander mit Schiller, Hölderlin und Jean Paul befreundet oder gar mehr. Ungemein belesen und phantasievoll, regte sie manche poetische Idee an, ohne selbst Nennenswertes zu publizieren.

Goethe äußerte sich positiv „erstaunt" über das Talent von Caroline, das in ihrem bis heute spannenden Roman „Agnes von Lilien" (2 Bände, 1798) sichtbar wird und ihr einen schönen Erfolg bescherte. Wichtiger freilich war ihr der Umgang mit den Weimarer Klassikern, vor allem der mit ihrem Schwager Schiller. Ihm galt ihr Hauptwerk „Schillers Leben" (2 Bände 1830).

Kokett trug sie nach der Enthauptung ihres ersten Mannes, des Vicomte de Beauharnais, seit 1794 ein rotes Seidenband um den Hals. Der junge Napoleon begegnete ihr in den Pariser Salons, heiratete sie 1796 und setzte sich und ihr 1804 die Kaiserkrone auf. Da Joséphine aber keine Kinder mehr bekommen konnte, wurde die Ehe aus Staatsraison am 16.12.1809 geschieden.

Dreimal war sie verheiratet, seit 1803 mit Friedrich Schelling, dem bedeutenden Philosophen. Sie wirkte mit an Übersetzungen (Shakespeare) und Rezensionen ihres zweiten Mannes August Wilhelm Schlegel und war auch dem dritten Gatten eine wichtige Denkpartnerin. Von eigenen Werken sind nur Fragmente und Entwürfe sowie eine reiche, ungemein lebendige Korrespondenz erhalten.

Ihr Ehemann Marcus Herz lud regelmäßig medizinische Fachkollegen ins Haus. Henriette legte sich flankierend ein Damenkränzchen zu. Beides vermischte sich, und mit der Zeit wurde aus ihrem Salon die kulturell anspruchvollste Begegnungsstätte Berlins, wo Politik und Geist ins Gespräch kamen. Nach dem Tod des Mannes 1803 verlagerte sich das Salonleben zu Rahel Varnhagen.

Henriette Herz
* Berlin 5. September 1764, † ebendort 22. Oktober 1847, deutsche Literatin

Beate Barbara Juliane von Krüdener
* Riga 11. November 1764, † Karassubasar (Krim) 13. Dezember 1824, baltische Schriftstellerin

Mit knapp 40 Jahren verwitwet, erlebte von Krüdener eine pietistische Bekehrung, zog predigend und Almosen gebend durch Süddeutschland und sammelte ein buntes Völkchen um sich. Dieses „wandernde Bordell" überwachten die Behörden mit Argwohn und wiesen von Krüdener schließlich aus. Sie schrieb Gedichte und Choräle sowie den Roman „Valérie" (1803) im Stil von Goethes „Werther".

Ann Radcliffe
* London 9. Juli 1764, † ebendort 7. Februar 1823, englische Schiftstellerin

Als wohlhabende Ehefrau des Zeitungsverlegers William Radcliffe (seit 1787) begann sie zum Zeitvertreib zu schreiben. Mit spannenden Romanen wie „Udolphos Geheimnisse" (4 Bände, 1794), hatte sie große Erfolge, weil sie es verstand, Schauplätze mit Unheimlichem aufzuladen. Sie gilt als die Erfinderin des Schauerromans und beeinflusste Autoren wie Jane Austen.

Als Tochter des Philosophen und Aufklärers Moses Mendelssohn hochgebildet, verband sich Dorothea in zweiter Ehe 1798 mit dem Dichter Friedrich von Schlegel und begann selbst zu schreiben: „Florentin" (Roman, 1801), „Geschichte des Zauberers Merlin" (1804). Das zum Katholizismus konvertierte Ehepaar führte 20 Jahre lang in Wien einen literarischen Salon.

Dorothea Schlegel
* Berlin 24. Oktober 1764, † Frankfurt am Main 3. August 1839, deutsche Schriftstellerin

Sie war eine gerühmte Schönheit und seit 1791 mit Sir William Hamilton, dem britischen Gesandten im Königreich Neapel, verheiratet. Unter ihren Besuchern war 1798 auch der Seeheld Horatio Nelson, zu dem sie eine leidenschaftliche Neigung fasste. Nach Nelsons Tod in der Schlacht von Trafalgar (1805) geriet Lady Hamilton in Schulden und musste vor den Gläubigern fliehen.

Emma Hamilton
* Great Neston (Cheshire) um 1765, † Calais 15. Januar 1815, englische Gesellschaftsdame

Johanna Antida Thouret
* Sancey-le-Long (Franche-Comté) 27. November 1765, † Neapel 24. August 1826, französische Nonne

Die „Grauen Nonnen" des Ordens „Töchter der Liebe von Besançon" sind bis heute in vielen Ländern anzutreffen. Der Orden wurde 1799 von Thouret zur Erziehung von Mädchen und für Werke der Nächstenliebe gegründet und 1819 päpstlich anerkannt. Die Gründerin rief in Neapel die erste Ordensniederlassung außerhalb Frankreichs ins Leben. Thouret wurde 1934 heiliggesprochen (Gedenktag: 24.8).

Johanna Schopenhauer
* Danzig 9. Juli 1766,
† Jena 17. April 1838,
deutsche Schriftstellerin

In Wohlstand aufgewachsen, reich verheiratet, verarmt im Alter – Schopenhauer musste seit Verlust ihres Vermögens Geld durch Schreiben verdienen. Das gelang der 1806–32 in Weimar lebenden Witwe und Mutter des Philosphen Schopenhauer mit Reiseerzählungen und Romanen. Sie führte einen literarischen Salon, in dem auch Goethe verkehrte. Dann schwanden Gesundheit und Einkünfte.

In Romanen („Delphine", 1802, und „Corinna", 1807) porträtierte sich Staël als emanzipierte Frau, an der die Partner scheitern. Ihr nachhaltig wirkendes Hauptwerk „Über Deutschland" (1810), das nach Besuchen in Weimar, wo sie Goethe traf, und Berlin entstand, ließ Napoleon einstampfen; 1813 Neudruck. Ihr literarischer Salon in Paris war ein Treffpunkt von Geist und Macht.

Anne Louise Germaine de Staël („Madame de S.")
* Paris 22. April 1766,
† ebendort 14. Juli 1817, französische Schriftstellerin

Charlotte Corday
* Saint-Saturnin-des-Ligneries bei Sées 27. August 1768, † Paris 17. Juli 1793, französische Attentäterin

Selbst anfänglich begeistert von der Revolution 1789, sah Corday deren rasante Radikalisierung mit Entsetzen. In Marat, dem Präsidenten des Jakobinerklubs, ortete sie den Hauptverantwortlichen dafür, suchte den in der Badewanne schreibenden Revolutionär am 13. Juli 1793 auf und tötete ihn mit einem Küchenmesser. Sie wurde umgehend abgeurteilt und enthauptet.

Die Jüdin Rahel Levin trat 1814 zum Christentum über, damit sie den anderthalb Jahrzehnte jüngeren Diplomaten Varnhagen von Ense heiraten konnte. Sie hatte schon früher einen literarischen Salon geführt, der nun erneuert und noch prominenter, da er vor allem von Romantikern besucht wurde. Ihre eigenen Werke umfassen vor allem Briefe und Tagebücher mit poetischen Reflexionen.

Rahel Varnhagen von Ense
* Berlin 19. Mai 1771,
† ebendort 7 März 1833, deutsche Schriftstellerin

Dorothea von Schlözer
* Göttingen 18. August 1770,
† Avignon 12. Juli 1825, deutsche Literatin

Staatsrechtler August von Schlözer förderte die Frühbegabung der Tochter, die mit 17 Jahren als erste Deutsche ihren Dr. phil machte. Sie behielt auch als Erste nach der Heirat (1792 mit dem Freiherrn Rodde) ihren Geburtsnamen bei, nannte sich Rodde-Schlözer und begründete damit die heute so verbreitete Doppelnamigkeit. Ihr literarischer Salon in Lübeck war beliebt.

Elisabeth Anna Bayley Seton
* New York 28. August 1774,
† Emmitsbourg (Maryland) 4. Januar 1821, amerikanische Ordensgründerin

Erste gebürtige US-Bürgerin, die heiliggesprochen wurde (1975; Gedenktag 4.1.). Bayley, verheiratete Seton, gebar fünf Kinder. Sie konvertierte nach dem frühen Tod des Mannes zum katholischen Glauben und gründete 1809 den Orden „Sisters of Charity" (Schwestern der Barmherzigkeit), dessen Mitglieder nach religiösen Regeln leben und sich aufopfernd um Arme und Notleidende kümmern.

Der frühe Verlust der Eltern spielte wohl eine Rolle beim Entschluss der Gräfin von Canossa, in den Karmeliter-Orden einzutreten und sich um verwahrloste Kinder in Verona zu kümmern, ihnen Heim und Ausbildung zu geben. Dafür gründete sie 1808 die Kongregation der Canossianerinnen oder der „Töchter von der Liebe". Papst Johannes Paul II. sprach sie 1988 heilig (Gedenktag 10.4.).

Madalena von Canossa
* Verona 2. Mai 1774, † ebendort 10. April 1835, italienische Nonne

Jane Austen
* Steventon (Hampshire) 16. Dezember 1775, † Winchester 18. Juli 1817, englische Schriftstellerin

Zeitgenosse und Kollege Walter Scott war voll des Lobes über Austens großes Erzähltalent. Bis heute hochgeschätzt sind ihre Romane „Stolz und Vorurteil" (1813), „Die Abtei von Northanger" und „Anne Elliot" (beide postum 1818). Besonders hervorzuheben ist „Emma" (1816), das Porträt einer selbstbewussten, durch Erbe unabhängigen, aber liebesunsicheren Frau.

Constance Mayer
* Chauny (Picardie) 9. März 1775, † Paris 26. Mai 1821, französische Malerin

Ihr Stern ging auf, als sie 1795 erstmals ausstellte. Dadurch wurde auch der Maler Prud'hon auf Mayer aufmerksam, der sie förderte, dem aber auch sie weiterhalf – menschlich als Gefährtin und beruflich durch Knüpfung von Kontakten etwa zur Kaiserin Marie Louise. Trotz ihrer hinreißenden Bilder nagten wohl Selbstzweifel an ihr. Sie wählte den Freitod.

Luise
* Hannover 10. März
1776, † Schloss
Hohenzieritz bei
Neustrelitz 19. Juli
1810, preußische
Königin

Obwohl sie ohne Erfolg blieb, wurde Luise 1807 durch ihren Bittgang zum Preußen-Besieger Napoleon I. zur vom Volk verehrten Heldenfigur. Die schöne Prinzessin von Mecklenburg-Strelitz hatte 1793 den preußischen König Friedrich Wilhelm III. geheiratet und war Mutter des Nachfolgers Friedrich Wilhelm IV. sowie des späteren deutschen Kaisers Wihelm I.

Goethe sagte über die Mimin Jagemann, sie sei auf der Bühne von vornherein eine fertig ausgebildete Könnerin gewesen „wie eine Ente auf dem Wasser". Und sie war schön. Herzog Karl August machte sie zu seiner Favoritin, eine Stellung, die sie intrigant ausnutzte. Sie vergraulte 1817 sogar Goethe als Leiter des Weimarer Theaters. Seine Freundschaft mit dem Herzog aber konnte sie nicht stören.

Desideria
* Marseille 8. November 1777,
† Stockholm
17. Dezember 1860,
schwedische Königin

Karoline Jagemann
* Weimar 25. Januar
1777, † Dresden
10. Juli 1848, deutsche Schauspielerin

Geboren als Seidenhändlerstochter Désirée Clary, war Desideria kurze Zeit mit dem späteren Kaiser Napoleon I. verlobt, heiratete 1798 dessen Marschall Bernadotte und kam mit ihm 1818 auf den schwedischen Thron. Diese atemberaubende Karriere ist Stoff des Weltbestsellers „Désirée" (1951) von Annemarie Selinko, verfilmt 1954 mit Marlon Brando und Jean Simmons.

**Jeanne Françoise
Julie („Juliette")
Récamier**

* Lyon 4. Dezember
1777, † Paris 11. Mai
1849, französische
Salondame

Eine der schönsten Frauen ihrer Zeit (Gemälde von J. L. David), ver-
ehelicht und doch unberührt: Récamier verstand es, Nähe durch Dis-
tanz zu gewähren. Ihr Salon in Paris war Treffpunkt von Geist und
Politik (u. a. Chateaubriand, Madame de Staël), insbesondere der
Napoleon-Gegner. 1811–14 daher verbannt, war sie danach wieder
Mittelpunkt eines erlauchten Kreises.

**Magdalena Sophie
Barat**

* Joigny (Burgund)
13. Dezember 1779,
† Paris 24. Mai 1865,
französische Päda-
gogin

Die Quäkerin Fry heiratete einen Bankier,
bekam 16 Kinder und suchte doch noch nach
der eigentlichen Aufgabe. Die fand sie in den
Gefängnissen, gründete einen Verein „zur Förderung weiblicher Gefangener" und setzte ihre
Beziehungen zu höchsten Kreisen ein, um Mil-
derungen des barbarischen Vollzugs durchzusetzen. Auch um andere Randgruppen kümmerte sie sich.

Elizabeth Fry

* Norwich 12. Mai
1780, † Ramsgate
12. Oktober 1845,
englische Sozialre-
formerin

An der Wiege war es ihr nicht gesungen, dass
sie als geniale Erzieherin in die Geschichte ein-
gehen sollte: Barat war als Tochter eines Win-
zers zur Welt und 1795 nach Paris gekommen.
Dort lernte sie den Jesuiten Varin kennen, der
ihr Talent erkannte, Talente zu wecken. Mit ihm
gründete Sophie 1805 den Lehr-Orden der
„Frauen vom Heiligsten Herzen (Jesu)".

„Ich habe keinen Sinn für Weiberglückseligkeit", erkannte von Günderode und konnte doch nicht aus dem Gefühlskerker. Ihre klangvollen „Gedichte und Phantasien" (1804) und ihre „Poetischen Fragmente" (1805) schwanken entsprechend zwischen Kühnheit und Schwermut. Die lebenslang leidende von Günderode, Freundin von Clemens und Bettina Brentano, erdolchte sich aus Liebeskummer.

Karoline von Günderode
* Karlsruhe 11. Februar 1780, † Winkel am Rhein 26. Juli 1806, deutsche Schriftstellerin

Mit zwölf Jahren stand Schröder erstmals auf der Bühne und machte seit 1798 am Wiener Burgtheater Furore. Nach mehreren Stationen kehrte sie 1815 dorthin zurück, blieb bis 1829 und verbrachte auch die letzten vier Berufsjahre bis 1840 an der Burg. Sie entwickelte einen unerhört leidenschaftlichen Stil in tragischen Rollen wie Phädra, Medea oder Lady Macbeth.

Sophie Schröder
* Paderborn 1. März 1781, † München 25. Februar 1868, deutsche Schauspielerin

Hortense
* Paris 10. April 1783, † Schloss Arenenberg (Thurgau) 5. Oktober 1837, Königin von Holland

Wer nur irgend verwandt war mit Napoleon, wurde von ihm dynastisch genutzt. Hortense, Tochter seiner Frau Joséphine aus erster Ehe, hatte 1802 seinen Bruder Louis zu heiraten, den er 1806 auf den holländischen Thron setzte. Hortense trennte sich von ihm 1810, konnte der Dynastie Bonaparte aber nicht entkommen: Ihr Sohn wurde 1852 als Napoleon III. Kaiser der Franzosen.

Marianne von Willemer

* Linz an der Donau
20. November 1784
† Frankfurt am Main
6. Dezember 1860,
deutsche Dichter-
freundin

„Ach, um deine feuchten Schwingen, / West, wie sehr ich dich beneide ..." – einige der schönsten Verse aus Goethes „West-östlichem Divan" stammen von von Willemer. Er lernte sie 1814 bei der Kur in Wiesbaden kennen und erlebte eine späte Leidenschaft. Die Bankiers-frau und einstige Tänzerin von Willemer war ihm als einzige brieflich-poetisch eine eben-bürtige Partnerin.

Die Schwester des Dichters Clemens Brentano und Frau des Dichters Achim von Arnim erdich-tete selbst manchen Text in ihrem Buch „Goe-thes Briefwechsel mit einem Kinde" (1835). Sie prägte mit ihrer geradezu schrankenlosen Ver-ehrung das Goethe-Bild nachhaltig. Ihre klu-gen politischen Schriften sind über Porträts wie „Die Günderode" (1840) in Vergessenheit gera-ten.

Bettina von Arnim

* Frankfurt am Main
4. April 1785, † Berlin
20. Januar 1859,
deutsche Schriftstel-
lerin

Eleonore Prochaska

* Böhmisch-Rixdorf
bei Potsdam 11. März
1785, † Dannenberg
5. Oktober 1813,
deutsche Freikorps-
kämpferin

In ihrem glühenden Patriotismus mochte Pro-chaska es 1813 nicht einsehen, dass nur Männer ihr Leben fürs Vaterland und gegen Napoleon einsetzen durften. Als Lützow im März seine „wilde, verwegene Jagd" in Breslau bildete, meldete sie sich als August Renz zur Truppe. Schwer verwundet in der Schlacht an der Göhrde (16.9.), wurde ihre Identität erst im Lazarett entdeckt.

„Sie lässt das Klavier sprechen und singen", sagte einer der zahllosen Bewunderer von Szy-manowskas Spiel. Goethe, den sie 1823 in einer Lebenskrise besuchte, nannte sie „anmutig über allen Preis", denn sie bezauberte ihn nicht nur am Piano, sondern auch als Frau. Nach Konzertreisen an vielen Höfen Europas war sie zuletzt Komponistin und Hofpianistin der Zarin.

Maria Szymanowska

* Warschau 14. De-
zember 1789,
† Sankt Petersburg
25. Juli 1831, polni-
sche Pianistin

Marie Ellenrieder
* Konstanz 20. März 1791, † ebendort 5. Juni 1863, deutsche Malerin

Eine Romreise 1822–24 brachte eine Zäsur in das Schaffen von Ellenrieder. Hatte sie vorher als Porträtmalerin brilliert, so dominierten fortan religiöse Motive im Stil der Nazarener, von denen sie in Italien einige kennengelernt hatte. 1829 zur badischen Hofmalerin ernannt, brachte ein zweiter Romaufenthalt 1839 Enttäuschungen. Ellenrieder zog sich danach ins Private zurück.

Marie Louise
* Wien 12. Dezember 1791, † Parma 17. Dezember 1847, Kaiserin der Franzosen

Erneut hatte der „Emporkömmling" Napoleon I. 1809 Österreich besiegt und diktierte im Frieden von Schönbrunn, dass ihm die Kaisertochter Marie Louise zur Frau gegeben werde. Er brauchte dringend einen Erben und bekam ihn denn auch 1811 in Gestalt des nach ihm benannten Sohnes. Marie Louise erhielt nach Napoleons Untergang 1815 die Herzogtümer Parma, Piacenza und Guastalla.

Mary Shelley

* London 30. August 1797, † ebendort 1. Februar 1851, englische Schriftstellerin

Als 16-Jährige brannte die Tochter von Mary Wollstonecraft mit dem Dichter Percy Shelley durch und heiratete ihn 1816. Sie hatte eine entschiedene Neigung zu gruseligen Geschichten; berühmt vor allem „Frankenstein oder der moderne Prometheus" (3 Bände, 1818). Der Schauerroman wurde ein großer Erfolg und machte sie nach dem Tod ihres Mannes 1822 unabhängig.

Annette von Droste-Hülshoff

* Schloss Hülshoff bei Münster 10. Januar 1797, † Meersburg 24. Mai 1848, deutsche Dichterin

Die westfälische Landschaft prägte Drostes Lyrik („Der Knabe im Moor", „Durchwachte Nacht" u. a.), die sie 1838 und 1844 veröffentlichte. Und auch ihre berühmteste Erzählung „Die Judenbuche" (1842) gedieh im ländlichen Milieu des Aberglaubens und des Vorurteils. Droste erweist sich hier wie in anderen Werken als Meisterin der Stimmung und der Detailschilderung.

Luise Hensel

* Linum (Brandenburg) 30. März 1798, † Paderborn 18. Dezember 1876, deutsche Dichterin

Männer verliebten sich reihenweise in die Pfarrerstochter Hensel, darunter der Dichter Clemens Brentano. Sie erwiderte die Gefühle nicht, konvertierte 1818 zum Katholizismus und legte 1821 das Gelübde ewiger Jungfräulichkeit ab. Ihre religiösen Lieder sind schlichte Bekenntnisse einer höheren Bindung (1858); schönstes Beispiel: „Müde bin ich, geh' zur Ruh ..."

Charlotte Birch-Pfeiffer
* Stuttgart 23. Juni
1800, † Berlin
25. August 1868,
deutsche Schau-
spielerin und
Schriftstellerin

Ihre Bühnenstationen waren München, Wien,
Zürich (als Leiterin des Theaters) und Berlin.
Bekannt aber wurde sie als Verfasserin von
Rührstücken, die sie gern nach erfolgreichen
Romanen von Victor Hugo, Alexandre Dumas
oder George Sand entwickelte. Sie wurden viel
gespielt, sodass die Rede ging, Birch-Pfeiffer
beherrsche die Bühnen zwischen Wien und
New York.

Die Mutter starb 1816, Friederike musste zur
Versorgung der sechs jüngeren Geschwister
den Haushalt übernehmen. Dann ließ sie sich
zur Pflegerin und Lehrerin ausbilden. 1823
lernte sie den Theologen Theodor Fliedner kennen, heiratete ihn 1828, gebar zehn Kinder und
baute mit ihm die Kaiserswerther Diakonissen-
anstalt auf, als deren Stifterin sie gelten kann.

Friederike Fliedner
* Braunfels (Hessen)
25. Januar 1800,
† Kaiserswerth
22. April 1842, deut-
sche Krankenpflege-
rin

Ulrike von Levetzow
* Löbnitz bei Leipzig
4. Februar 1804,
† Schloss Trziblitz bei
Leitmeritz 13. Novem-
ber 1899, deutsche
Dichterfreundin

Goethe war mit der Mutter Amalie von
Levetzow befreundet, traf sie 1821–23 bei
Kuren in Marienbad und verliebte sich in
ihre 19-jährige Tochter Ulrike. Der 74-jäh-
rige Dichter fasste den Schmerz über die
Aussichtslosigkeit der Neigung in die
„Marienbader Elegie". Von Levetzow blieb
unverheiratet und bekannte in einer nach-
gelassenen Schrift: „Keine Liebschaft war
es nicht!"

George Sand,
ursprünglich
Aurore Dupin
* Paris 1. Juli 1804,
† Nohant Vic
(Centre) 8 Juni 1876,
französische Schrift-
stellerin

Mit 18 Jahren heiratete sie, verließ den Mann 1831, nahm das Pseudonym Sand an und ging nach Paris. Die gebildete und belesene junge Frau trat in Kontakt zu den Geistesgrößen der Zeit, schrieb Liebesromane („Indiana", 1832) und sozialkritische Prosa („Consuelo", 1843). Sand, die 1838–46 mit dem Komponisten Chopin lebte, profilierte sich als Frauenrechtlerin.

Wilhelmine
Schröder-Devrient
* Hamburg
6. Dezember 1804,
† Coburg 26. Januar
1860, deutsche Sän-
gerin

Die Eltern beide Schauspieler, da war die Karriere fast vorgezeichnet. Mit fünf Jahren stand Schröder-Devrient auf der Bühne und eroberte mit ihrem Sopran die Theater und Komponisten wie Weber und Wagner. Mehrere unglückliche Ehen unterbrachen die Laufbahn, die Schröder-Devrient 1856 mit Schubert- und Beethoven-Liedern ein letztes Mal aufnahm. Sie gehört zu den großen Gesangstragödinnen.

Die Tochter eines vor der Revolution nach Deutschland geflohenen Adligen heiratete 1827 Charles d'Agoult, ließ sich 1835 wieder scheiden und lebte danach mit dem Virtuosen und Komponisten Franz Liszt zusammen. Von ihm bekam sie die Tochter Cosima, die spätere Gemahlin von Richard Wagner. Agoult schrieb u. a. Aphorismen unter dem Pseudonym Daniel Stern.

Marie Catherine
Sophie, Gräfin
d'Agoult
* Frankfurt am Main
31. Dezember 1805,
† Paris 5. März 1876,
französische Schrift-
stellerin

Die Männergesellschaft hat ihre Entwicklung gehemmt, und die Männergeschichte das, was sie dennoch geleistet hat, lange unter Wert behandelt. Die seit 1829 verheiratete Hensel stand immer im Schatten ihres genialen Bruders Felix Mendelssohn Bartholdy. Die inzwischen bekannten 466 Kompositionen von Hensel zeigen jedoch, dass sie das Zeug zu einer ganz Großen hatte.

Elizabeth Barrett Browning
* Coxhoe Hall bei Durham 6. März 1806, † Florenz 29. Juni 1861, englische Schriftstellerin

Fanny Hensel
* Hamburg 14. November 1805, † Berlin 14. Mai 1847, deutsche Komponistin

Aufgrund einer rätselhaften Krankheit körperlich eingeschränkt, schuf sie sich eine poetische Gegenwelt in Gedichten. Der Dichter Robert Browning suchte daher Kontakt zu ihr, verliebte sich leidenschaftlich in die Kranke und zog mit ihr 1846 nach Italien. Hier entstanden die von ihrem Glück befeuerten „Portugiesischen Sonette", tief empfundene Liebesstrophen.

Der bis dahin kinderlose spanische König Ferdinand VII. heiratete 1829 in vierter Ehe die neapolitanische Prinzessin Maria Christina, die ihm die Tochter Isabella (II.) gebar. Beim Tod des Mannes 1833 wurde Maria Christina Regentin und setzte die Thronfolge Isabellas durch. Darüber kam es zu den sogenannten Karlistenkriegen. Maria Christina musste 1840 ins Exil nach Frankreich ausweichen.

Fanny (Franziska) Elßler
* Gumpendorf bei Wien 23. Juni 1810, † Wien 27. November 1884, österreichische Tänzerin

Maria Christina
* Neapel 27. April 1806, † Sainte-Adresse (Normandie) 23. August 1878, spanische Königin

Ihre größten Erfolge erzielte die in Wien ausgebildete Ballerina Elßler auf den Bühnen Europas und Amerikas mit Nationaltänzen von Polka bis Krakowiak. Besonders gefeiert wurde sie für ihren virtuosen Vortrag des Cachucha, eines andalusischen Solotanzes zu Kastagnetten-Rhythmen. Ob sie die Beweglichkeit nachlassen fühlte? 1851 beendete sie ihre Karriere.

Kritisch sah sie die Welt, die Gesellschaft, aber auch sich selbst in der Schrift „Meine Lebensgeschichte" (1863). Darin analysiert sie die Kränkungen und Beschränkungen für Frauen in Bildung und Beruf. In ihren Romanen thematisiert sie Probleme von Zwangsheiraten, lieblosen Ehen und Scheidung. Sie selbst fand ein spätes Glück mit dem Lehrer Adolf Stahr.

Fanny Lewald
* Königsberg
24. März 1811,
† Dresden 15. August
1889, deutsche
Schriftstellerin

Augusta
* Weimar 30. September 1811, † Berlin 7. Januar 1890, deutsche Kaiserin

Sie hatte noch den naturkundlichen und poetischen Belehrungen des alten Goethe gelauscht, ehe sie 1829 mit dem späteren preußischen König und deutschen Kaiser Wilhelm I. die Ehe einging. Er stand immer ein wenig unter dem Pantoffel der feuerköpfigen gebildeten Augusta, die sich allerdings vergeblich gegen die Berufung Bismarcks zum Regierungschef sträubte.

Harriet Beecher Stowe
* Litchfield (Connecticut) 14. Juni 1811, † Hartford (Connecticut) 1. Juli 1896, amerikanische Schriftstellerin

Der zu Herzen gehende Anti-Sklaverei-Roman „Onkel Toms Hütte" (2 Bände, 1852) rückte alle anderen Produktionen der Theologen-Tochter und -Ehefrau Stowe in den Hintergrund. Das ist weniger wegen der religiösen Lyrik zu bedauern als wegen der Abhandlungen zur Frauenfrage. Sie forderte weibliches Stimmrecht und gleiche berufliche Chancen wie die Männer.

Selbst fast noch eine Jugendliche, gründete Fey 1837 eine Schule für verwahrloste Mädchen und rief 1844 die Kongregation „Schwestern vom Armen Kinde Jesu" ins Leben, die sich Not leidender Kinder aus der Unterschicht annahm. Waisenhäuser und Kinderhorte, Armenschulen und Erziehungsanstalten entstanden. Mitte der 1850er-Jahre gab es bereits 19 Ordenshäuser.

Ada Lovelace
* London 10. Dezember 1815, † ebendort 27. November 1852, englische Mathematikerin

Clara Fey
* Aachen 14. April 1815, † Simpelveld bei Maastricht 8. Mai 1894, deutsche Pädagogin

Die einzige eheliche Tochter des romantischen Dichters Lord Byron hat ihren Vater nie gesehen und schlug auch eher nach der Mutter Anne: Ada entwickelte früh großes mathematisches Talent und machte sich 1842 daran, den vom Landsmann Babbage entworfenen Rechenautomaten per Programm steuerbar zu machen. Sie gilt als Pionierin der Computerentwicklung.

Charlotte Brontë
* Thornton (Yorkshire) 21. April 1816, † Haworth (Yorkshire) 31. März 1855, englische Schriftstellerin

Sie war die älteste der schreibenden Brontë-Schwestern und versammelte gemeinsame Gedichte in einer Anthologie, die kaum Resonanz fand. Charlottes eigener Roman „Jane Eyre", den sie unter dem Pseudonym Currer Bell 1848 veröffentlichte, begründete nach der Enttarnung ihren Ruhm. Fragment blieb ihr letzter bedeutender Roman „Emma" (postum 1860 erschienen).

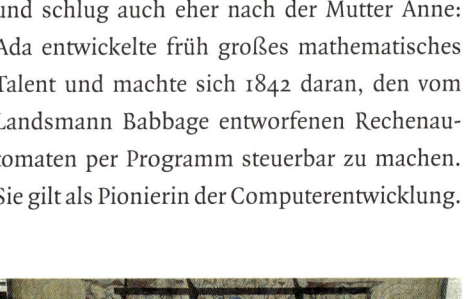

Paula Elisabeth Cerioli
* Soncino 16. Januar 1816, † Comonte bei Bergamo 24. Dezember 1865, italienische Sozialfürsorgerin

Eigenes Leid schärfte ihr Gespür für die Nöte anderer. Die 1816 bei Mailand geborene Cerioli heiratete mit 20 Jahren, verlor ihre drei Söhne früh und auch ihren Mann. Sie gründete 1856 mit dem Rest ihres Vermögens den Orden der „Schwestern und Brüder von der Heiligen Familie", der sich um die Erziehung von Waisen und unbemittelten Landkindern kümmerte.

Ungezählte Geistesgrößen und Literaten der Zeit von Nietzsche bis Wagner, Baudelaire bis Herzen gehörten zu den engen Freunden von von Meysenbug, worüber sie in drei Bänden „Memoiren einer Idealistin" (1875) berichtete. Mit der eigenen konservativen Familie jedoch überwarf sie sich wegen ihres Eintretens für Demokratie und Frauenrechte. Sie lebte zuletzt in Italien.

Emily Jane Brontë
* Thornton (Yorkshire) 30. Juli 1818, † Haworth (Yorkshire) 19. Dezember 1848, englische Schriftstellerin

Malwida von Meysenbug
* Kassel 28. Oktober 1816, † Rom 26. April 1903, deutsche Schriftstellerin

Kenner schätzen Emily als die literarisch bedeutendste der Brontë-Schwestern ein. Von ihr stammen die meisten der gemeinsam publizierten Gedichte. In ihrem Hauptwerk, dem fesselnden Roman „Sturmhöhe" (3 Bände, 1847), geht es um das Drama einer zwischen Hass und Liebe schwankenden Beziehung in der von Brontë bedrohlich geschilderten heimatlichen Moorlandschaft.

Lola Montez (ursprünglich Maria Dolores Elizabeth Rosanna Gilbert)
* Limerick (Irland) 25. August 1818 (im Disput, vielleicht auch 1821), † New York 17. Januar 1861, iroschottische Tänzerin

Wo sie auftauchte, waren Skandale durch ihre Schönheit und ihre Liebschaften vorprogrammiert. Montez hatte Europa fast „abgegrast", als sie 1846 nach München kam und König Ludwig I. umgarnte. Der liebestolle Monarch schenkte ihr ein Palais, setzte ihr eine üppige Apanage aus und erhob sie zur Gräfin von Landsfeld. Unruhen zwangen sie 1848 zur Flucht; der König dankte ab.

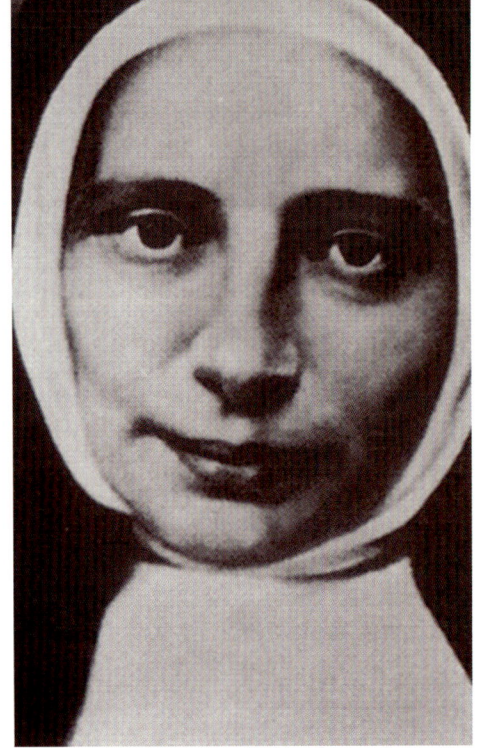

Franziska Schervier
* Aachen 3. Januar
1819, † ebendort
14. Dezember 1876,
deutsche Ordens-
gründerin

Durch Erbe unabhängig, engagierte sich Otto-Peters für die Ziele der März-Revolution 1848 und für mehr Rechte für die Frauen. Sie gründete 1849 die „Frauenzeitung für höhere weibliche Interessen" und war 1865 Mitgründerin des „Allgemeinen Deutschen Frauenvereins" (ADF), den sie drei Jahrzehnte leitete und für den sie das Organ „Neue Bahnen" herausgab.

Luise Otto-Peters
* Meißen 26. März
1819, † Leipzig
13. März 1895, deut-
sche Frauenrecht-
lerin und Schriftstel-
lerin

Sie wuchs behütet auf und entwickelte ein besonderes Gespür für Menschen, die am Rand der Gesellschaft lebten: Schervier war die Tochter eines Aachener Industriellen und von Jugend auf bestrebt, Armen und Kranken zu helfen. Sie gründete die „Johannesküchen" zur Verpflegung der Notleidenden und 1851 den Orden der „Armen Schwestern vom heiligen Franziskus".

Victoria
* London 24. Mai
1819, † Osborne
House (Isle of Wight)
22. Januar 1901,
englische Königin

Über 60 Jahre repräsentierte sie England und gestaltete die Politik der See- und Kolonialmacht (1876 Kaiserin von Indien) mit. 1837 hatte sie den Thron geerbt, 1840 in Albert von Sachsen-Coburg-Gotha den bewunderten Mann gefunden und sich nach seinem Tod 1860, der sie schwer traf, von den Premiers leiten lassen. Ihre neun Kinder verheiratete sie an die wichtigsten Höfe Europas.

Clara Schumann

^ Leipzig 13. September 1819, † Frankfurt am Main 20. Mai 1896, deutsche Pianistin und Komponistin

Der Vater, der Klavierlehrer F. Wieck, förderte das Talent Claras, die schon mit 13 Jahren Konzerte gab. Die Ehe mit dem Komponisten Robert Schumann unterbrach 1840 die Karriere, die sie nach seinem Tod 1856 wieder aufnahm. Sie spielte vor allem seine Musik, die des Freundes Brahms und Beethoven-Klavierstücke, trug aber auch eigene Werke vor und schrieb Lieder.

George Eliot (eigentlich Mary Ann Evans)

* Arbury Farm bei Coventry 22. November 1819, † London 22. Dezember 1880, englische Schriftstellerin

Auf Vorurteile gab Eliot nur insofern etwas, als sie unter einem männlichen Namen publizierte. Bei ihren außerehelichen Beziehungen nahm sie keine Rücksichten. Der große Erfolg ihrer sozialkritischen Romane wie „Adam Bede" (1859) oder „Die Mühle am Fluss" (1860) ließ die Kritik an ihrem Lebenswandel verstummen, als ihre wahre Identität bekannt wurde.

Die jüngste (Bild: links) der drei schreibenden Brontë-Schwestern schrieb in ihrem kurzen Leben die beiden Romane „Agnes Grey" (1847) und „Wildfell Hall" (1848). Sie verarbeitete darin ihre Erfahrungen als Gouvernante und schuf selbstbewusste weibliche Hauptfiguren. Das wertete die Männerkritik als „weltfremd", ein Urteil, das die literarische Qualität völlig verkannte.

Anne Brontë

* Thornton (Yorkshire) 17. Januar 1820, † Scarborough 28. Mai 1849, englische Schriftstellerin

Florence Nightingale
* Florenz 12. Mai 1820, † London 13. August 1910, englische Krankenpflegerin

Nightingale ließ sich seit 1851 zur Krankenschwester ausbilden. Zwei Jahre darauf begab sie sich mit 38 Helferinnen ins Hinterland des Krimkrieges und baute eine effektive Pflege der Verwundeten und Kranken auf. Als „Lady mit der Lampe" wurde sie zu einer nationalen Berühmtheit. Sie gründete 1860 eine Schwesternschule und prägte das britische Krankenhauswesen.

Zusammen mit sechs Frauen gründete die Bauerstochter Kasper in ihrem Heimatort einen Verein zur häuslichen Kranken- und Altenpflege. Daraus bildete sich 1851 die Genossenschaft der „Armen Dienstmägde Jesu Christi". Kasper nahm den Ordensnamen Maria an, leitete die Kongregation bis zum Ende und konnte noch erleben, dass Papst Leo XIII. den Orden 1890 anerkannte.

Katharina Kasper
* Dernbach im Westerwald 26. Mai 1820, † ebendort 2. Februar 1898, deutsche Nonne

Jenny (Johanna Maria) Lind
* Stockholm 6. Oktober 1820, † Malvern Hills (Worcestershire) 2. November 1887, schwedische Sängerin

Mit 17 Jahren hatte Lind ihr Bühnendebüt in Webers „Freischütz". Es folgte eine kometengleiche Karriere. Ihre Stimme bezauberte ebenso wie ihre Schönheit. Der Dichter Andersen schrieb nach der Begegnung mit Lind ein Märchen, dem sie den Ehrennamen „Die schwedische Nachtigall" verdankte. Nach einer umjubelten US-Tournee zog sie sich 1852 von der Bühne zurück.

Mit den Eltern 1832 in die USA gekommen, gelang es Blackwell, in New York als erste Frau ihren Abschluss in Medizin zu machen. Aufgrund ihrer schlechten Erfahrungen gründete sie selbst 1858 ein College für die Ausbildung von Ärztinnen. 1869 kehrte sie nach England zurück und rief auch dort zusammen mit Florence Nightingale eine solche Einrichtung ins Leben.

Elizabeth Blackwell
* bei Bristol 3. Februar 1821, † Kilmun (Schottland) 31. Mai 1910, englisch-amerikanische Ärztin

Élisa Rachel Félix
* Mumpf (Aargau) 21. Februar 1821, † Le Cannet bei Cannes 3. Januar 1858, jüdisch-französische Schauspielerin

Félix wurde unter ihrem zweiten Vornamen als Mademoiselle Rachel europaweit berühmt. Durch Zufall als Straßenrezitatorin entdeckt, debütierte sie schon 1838 an der Comédie Française und war bald die gefeiertste Tragödin des Kontinents. Trotz vieler Affären heiratete sie nie und beschied hartnäckige Bewerber: „Ich liebe die Mieter, aber nicht die Hausbesitzer."

Kein Wunder, dass Bonheurs 1841 erstmals ausgestellten Bilder in England beinahe beliebter waren als in der Heimat. Das lag an der rustikalen Themenwahl („Pflügende Ochsen", „Pferdemarkt", „Heuernte" u. a.) und an der lebensechten Darstellung von Tieren und Tiergruppen in reizvoller Naturlandschaft, die in den späteren Arbeiten stärker zur Geltung kommt.

Rosalie („Rosa") Bonheur
* Bordeaux 22. März 1822, † Schloss de By (Champagne) 25. Mai 1899, französische Malerin

Eugenie Marlitt (eigentlich Eugenie John)
* Arnstadt (Thüringen) 5. Dezember 1825, † ebendort 22. Juni 1887, deutsche Schriftstellerin

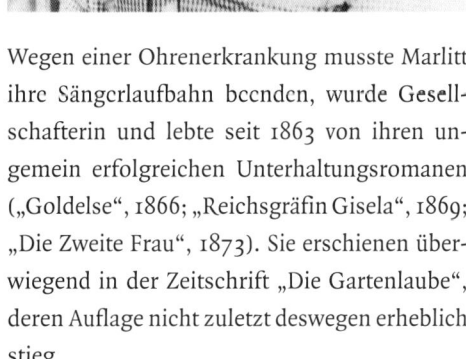

Wegen einer Ohrenerkrankung musste Marlitt ihre Sängerlaufbahn beenden, wurde Gesellschafterin und lebte seit 1863 von ihren ungemein erfolgreichen Unterhaltungsromanen („Goldelse", 1866; „Reichsgräfin Gisela", 1869; „Die Zweite Frau", 1873). Sie erschienen überwiegend in der Zeitschrift „Die Gartenlaube", deren Auflage nicht zuletzt deswegen erheblich stieg.

Eugénie
* Granada 5. Mai
1826, † Madrid
11. Juli 1920, Kaiserin der Franzosen

Kaiser Napoleon III. hatte eine machtpolitisch günstigere Ehe angestrebt, fand aber 1853 in Eugénie, der Tochter des Grafen von Montijo, eine Gefährtin, die ihn oft klug beriet. Nur zweimal lag sie fatal daneben: als sie ihn in seinen Mexiko-Plänen bestärkte und als sie zum Krieg gegen Preußen drängte. Nach der Niederlage 1871 lebte sie meist im englischen Exil.

Marie Wiegmann
* Silberberg bei Breslau 7. November 1826, † Düsseldorf 4. Dezember 1893, deutsche Malerin

Als Ehefrau (seit 1841) des Düsseldorfer Professors Rudolf Wiegmann fand Marie ausnahmsweise Aufnahme in die Kunstakademie und konnte ihre große Begabung entfalten. Sie gestaltete Genreszenen, Porträts, Kinderbilder sowie mythologische Motive und bewies dabei nach Auffassung eines Kollegen „ein reiches duftiges Talent, so wie es fast nur Frauen eigen ist".

Johanna Spyri
* Hirzel (Kanton Zürich) 12. Juni 1827, † Zürich 7. Juli 1901, schweizerische Schriftstellerin

In der Oper „Tristan und Isolde" spüren Kenner Richard Wagners Bemühen um Verarbeitung seiner Liebe zu Wesendonck, die mit ihrem Mann Gustav 1852–58 zu seinen engsten Freunden in Zürich gehörte. Mathilde schrieb Kinderlieder und Lyrik, Erzählungen und Schauspiele. Fünf ihrer von Wagner vertonten Gedichte sind als Wesendonck-Lieder in die Musikgeschichte eingegangen.

Mathilde Wesendonck
* Elberfeld 23. Dezember 1828, † Villa Traunblick am Traunsee 31. August 1902, deutsche Schriftstellerin

Mit ihren Erzählungen wandte sich Spyri an „Kinder und auch an solche, welche die Kinder lieb haben". Dafür lieben sie seitdem alle Kinder, denen ihre Bände über das Bergmädchen „Heidi" in die Hände fallen oder die eine der Verfilmungen der zu Herzen gehenden Geschichte anschauen. Erst mit 44 Jahren begann Spyri zu schreiben und brachte über 30 Bücher heraus.

Marie von Ebner-Eschenbach
* Schloss Zdislawitz (Mähren) 13. September 1830 † Wien 12. März 1916, österreichische Schriftstellerin

Ihre wenig erfolgreichen lyrischen und dramatischen Anfänge zogen ihr den Spott derer zu, die weibliche Schreiberei als unpassend ansahen. Die spätere große Resonanz auf ihre Erzählungen („Dorf- und Schlossgeschichten", 1887/88) und Romane („Agave", 1903) ließ die Mäkler verstummen. Ihre Gesellschaftskritik rieb sich besonders am eigenen adligen Stand.

Isabella II.
* Madrid 10. Oktober 1830, † Paris 9. April 1904, spanische Königin

Kinderlieder, märchenartige Balladen, innige religiöse Gedichte und hochsymbolische Liebeslyrik veröffentlichte Rossetti in den letzten 30 Jahren ihres Lebens in zehn Sammelbänden. Sie kombiniert darin einfache Sprache und altertümliche Schreibungen, was einen zauberhaften Reiz erzeugt und schwer übersetzbar ist. Häufige Themen sind Leid, Tod und Paradies.

Christina Rossetti
* London 5. Dezember 1830, † ebendort 29. Dezember 1894, englische Dichterin

An der weiblichen Thronfolge entzündeten sich nach 1833 schwere innerspanische Konflikte. Don Carlos, ein Onkel von Isabella, erhob Ansprüche auf die Macht und versuchte, sie in den sogenannten Karlistenkriegen durchzusetzen. Isabella, die anfangs unter der Regentschaft der Mutter Maria Christina stand, gab 1868 auf und verzichtete zugunsten des Sohnes Alfons XII.

Emily Dickinson
* Amhurst (Massachusetts) 10. Dezember 1830, † ebendort 15. Mai 1886, amerikanische Dichterin

Reisen, fremde Menschen und Länder, Abenteuer – Klein-Isabel schwärmte davon. Anders als zu erwarten, verwirklichte sich der Traum dank ihrer Ehe (1861) mit dem Forschungsreisenden Richard Burton, den sie begleitete. Sie erkundeten das Amazonasgebiet und 1871 die syrische Wüste, die Isabel als Mann verkleidet durchritt. Fesselnd sind ihre Reiseberichte darüber.

Isabel Burton
* London 20. März 1831, † ebendort 21. März 1896, englische Schriftstellerin

Nur sieben ihrer rund 1800 Gedichte sind zu ihren Lebzeiten veröffentlicht worden. Ihre Verse waren so scheu wie Dickinson selbst, die kaum einmal das Vaterhaus verließ. Und die Verse machen es den Lesern nicht leicht, erschließen sich nur mühsam, schenken aber überraschende Einsichten und Bilder von unerhörter Kraft. Dickinson gehört zu den größten US-Lyrikern.

Hedwig Dohm

* Berlin 20. September 1831, † ebendort 1. Juli 1919, deutsche Frauenrechtlerin

Obwohl sich Dohm nicht direkt in der Frauenbewegung betätigte, wirkte sie publizistisch für ihre Ziele („Die wissenschaftliche Emancipation der Frauen", 1874; „Die Antifeministen", 1902). Durch Erbe wohlhabend, konnte Dohm ein unabhängiges Leben in intellektuellen Kreisen führen. Sie erlebte 1905 noch die Heirat ihrer Enkelin Katia mit dem Romancier Thomas Mann.

Mit ihrer Trilogie „Little Women" (1868–71, auf Deutsch „Kleines Volk" oder auch „Betty und ihre Schwestern", 1940–1947) hatte Alcott ungeahnten Erfolg. Bücher für heranwachsende Mädchen gab es nicht, und die lebensnahen Schilderungen des amerikanischen Familienlebens trafen auf ein so reges Interesse, dass Alcott weitere Erzählungen lieferte wie „Under the Lilacs" (1877, „Unter dem Fliederbusch").

Louisa May Alcott

* Germantown (Pennsylvania) 29. November 1832, † Roxbury (Massachusetts) 6. März 1888, amerikanische Schriftstellerin

Therese von Wüllenweber

* Schloss Myllendonk (Niederrhein) 19. Februar 1833, † Rom 25. Dezember 1907, deutsche Ordensgründerin

Nach Versuchen der Mitarbeit in Missionsorden lernte von Wüllenweber um 1880 in Rom Pater Franz Jordan, den Begründer der Salvatorianer, kennen und rief mit ihm 1888 den weiblichen Zweig des Ordens ins Leben, die „Schwestern vom Göttlichen Heiland", die in Waisenhäusern und Altenheimen Fürsorge und Pflege übernehmen. Die Kongregation wurde 1911 päpstlich anerkannt.

Auguste Schmidt

* Breslau 3. August
1833, † Leipzig
10. Juni 1902, deut-
sche Lehrerin und
Frauenrechtlerin

Zunächst auf Tourneen, spielte Wolter danach in Wien, 1859–61 in Berlin und kurze Zeit in Hamburg. Seit 1862 war sie Mitglied des Emsembles an der Wiener Burg. Sie glänzte in tragischen Rollen von Shakespeare- und Schiller-Stücken und wurde wegen ihres leidenschaftlichen Spiels gefeiert. Legendär war ihre Klage, die als „Wolter-Schrei" Theatergeschichte machte.

Charlotte Wolter

* Köln 1. März 1834,
† Wien 14. Juni 1897,
deutsche Schauspielerin

Mit Luise Otto-Peters und Helene Lange gehörte Schmidt 1865 zu den Gründerinnen des Allgemeinen deutschen Frauenvereins (ADF) und arbeitete mit an dessen Organ „Neue Bahnen". 1890 rief sie den Allgemeinen Deutschen Lehrerinnenverein ins Leben (ADLV) und leitete seit 1894 den Bund Deutscher Frauenvereine (BDF). Im Jahr 1900 zog sie sich ins Privatleben zurück.

Maria Theresia de Soubiran

* Castelnaudary
(Südfrankreich)
16. Mai 1834, † Paris
7. Juni 1889, französische Ordensgründerin

Schon mit 14 Jahren gelobte Soubiran ewige Jungfräulichkeit. 1855 gründete sie in ihrem Heimatort die „Gemeinschaft Mariens von der immerwährenden Hilfe", die sich um gefährdete Mädchen kümmerte. Maria Theresia wurde erste Generaloberin, verlor den Posten aber 1873 nach böswilligen Verleumdungen und wechselte zu den „Barmherzigen Schwestern Unserer Lieben Frau".

Eine seltsame Karriere: Die wohlhabende und daher unabhängige Kempner wurde berühmt vor allem wegen ihrer Gedichte (1873). Sie sind auf eine derart verquere Art misslungen, dass sie in ihrer unfreiwilligen Komik von ziemlichem Unterhaltungswert sind und ihr den ironischen Beinamen „Der schlesische Schwan" eingetragen haben. Außerdem schrieb sie historische Dramen und Novellen.

Friederike Kempner
* Opatów (Posen) 25. Juni 1836, † Gut Friederikenhof bei Reichthal (Schlesien) 23. Februar 1904, deutsche Schriftstellerin

Maria Dominica Mazzarello
* Mornese bei Asti (Piemont) 14. Mai 1837, † Monferrato 14. Mai 1881, italienische Ordensgründerin

Schon das Mädchen verehrte schwärmerisch die Muttergottes. Als junge Frau kümmerte sich Mazzarello um Waisenkinder, lernte 1864 den Seelsorger Don Bosco kennen und gründete mit ihm den Orden „Töchter Mariä, Hilfe der Christen", auch „Maria-Hilf-Schwestern" oder „Don-Bosco-Schwestern" genannt. Bis zu ihrem Ende leitete sie die karitative Kongregation. 1951 wurde sie heiliggesprochen.

Elisabeth („Sisi")
* München 24. Dezember 1837, † Genf 10. September 1898, österreichische Kaiserin

„Die Seele gab es nie, die mich verstand", schrieb Elisabeth in einem ihrer Gedichte. Und in der Tat: Die bayerische Prinzessin geriet 1854 durch Ehe mit dem österreichischen Kaiser Franz Joseph in die zeremonielle Kälte eines Hofes, in der sie seelisch verkümmerte. Schicksalsschläge zerstörten die letzte Lebensfreude der rastlosen Kaiserin. Sie fiel dem Anschlag eines Anarchisten zum Opfer. Unvergessen die Verfilmung ihres Lebens als „Sissi"-Trilogie (1955–57) mit Romy Schneider.

Musik war buchstäblich das Leben der Tochter des Pianisten Liszt, der Frau des Dirigenten Hans von Bülow und seit 1870 des Komponisten Richard Wagner. Cosima stabilisierte sein Genie, gebar ihm drei Kinder, pflegte als Leiterin der Bayreuther Festspiele nach seinem Tod das Erbe und schuf beachtliche Inszenierungen. 1906 übergab sie das Amt ihrem Sohn Siegfried.

Charlotte
* Schloss Laeken bei Brüssel 7. Juni 1840, † Schloss Bouchoute bei Brüssel 19. Januar 1927, Kaiserin von Mexiko

Cosima Wagner
* Como 24. Dezember 1837, † Bayreuth 1. April 1930, deutsche Musikmanagerin

Mit 17 bekam sie den Mann ihres Herzens: Erzherzog Maximilian von Österreich. Mit ihm ging sie 1864 nach Mexiko, dessen Kaiserkrone Napoleon III. von Frankreich Maximilian angetragen hatte und garantieren wollte. Das imperiale Abenteuer ging schief. Die Aufständischen unter Benito Juarez siegten und erschossen den Kaiser. Charlotte fiel in geistige Umnachtung.

Viktoria
* London, Buckingham Palace 21. November 1840, † Schloss Friedrichshof (Taunus) 5. August 1901, deutsche Kaiserin

Von den neun Kindern Victorias von England machte sie, die „Princess Royal", die scheinbar beste Partie, als sie 1858 den späteren deutschen Kaiser Friedrich heiratete. Der Mann aber starb 1888 nach 99 Tagen Amtszeit, und die liberal eingestellte Viktoria musste mitansehen, wie ihr Sohn Wilhelm II. ein selbstherrliches Regiment führte und das junge deutsche Reich in schwere Gefahr brachte.

Berthe Morisot
* Bourges 14. Januar 1841, † Paris 2. März 1895, französische Malerin

Morisot heiratete spät und behielt so Freiraum für ihre künstlerische Entwicklung. Sie lernte 1868 Èdouard Manet kennen, dessen Bruder 1877 ihr Ehemann wurde, und ging den Weg des Impressionismus mit – ja, sie führte die „Verrückten" sogar oft stilistisch an. Ihre in Licht getauchten Kinderszenen und Landschaften zeigte sie 1892 erstmals in einer Einzelausstellung.

Unterstützt von ihrem 1869 angetrauten zweiten Mann, einem Pädagogen, engagierte sich Cauer politisch und zeichnete in ihrem Hauptwerk „Die Frau im 19. Jahrhundert" 1895 ein düsteres Bild. Ihre im gleichen Jahr begründete Zeitschrift „Die Frauenbewegung" wurde zum Sprachrohr der fortschrittlichen Frauenvereine. Ihre zentrale Forderung galt dem Stimmrecht für Frauen.

Minna Cauer
* Freyenstein (Ostprignitz) 1. November 1841, † Berlin 3. August 1922, deutsche Frauenrechtlerin

Maria Konopnicka
* Suwalki 23. Mai 1842, † Lemberg 8. Oktober 1910, polnische Schriftstellerin

„Verdeutschen soll uns nicht der Feinde Heer!" heißt es im berühmten Lied „Rota" (Eid, 1908) von Konopnicka, das gegen die Verfolgung durch Preußen gerichtet war, vor der sie zeitweilig fliehen musste. Ansonsten schrieb sie Kinderbücher und Novellen. Ihre besonders wichtige Lyrik beschäftigt sich oft mit sozialen Problemen oder greift historische Stoffe auf.

Bertha von Suttner
* Prag 9. Juni 1843,
† Wien 21. Juni 1914,
österreichische
Pazifistin und
Schriftstellerin

Mit realistischen Schilderungen des Elends der Verwundeten und der Sterbenden nach Kriegshandlungen rüttelte von Suttner die Leser ihres Romans „Die Waffen nieder!" (2 Bände, 1889) auf. Zwei Jahre darauf gründete sie die Österreichische Gesellschaft der Friedensfreunde und wurde Vizepräsidentin des „Internationalen Friedensbureaus" in Bern; 1905 bekam sie den Friedensnobelpreis.

„Carmen das Lied und Sylva der Wald. / Von selbst gesungen das Waldlied erschallt." So erklärte Carmen Sylva ihr Pseudonym, unter dem sie bekannter war als unter dem Namen der Königin. Eine solche war sie 1881 durch Wahl ihres Mannes Karl von Hohenzollern geworden. Dichterin war sie dank eigener poetischer Kraft, mit der sie Gedichte, Märchen und Unterhaltungsromane schuf.

**Carmen Sylva
(eigentlich
Elisabeth)**
* Schloss Monrepos
bei Neuwied 29. Dezember 1843,
† Bukarest 2. März
1916, deutsche Dichterin und Königin
von Rumänien

**Bernardette
Soubirous**
* Lourdes 17. Februar
1844, † Nevers
16. April 1879, französische Mystikerin

Franz Werfel setzte Soubirous im Roman ein Denkmal: „Das Lied von Bernadette" (1941) singt von Frömmigkeit und Einfalt der Tochter des Müllers Soubirous in Lourdes. Dort sah sie 1858 in einer Grotte „die Dame", traf sich noch 16 Mal mit ihr, erkannte in ihr die Jungfrau Maria und lockte auf ihre Weisung eine Heilquelle hervor, an der sich viele Wunder ereigneten. 1933 wurde sie heiliggesprochen.

Ihr Kampf gegen Trunksucht und für mehr Rechte der Frauen kommt in ihrem Theaterstück „Die Frau des Arbeiters" (1885) plastisch zum Ausdruck. Auch in weiteren Stücken („Anna-Lisa", 1895) und Erzählungen wie „Die Trödel Lopo" (1889) geht es um harte Frauenschicksale. In Finnland wird ihr Geburtstag seit 2007 als Tag der Gleichberechtigung begangen.

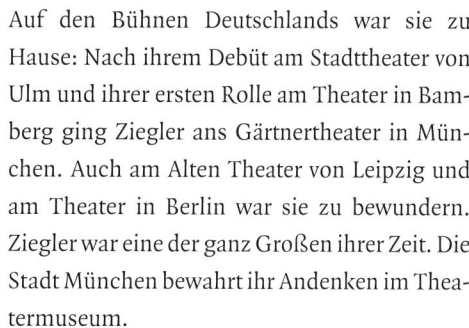

Klara Ziegler
* München 27. April 1844, ebendort 19. Dezember 1909, deutsche Schauspielerin

Minna Canth
* Tampere 19. März 1844, † Kuopio 12. Mai 1897, finnische Schriftstellerin

Auf den Bühnen Deutschlands war sie zu Hause: Nach ihrem Debüt am Stadttheater von Ulm und ihrer ersten Rolle am Theater in Bamberg ging Ziegler ans Gärtnertheater in München. Auch am Alten Theater von Leipzig und am Theater in Berlin war sie zu bewundern. Ziegler war eine der ganz Großen ihrer Zeit. Die Stadt München bewahrt ihr Andenken im Theatermuseum.

Sarah Bernhardt
* Paris 22. Oktober 1844, † ebendort 26. März 1923, französische Schauspielerin

Ausgebildet an der renommierten Comédie Française, debütierte Bernhardt mit 19 Jahren und hatte auf Anhieb Erfolg, vor allem dank ihrer „goldenen" Stimme. Tourneen durch ganz Europa (außer Deutschland wegen des Krieges 1870/71) und Amerika machten sie zur gefeiertsten Mimin der Bühne und im Alter auch noch des Stummfilms. Selbst in Hosenrollen (u. a. Hamlet) brillierte sie.

Sie lernte und lebte zwar vorwiegend in Europa, doch riss ihre Bindung an die Heimat nie. Nach klassischen Anfängen begegnete Cassatt in Paris dem Impressionisten Degas und schloss sich der neuen Stilrichtung an. Sie vermittelte Bilder ihrer neuen Freunde in die USA. Ihr Lieblingsmotiv waren Kinder mit ihren Müttern in bürgerlichem Umfeld. 1914 erblindete sie.

Mary Cassatt
* Pittsburgh (Pennsylvania) 22. Mai 1845, † Le-Mesnil-Théribus (Picardie) 14. Juni 1926, amerikanische Malerin

Judith Gautier
* Paris 24. August 1845, † Saint-Enogat 26. Dezember 1917, französische Schriftstellerin

Die Tochter des bekannten Dichters Théophile Gautier schrieb Kritiken, Reiseberichte und Romane. Wichtiger aber war sie als Muse Richard Wagners, den sie 1874 in der Schweiz besuchte. Er verliebte sich in die schöne Frau und schrieb ihr leidenschaftliche Briefe. Kenner erkennen in der Kundry des „Parsifal" und im Motiv der Entsagung den Einfluss der Affäre.

Beim Anblick der mit kräftig breitem Pinselstrich ausgeführten Gemälde von Churberg meint man im ersten Moment, einen Nolde vor sich zu haben, so expressiv ist die Bildsprache. Die Finnin hatte an der Düsseldorfer Schule studiert, löste sich aber bald vom dortigen akademischen Stil und hielt vor allem herbstliche und winterliche Landschaften ihrer Heimat fest.

Marie Heim-Vögtlin
* Bözen (Aargau) 7. Oktober 1845, † Zürich 7. November 1916, schweizerische Ärztin

Fanny Churberg
* Vaasa 12. Dezember 1845, † Helsinki 10. Mai 1892, finnische Malerin

Dass eine Frau Medizin studieren wollte, erregte landesweit Aufsehen. Dass sie 1874 die Promotion bestand, noch mehr. Heim-Vögtlin spezialisierte sich auf Gynäkologie und eröffnete 1874 als erste Schweizerin in Zürich eine Praxis. 1899 konnte sie ein Frauenspital mit Schwesternschule gründen. Ihr guter Ruf verhalf ihren Appellen für mehr Frauenrechte zu Resonanz.

Margarete Steiff
* Giengen an der Brenz 24. Juli 1847, † ebendort 9. Mai 1909, deutsche Unternehmerin

Die nach einer Kinderkrankheit behinderte Steiff lernte Schneiderin und machte 1874 einen eigenen Näh-Laden auf. Sie erweiterte ihre Produktpalette seit 1880 durch Filztiere, die reißenden Absatz fanden. Absoluter Renner wurde der 1902 entworfene Bär „Teddy", von dem schon 1908 über eine Milllion Stück verkauft wurden, seit 1904 mit dem Steiff-Knopf im Ohr.

Annie Besant
* London 1. Oktober 1847, † Madras 20. September 1933, englische Politikerin und Theosofin

Zunächst machte sich Besant mit sozialistischen Forderungen u. a. nach Geburtenkontrolle einen Namen und trat als Streikführerin auf. Sie wandte sich dann der Theosofie zu, gründete 1898 ein College in Benares (heute Varanasi) und war seit 1907 Präsidentin der Theosofischen Gesellschaft. Beachtlich ihre Übersetzung des „Bhagavadgita" aus dem Sanskrit.

Die ausgebildete Lehrerin Lange erlebte am eigenen Leib die Missstände an den Schulen für Mädchen, die von Männerrichtlinien und Männerbürokratie geprägt waren. Sie forderte mehr weiblichen Einfluss und gehörte zu den Gründerinnen des „Allgemeinen Deutschen Lehrerinnenvereins". Lange gab der Frauenbewegung Impulse durch ihre Zeitschrift „Die Frau" (seit 1893).

Helene Lange
* Oldenburg 9. April 1848, † Berlin 13. Mai 1930, deutsche Frauenrechtlerin

Ellen Karolina Sofia Key
* Sundsholm in Småland 11. Dezember 1849, † Gut Strand am Vätternsee 25. April 1926, schwedische Pädagogin

Nach sorgenfreier Kindheit und lerneifriger Jugend war Key als Lehrerin und als Mitarbeiterin einer Frauenzeitschrift tätig. Ganz dem Schreiben konnte sie sich erst in den 1890er-Jahren zuwenden. Epoche machten Bücher wie „Missbrauchte Frauenkraft" (1896) und vor allem das Hauptwerk „Das Jahrhundert des Kindes" (1900), das in viele Sprachen übersetzt wurde.

Neueste Zeit

1850 bis heute

Die industrielle Revolution revolutionierte auch das Sozial-
gefüge. Und da das Sein das Bewusstsein bestimmt, wandelte sich auch das Frauenbild. Maßgeblich dafür war der
Einsatz von starken Frauen, die sich nicht länger mit Schein-
reformen abspeisen ließen; in diesen Zeitraum fallen fast
70 Prozent der vorliegenden Porträts und der Rahmen
globalisiert sich. Den Durchbruch brachte tragischerweise
aber erst der Weltkrieg 1914–1918, dessen Last an der Hei-
matfront die Frauen trugen. Nach nochmaliger Entrechtung
durch Diktaturen wie Faschismus und Nationalsozialismus
fegte der Zweite Weltkrieg die Trümmer der Männerherr-
lichkeit hinweg. Der seitdem unaufhaltsame Prozess der
Gleichstellung der Frau ist längst nicht abgeschlossen,
aber in den entwickelten Staaten auf gutem Weg und
unumkehrbar.

Kate Chopin
* St. Louis 8. Februar 1850, † ebendort 22. August 1904, amerikanische Schriftstellerin

Nach der Eheschließung mit dem Plantagenbesitzer Chopin lebte Kate mit ihm und sechs Kindern in New Orleans. Sie veröffentlichte eine Reihe von Erzählungen in Zeitschriften. 1899 erschien ihr Roman „Das Erwachen", der die Geister schied. Die einen begrüßten ihn als Manifest für die selbstständige Lebensgestaltung von Frauen, die anderen fanden ihn „unweiblich".

Ihre ersten Werke erschienen unter männlichem Pseudonym; erst als der Roman „Geld" (1885) ein Erfolg wurde, trat sie als Benedictsson auf. Sie verliebte sich in den Schriftsteller Georg Brandes, der sie aber nur für seine Zwecke einspannte und ihren Roman „Frau Marianne" (1886) schlechtmachte. Darüber verzweifelt und literarisch nicht mehr produktiv, verübte sie Selbstmord.

Francesca Cabrini
* bei Mailand 15. Juli 1850, † Chicago 22. Dezember 1917, italienische Ordensgründerin

Victoria Maria Benedictsson
* Gut Domme (Schonen) 6. März 1850, † Kopenhagen 21. Juni 1888, schwedische Schriftstellerin

Sie wusste, was Not heißt: Cabrini stammte aus einer Familie mit 13 Kindern. Von früh auf verspürte sie den Wunsch, Armen zu helfen und gründete 1880 den Orden der „Missionsschwestern vom Heiligsten Herzen". Schon im Folgejahr wurde er päpstlich anerkannt. Francesca ging 1888 in die USA und schuf dort Hilfsstationen ihres Ordens für die italienischen Einwanderer.

Durch Heirat mit einem Gutsbesitzer wurde sie Lady Gregory und gewann den Freiraum für ihre volkskundlichen und literarischen Interessen. Sie sammelte gälische Sagen, übersetzte aus der Sprache der keltischen Vorbevölkerung und gründete 1899 mit Yeats das Abbey Theatre in Dublin. Insgesamt 40 Komödien über das Leben der Landbevölkerung schrieb sie dafür.

Isabella Gregory
* Roxborough 5. März 1852, † Coole Park (Galway) 22. Mai 1932, irische Schriftstellerin

Früh musste Cannary Burke ihren fünf kleineren Geschwistern die Eltern ersetzen. Sie arbeitete als Cowgirl, Bardame, Scout oder Jägerin. Oft trug sie Männerkleidung, entwickelte beträchtliche Reit- und Schießkünste und trank manchen harten Burschen unter den Tisch. Legenden wie die über eine Ehe mit dem Revolverhelden Wild Bill Hickok setzte sie selbst in die Welt.

Gegen den Widerstand der Eltern schlug Schratt die Theaterlaufbahn ein, feierte früh große Erfolge und erregte 1885 die Aufmerksamkeit des österreichischen Kaisers Franz Joseph. Mit Unterstützung seiner Frau Elisabeth („Sisi") kam Schratt ihm intim näher und war bis zu seinem Tod 1916 seine Geliebte. Sie erhielt von ihm enorme Zuwendungen sowie zwei ansehnliche Häuser.

Katharina Schratt
* Baden bei Wien 11. September 1853, † Wien 17. April 1940, österreichische Schauspielerin

Die Tochter des schwäbischen Erzählers Hermann Kurz lebte von 1877–1911 in Italien und war befreundet mit Künstlern wie Arnold Böcklin und Adolf von Hildebrand. Die mediterrane Wahlheimat prägte ihre Erzählkunst in den „Florentiner Novellen" (1890) und im Hauptwerk, dem Roman „Vanadis" (1931). Von 1911 an lebte Kurz in München und ging im hohen Alter nach Tübingen.

Isolde Kurz
* Stuttgart 21. Dezember 1853, † Tübingen 6. April 1944, deutsche Schriftstellerin

Zwei unglückliche Ehen bestärkten Zapolska in der Ansicht, dass die bürgerlichen Konventionen auf Scheinmoral beruhten. Ihre Romane (u. a. „Sommerliebe", 1905) sind daher ebenso gesellschaftskritisch aufgeladen wie ihre Dramen; besonders zu nennen: „Die Warschauer Zitadelle" (1898) und „Der Polterabend" (1900). Zapolska zählt zu den wichtigen polnischen Naturalisten.

Gabriela Zapolska (eigentlich Maria Korwin-Piotrowska)
* Podhajce bei Luzk 30. März 1857,
† Lemberg 17 Dezember 1921,
polnische Schriftstellerin

Nach Jahren als Lehrerin engagierte sich Zetkin seit Ende der 1880er-Jahre in der deutschen und internationalen sozialistischen Frauenbewegung. Als Kriegsgegnerin verließ sie 1914 die SPD, gehörte zu den Gründern der USPD und der KPD, wurde 1921 Vorsitzende der Roten Hilfe und warnte 1932 als Alterspräsidentin des Reichtags vor den Nazis. Zetkin emigrierte 1933.

Clara Zetkin
* Wiederau bei Rochlitz 5. Juli 1857,
† Archangelskoje bei Moskau 20. Juni 1933, deutsche Politikerin

Anita Augspurg
* Verden an der Aller 22. September 1857,
† Zürich 20. Dezember 1943, deutsche Frauenrechtlerin

Znächst versuchte es Augspurg mit einem Fotoatelier in München, dann entdeckte sie ihr ausgeprägtes Gerechtigkeitsempfinden, studierte Jura und gründete mehrere Vereine zur Frauenförderung, darunter 1902 den „Deutschen Verband für Frauenstimmrecht". Als Hitler 1933 die Macht übernahm, kehrte Augspurg, gemeinsam mit ihrer Lebensgefährtin Lida Heymann, von Ferien in der Schweiz nicht mehr zurück und blieb im Exil.

Marcella Sembrich
* Wisnieczyk (Galizien) 15. Februar 1858, † New York 11. Januar 1935, polnische Sängerin

„Einen himmlischeren Wohllaut gibt es nicht", schwärmte ein Kritiker nach einem Konzert von Sembrich, Tochter eines armen Musikers. Sie gab mit 19 nach gründlicher Ausbildung ihr Debüt in Athen und sang 1883 bei der Einweihung der Met in New York. Mit Ehren überhäuft und mit astronomischen Gagen gelockt, war sie auf allen großen Opernbühnen gesanglich zu Hause.

In Leipzig studierte sie beim Freund von Brahms, dessen Musik sie beeinflusste. Sie schuf Opern, Kammermusik und die „Messe in D" (1893). Ihr Engagement in der Frauenbewegung schlug sich in der Hymne „The March of the Women" (1911) nieder. Sie verfasste eine Reihe autobiografischer Schriften wie „Bleibende Eindrücke", 1919. Im Alter, schon fast ertaubt, freundete sie sich mit Virginia Woolf an.

Ethel Smyth
* London 23. April 1858, † Woking (Surrey) 9. Mai 1944, englische Komponistin, Dirigentin und Schriftstellerin

Emmeline Pankhurst
* Manchester 14. Juli 1858, † London 14. Juni 1928, englische Frauenrechtlerin

Ihr politisches Erwachen war mit der bohrenden Frage verbunden: Warum dürfen nur Männer wählen? Schon als Jugendliche nahm Pankhurst den Kampf für das Frauenstimmrecht auf und dafür schwere Nachteile und sogar Haft in Kauf. 1903 war sie Mitbegründerin der „Women's Social and Political Union". Das Frauenwahlrecht wurde in England im Jahr des Todes von Pankhurst eingeführt.

Eleonora Duse

Eleonora Duse
* Vigevano (Lombardei) 3. Oktober 1858,
† Pittsburgh (Pennsylvania) 21. April 1924, italienische Schauspielerin

Ohne je eine entsprechende Ausbildung genossen zu haben, erklomm „die Duse", wie sie genannt wurde, die Ruhmesleiter als Schauspielerin bis zur obersten Sprosse. Sie war mit einer atemberaubenden Kunst der Verwandlung der Star aller Bühnen, insbesondere in Stücken von Ibsen. Privat hatte sie weniger Glück: Ihre Liebe zum Dichter Gabriele d'Annunzio scheiterte 1904.

Auguste Viktoria
* Dolzig (Westpommern) 22. Oktober 1858, † Haus Doorn bei Utrecht 11. April 1921, deutsche Kaiserin

1881 wurde die Herzogstochter Auguste Viktoria die Frau Prinz Wilhelms von Preußen und so 1888 deutsche Kaiserin. Mit sechs Söhnen und einer Tochter sorgte das Paar für den Bestand des Hauses Hohenzollern. Das Reich aber verspielte der Kaiser mit seiner Kriegspolitik. Auguste Viktoria musste mit ihm 1918 ins holländische Exil, wo sie an Heimweh starb.

Bertha Pappenheim

* Wien 27. Februar 1859, † Neu-Isenburg 28. Mai 1936, deutsche politische Schriftstellerin

Die aus gut situierter jüdischer Familie stammende Pappenheim schloss sich der Frauenbewegung an und war für sie rege publizistisch tätig. Auf Studienreisen in den Nahen Osten und nach Osteuropa gewann sie Einblicke in den Mädchenhandel und berichtete darüber in ihrem Buch „Sisyphus-Arbeit" (1930). Sie war die berühmte Patientin „Anna O." in Breuers und Freuds Psychoanalyse.

Jane Addams

* Cedarville (Illinois) 6. September 1860, † Chicago 21. Mai 1935, amerikanische Sozialreformerin und Frauenrechtlerin

Aus wohlhabendem Hause stammend, konnte Addams viel reisen und kam in Europa mit emanzipatorischen Gedanken in Berührung. Sie setzte sich mit einer lesbischen Beziehung über Vorurteile ihrer Zeit und Gesellschaft hinweg, schloss sich der Frauenbewegung an und kämpfte für Benachteiligte. Für dieses soziale Engagement erhielt sie 1931 den Friedensnobelpreis.

Realistisch und zugleich magisch, detailgenau und zugleich raunend erzählt Lagerlöf ihre Geschichten, deren erste, „Gösta Berling" (1891), gleich ein Erfolg wurde. Bis heute fasziniert die „Wunderbare Reise des kleinen Nils Holgersson mit den Wildgänsen" (1906) ebenso wie der Roman „Jerusalem" (1902). 1909 erhielt Lagerlöf als erste Frau den Literaturnobelpreis.

Selma Lagerlöf

* Gut Mårbacka (Värmland) 22. November 1858, † ebendort 16. März 1940, schwedische Schriftstellerin

Viebig wuchs im Eifel-Mosel-Gebiet auf, dessen Landschaft und Menschen viele ihrer naturalistischen Novellen („Kinder der Eifel", 1897) und Romane prägten: „Das Weiberdorf" (1900), „Das schlafende Heer" (1904), „Das Kreuz im Venn" (1908), „Unter dem Freiheitsbaum" (1922), „Der Vielgeliebte und die Vielgehasste" (1935). Viebig verfasste auch einige Theaterstücke.

Clara Viebig

* Trier 17. Juli 1860, † Berlin 31. Juli 1952, deutsche Schriftstellerin

Die Farmerstochter Moses diente als Magd auf einem Hof in ihrer Heimat, heiratete einen Bauern, bekam zehn Kinder und konnte erst mit über siebzig das in der Jugend geübte Malen wieder aufnehmen. Sie schuf Bilder aus dem ländlichen Alltag in liebevoll-naivem Stil (u. a. „Thunderstorm", 1948; „Halloween", 1955). Die Greisin erhielt mehrere Ehrendoktortitel.

Marianne von Werefkin
* Tula südlich von Moskau 11. September 1860, † Ascona 6. Februar 1938, russisch-schweizerische Malerin

Anna Mary Moses, genannt „Grandma Moses"
* Greenwich (New York) 7. September 1860, † Hoosick Falls (New York) 13. Dezember 1961, amerikanische Laienmalerin

Nach dem Studium in Sankt Petersburg zog Werefkin 1896 zusammen mit Alexej von Jawlensky nach München, war 1911 beteiligt an der Gründung der Malergruppe „Der Blaue Reiter" und stand mit ihren Bildern („Im Café", 1909; „Schlittschuhläufer", 1912) unter dem Einfluss des Landsmanns Kandinsky. 1914 siedelte sie wegen des Kriegs in die Schweiz um und entwickelte einen zunehmend abstrakten Malstil.

Lou Andreas-Salomé
* Sankt Petersburg 12. Februar 1861, † Göttingen 5. Februar 1937, deutsche Schriftstellerin

Ihre bewegte Biografie hat ihr beachtliches Werk in den Hintergrund gerückt: Andreas-Salomé war befreundet mit vielen der bedeutendsten Geister ihrer Zeit, insbesondere mit Nietzsche, Freud und Rilke, mit dem sie zeitweilig auch eine Liebesbeziehung verband. Ihre literarische Produktion umfasste Porträts, wissenschaftliche Abhandlungen, Erzählungen und Autobiografisches.

**Nellie Melba
(eigentlich Helen
Porter Armstrong)**
* Richmond bei Mel-
bourne 19. Mai 1861,
† Sydney 23. Februrar
1931, australische
Sängerin

Sie wählte zum Künstlernamen eine Anspielung auf Melbourne, und die Küchenkünstler nannten nach ihr den von Vanilleeiskugeln flankierten Pfirsich. Beide wurden Weltberühmtheiten. Melba gab ihr Debüt 1887 in Brüssel, war danach aber vor allem an der New Yorker Met, an der Mailänder Scala und in Covent Garden der umjubelte Star mit dem enormen Stimmumfang.

Edith Wharton
* New York
24. Januar 1862,
† Saint-Brice-sous-
Forêt bei Paris
11. August 1937,
amerikanische
Schriftstellerin

Zur Schule gehen durfte nur der Bruder, Wharton wurde, wie es sich für Töchter aus bestem Hause gehörte, daheim unterrichtet. Vor allem die Bücher reizten sie, bald zu schreiben und in die Welt zu ziehen. Frankreich wurde ihre Wahlheimat. Dort entstanden gesellschaftskritische Romane wie „Das Haus der Freude" (1905), „Die oberen Zehntausend" (1927).

Ihr Debüt gab Dumont 1882 in Berlin, fand ein festes Engagement 1888 in Stuttgart und spielte von 1896–1902 wieder in Berlin. 1903 lernte sie ihren Mann Gustav Lindemann kennen und gründete mit ihm 1905 das Schauspielhaus Düsseldorf, das die energische Frau bis zu ihrem Ende leitete. Eine Schauspielschule war angegliedert; berühmtester Zögling: Gustaf Gründgens.

**Louise Dumont
(bürgerlich Louise
Heynen)**
* Köln 22. Februar
1862, † Düsseldorf
16. Mai 1932, deut-
sche Schauspielerin

Nur sporadisch vom Vater, einem Arzt und Reiseschriftsteller, unterrichtet, eignete sich Kingsley naturwissenschaftliche Kenntnis im Selbststudium an. 1893 brach sie zu ihrer ersten Afrika-Reise auf und berichtete danach auf Vortragstouren und in Büchern über ihre Abenteuer und das Leben der Eingeborenen, die sie vor den „weißen" Vorurteilen in Schutz nahm.

Berühmt wurde Günther erst nach ihrem Tod, denn ihr Hauptwerk, der von großem Gefühl durchwehte Roman „Die Heilige und ihr Narr", erschien erst postum 1913/14 in zwei Teilen. Er erreichte unzählige Auflagen mit weit über einer Million Exemplaren. Drei Verfilmungen des Schicksals einer von der Stiefmutter drangsalierten Fürstentochter rührten ein breites Publikum.

Adele Sandrock
* Rotterdam
19. August 1864,
† Berlin 30. August
1937, deutsche
Schauspielerin

Die gelernte Lehrerin Huch wandte sich nach lyrischen Anfängen dem historischen Roman zu. 1912–1914 erschien in drei Bänden „Der große Krieg in Deutschland", ein fesselndes Gemälde des Dreißigjährigen Krieges. Mit der literaturgeschichtlichen Monografie „Die Romantik" hatte Huch 1908 eine Renaissance der Epoche eingeleitet. Darüber hinaus war sie eine scharfe Gegnerin Hitlers.

Ricarda Huch
* Braunschweig
18. Juli 1864,
† Schönberg (Taunus) 17. November
1947, deutsche
Schriftstellerin

Am Wiener Burgtheater und am Deutschen Theater in Berlin war sie zu Hause. Dort und zuweilen auch an anderen Häusern und bei Tourneen übernahm sie Rollen in klassischen Dramen. Ihr ausdrucksstarkes Spiel und ihre tiefe Stimme empfahlen sie auch für den Film. Besonders bekannt wurden ihre Auftritte in den Streifen „Der Kongress tanzt" (1931) und „Die englische Heirat" (1934). Auch im Alter war sie noch gefragt.

**Séraphine
(eigentlich
Séraphine Louis)**
* Arsy (Picardie)
2. September 1864,
† Clermont (Picardie)
11. Dezember 1942,
französische Malerin

Der deutsche Kunstkritiker Uhde begegnete Séraphine bei einem Urlaub in Senlis 1913, wo die alternde Frau als Haushilfe arbeitete. Zufällig stieß er auf ein Bild von ihr und sorgte dafür, dass sie das nötige Handwerkszeug bekam. Séraphine malte mystische Szenen in naivem Stil von hohem magischem Sog („Der rote Baum", 1928). 1930 fiel sie in geistige Umnachtung.

Camille Claudel
* Fère-en-Tardenois (Picardie) 8. Dezember 1864, † Montdevergues bei Avignon 19. Oktober 1943, französische Bildhauerin

Früh vom Modellieren fasziniert, ließ sich Claudel in Paris ausbilden, begegnete Rodin und wurde seine Meisterschülerin und Geliebte. Der viel ältere Mann nahm es mit der Treue nicht genau. Es kam zur Trennung, die Claudel so tief traumatisierte, dass sie in einer Anstalt untergebracht wurde. 32 Jahre lang verdämmerte sie dort. Ihr Werk wird erst seit neuerer Zeit gewürdigt.

Der Onkel Kardinal Lebo übernahm die Ausbildung der jungen Nichte Ledóchowska nach dem frühen Tod des Vaters. 1886 trat sein Mündel in den Ursulinenorden ein und gründete 1906 den Zweig der „Grauen Ursulinen", die in Armen-, Kranken- und Altenfürsorge ihre Hauptaufgabe sehen. Seit 1928 leitete Ledóchowska den Orden vom Mutterhaus in Rom aus. Sie wurde 2003 heiliggesprochen (Gedenktag 29. 5.).

Julia Ursula Ledóchowska
* Loosdorf bei Sankt Pölten 17. April 1865, † Rom 29. Mai 1939, österreichische Nonne

Nach politischen Anfängen im Verein „Frauenwohl", trat Braun in die SPD ein, forderte das Frauenstimmrecht und versuchte vergeblich, die Partei zur Kooperation mit der bürgerlichen Frauenbewegung zu bringen. Sie scheiterte nicht zuletzt am Misstrauen Clara Zetkins, die ihr Buch „Die Frauenfrage" (1901) vernichtend kritisierte. Es wurde dennoch ein Standardwerk.

Lily Braun (eigentlich Amalie von Kretschmann)
* Halberstadt 2. Juli 1865, † Berlin 9. August 1916, deutsche Frauenrechtlerin

Die promovierte Romanistin Schirmacher war 1899 Mitbegründerin des „Vereins fortschrittlicher Frauenverbände" und 1904 des „Weltbundes für Frauenstimmrecht". Dann kam es zu einer völkischen Wende und zum aussichtslosen Versuch, die Nationalkonservativen für die Gleichberechtigung der Frauen zu gewinnen. Ihre Memoiren erschienen 1921 unter dem Titel „Flammen".

Suzanne Valadon (eigentlich Marie Clémentine Valadon)
* Bessines-sur-Gartempe (Limousin) 23. September 1865, † Paris 19. April 1938, französische Malerin

Käthe Schirmacher
* Danzig 6. August 1865, † Meran 18. November 1930, deutsche Frauenrechtlerin

Ihre Karriere begann mit Modellstehen für Maler wie Renoir und Toulouse-Lautrec, mit dem sie eine Liebesbeziehung verband. Sie studierte dabei durch Zuschauen und schuf erste Bilder im Stil des Impressionismus, die ihr Talent deutlich machten. 1895 kam es zur ersten Valadon-Ausstellung in Paris. Ihr weltberühmter Maler-Sohn Maurice Utrillo pflegte ihr Andenken.

Als Leiterin eines Rot-Kreuz-Lazaretts in Brüssel wurde Cavell zur Schlüsselfigur der Fluchthilfe für alliierte Soldaten aus dem deutsch besetzten Belgien in die neutralen Niederlande. Im Juli 1915 flog die Organisation auf. Gegen Cavell erging das Todesurteil. Nach dem Krieg wurden ihre Gebeine in Norwich beigesetzt. Am Londoner Trafalgar Square steht ihr Denkmal.

Cécile Douard
* Rouen 31. Dezember 1866, † Brüssel 14. Januar 1941, belgische Malerin

Edith Cavell
* Swardeston (Norfolk) 4. Dezember 1865, † Brüssel 12. Oktober 1915, englische Krankenschwester

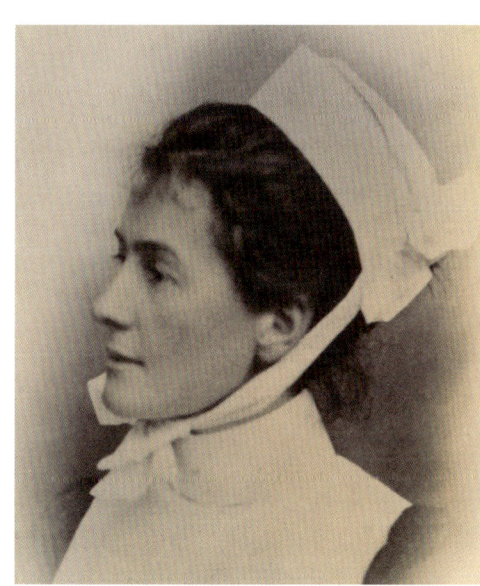

Aufgewachsen im Bergbaugebiet Borinage, nahm sich Douard in ihrer Kunst der schwer arbeitenden Frauen an und malte außerdem Kinderporträts. Sie malte so außerordentlich viel, als wüsste sie, dass ihre Zeit abliefe: 1899 erblindete sie und wandte sich dem Modellieren zu, indem sie ihre Gegenstände abtastete. Über ihre vielen Reisen veröffentlichte sie das Buch „Ungesehene Landschaften".

Der Name hat bis heute in der Haute Couture einen sehr guten Klang: Lanvin machte 1890 in Paris ein Hutgeschäft auf, wandte sich dann weiblicher Kinderkleidung und schließlich der Erwachsenenmode zu. Mitte der 1920er-Jahre arbeiteten bei ihr bereits 800 Menschen. Weiter ging es mit Herrenmode sowie mit Parfüms, vor allem dem berühmten Duft „Arpège" (1927).

Sie konnte fast als Universalgelehrte gelten, denn sie hatte antike Literatur ebenso studiert wie Volkswirtschaft, Politik, Sozialkunde und Ethik. Seit 1915 engagierte sie sich in der Friedensbewegung und war lange Sekretärin der Internationalen Frauenliga für Frieden und Freiheit in Genf. 1946 erhielt sie als zweite Amerikanerin den Friedensnobelpreis.

Aus einfachsten Verhältnissen stammend, brachte es Hedwig zur Vorleserin in reichen Häusern und begann, selbst zu schreiben. Die Ehe mit Fritz Courths unterbrach das. Seit 1905 aber kamen jährlich mehrere ungemein erfolgreiche Unterhaltungsromane von ihr heraus, insgesamt 208, zum Beispiel „Die wilde Ursula" (1912) oder „Eine ungeliebte Frau" (1918). Liebe überwindet darin alle Hürden.

Arbeiterelend und das Leid des Krieges waren zentrale Motive der Grafikfolgen von Kollwitz („Ein Weberaufstand", 1893), die 1918–1933 als Professorin in Berlin lehrte. Ihr Engagement für internationale humanitäre Organisationen brachte sie bei den Nazi-Machthabern in Misskredit: 1937 wurden ihre Arbeiten als „entartet" aus den öffentlichen Sammlungen entfernt.

Marie Curie
* Warschau
7. November 1867,
† Sancellemoz
(Savoyen) 4. Juli
1934, polnisch-fran-
zösische Physikerin

Zwei Nobelpreise (Physik 1903, Chemie 1911) – das widerfährt nur sehr wenigen. Die seit 1895 mit dem Physiker Pierre Curie verheiratete Marie entdeckte die radioaktiven Elemente Polonium und Radium und wurde 1906 Professorin an der Sorbonne. Sie starb an Krebs, vermutlich ausgelöst durch die hohen Strahlendosen, denen sie bei ihren Forschungen ausgesetzt war.

Sophie Gräfin Chotek von Chotkowa, seit 1909 Herzogin von Hohenberg
* Stuttgart 1. März 1868, † Sarajevo 28. Juni 1914, deutsche Adlige

Sie war Hofdame der Kaiserin Elisabeth („Sisi"): Im Jahr 1900 wurde Chotek von Chotkowa dem österreichischen Thronfolger Franz Ferdinand zur linken Hand (nicht ebenbürtig) angetraut und machte mit ihm im Sommer 1914 die verhängnisvolle Reise nach Dalmatien, wo beide dem Attentat der „Schwarzen Hand" zum Opfer fielen. Die Bluttat wurde Auslöser für den Ersten Weltkrieg.

Agnes Karll
* Embsen bei Lüne-burg 25. März 1868, † Berlin 12. Februar 1927, deutsche Krankenschwester

Nach Ausbildung zur und einem Jahrzehnt Tätigkeit als Krankenpflegerin unternahm Karll 1903 Schritte zur Organisation des Pflegepersonals. Sie gründete im Allgemeinen Deutschen Frauenverein einen entsprechenden Verband, der Vermittlung, Rechtsschutz und Versicherung für Pflegekräfte anbot. 1909 wurde Karll Präsidentin des Weltbundes der Krankenpflegerinnen.

Ein so dramatisches und zugleich dennoch so langes Leben – das lässt auf eine starke Frau schließen. David-Néel begann als Mitarbeiterin eines Blattes für Frauenfragen und unternahm große Reisen. 1911 die größte: Sie ging für 14 Jahre nach Asien, lebte im Himalaya als Einsiedlerin, wurde buddhistische Nonne und schrieb 25 Bücher über ihre zahllosen Abenteuer.

Alexandra David-Néel
* Saint-Mandé bei Paris 24. Oktober 1868, † Digne-les-Bains bei Cannes 8. September 1969, französische Abenteurerin und Schriftstellerin

Agnes Henningsen
* Skovsbo 18. November 1868, † Kopenhagen 21. April 1962, dänische Schriftstellerin

Die Gesellschaftsdramen von Henningsen drehen sich wie ihre 20 in mehrere Sprachen übersetzten Romane um psychologisch fein gezeichnete, meist bürgerliche Frauengestalten: „Polens Töchter" (1901), „Die vielgeliebte Eva" (1911), „Die große Liebe" (1917). Ihr Hauptwerk aber ist die Trilogie „Die Jahreszeiten der Liebe", die zwischen 1927 und 1930 erschien

Else Lasker-Schüler
* Elberfeld 11. Februar 1869, † Jerusalem 22. Januar 1945, deutsche Schriftstellerin

Mit hoch emotionalen Versen machte sich Lasker-Schüler einen Namen als Lyrikerin, deren Liebesmotiv nicht selten über Irdisches hinausweist. Sie schrieb auch Dramen („Die Wupper", 1909) und Erzählungen („Der Prinz von Theben", 1914). Als Jüdin floh sie 1933 über die Schweiz nach Palästina. Ihre letzten Verse („Mein blaues Klavier", 1943) beklagen das Exil-Schicksal.

Nadeschda Krupskaja
* Sankt Petersburg 26. Februar 1869, † Moskau 27. Februar 1939, russische Revolutionärin

Durch die Hochzeit mit Lenin 1898 war Krupskaja ein Leben des Kampfes vorgezeichnet. Bis 1917 lebte sie in der Verbannung oder im Exil und unterstützte ihn in der bolschewistischen Agitation (Mitarbeit an seiner Zeitschrift „Iskra"). Nach der Oktoberrevolution baute sie das sowjetische Erziehungswesen auf. Der Konflikt mit Stalin isolierte sie nach Lenins Tod 1924.

Mit ihrem Mann Mereschkowski war Hippius Gegnerin des Zarenreichs und begrüßte dessen Zusammenbruch. Beide waren aber auch gegen die Bolschewisten und emigrierten 1919 nach Paris, wo sich ein literarischer Salon um sie bildete. Hippius schrieb philosophische Gedichte und Romane wie „Des Teufels Puppe" (1911). Ihre Tagebücher sind ein aufschlussreiches Zeitzeugnis.

Sinaida Hippius
* Below bei Tula
20. November 1869,
† Paris 9. September
1945, russische
Schriftstellerin

Josephine Margarete Bakhita
* Sudan um 1870,
† Genua 8. Februar
1947, italienische
Nonne

Als Mädchen von Sklavenhändlern geraubt und zynisch Bakhita („Glück gehabt") genannt, kam Bakhita nach Italien. Dort fand sie Zuflucht bei den Canossianerinnen in Genua, wurde Josephine getauft und wollte in den Orden eintreten, was für Farbige aber nicht möglich war. Bakhita fand Hilfe beim späteren Papst Pius X. und wurde 1891 Nonne, was weltweit Schlagzeilen machte.

Ida Dehmel
* Bingen 14. Januar
1870, † Hamburg
29. September 1942,
deutsche Literatur-
kennerin

Nach gescheiterter Ehe machte Ida 1895 die Bekanntschaft des Dichters Richard Dehmel, der ihretwegen seine Familie verließ und sie heiratete. In Hamburg-Blankenese bildete sich um das Paar ein literarischer Kreis. Nach Richards Tod 1920 kümmerte sich Ida um den Nachlass. Seit 1933 wegen ihrer jüdischen Herkunft zunehmend isoliert, nahm sie sich 1942 das Leben.

Zeitlebens lag Kolb wegen ihrer halbfranzösischen Herkunft an einer Verständigung zwischen beiden Ländern. Auch deswegen emigrierte sie 1933 und kehrte erst 1945 zurück. Sie hatte sich in der Heimat einen Namen gemacht mit Romanen wie „Das Exemplar" (1913) und „Die Schaukel" (1934). Unter dem Titel „Memento" kamen 1960 die Erinnerungen der 90-Jährigen heraus.

Annette Kolb
* München 3. Februar 1870, † ebendort 3. Dezember 1967, deutsche Schriftstellerin

Ada Negri
* Lodi 3. Februar 1870, † Mailand 1. Januar 1945, italienische Schriftstellerin

Aus einfachsten Verhältnissen stammend, behandelte Negri in ihren Gedichtbänden („Schicksal", 1892; „Stürme", 1894) Themen aus der Alltagswelt der Arbeiter. Beim ausbrechenden Ersten Weltkrieg wandelte sich ihre Perspektive hin zu religiösen Motiven („Das Buch Maras", 1919). Auch Erzählungen („Einsame Frauen", 1917) und der Roman „Frühdämmerung" (1921) entstanden.

Rosa Luxemburg
* Zamość bei Lublin 5. März 1870, † Berlin 15. Januar 1919, deutsche Politikerin

Luxemburg ging 1899 nach Berlin, trat in die SPD ein und profilierte sich als Linksaußen mit Schriften wie „Die Akkumulation des Kapitals" (1913). Als Kriegsgegnerin lange in Haft, gehörte sie 1916 zu den Gründern des Spartakus-Bundes und 1918 zu denen der KPD. Bei Unruhen in Berlin fiel sie Freikorpsmännern in die Hände und wurde nach Misshandlungen ermordet.

Marianne Weber
* Oerlinghausen im Teutoburger Wald 2. August 1870, † Heidelberg, 12. März 1954, deutsche Frauenrechtlerin

Seit 1893 verheiratet mit dem Soziologen Max Weber, engagierte sich Marianne in der Frauenbewegung und war von 1919–1923 Vorsitzende des Bundes Deutscher Frauenvereine. Sie gab die Schriften ihres 1920 verstorbenen Mannes heraus und schrieb selbst viel beachtete Untersuchungen wie „Beruf und Ehe" (1906), „Die neue Frau" (1914), „Die Frauen und die Liebe" (1935).

Maria Montessori
* Chiaravalle bei Ancona 31. August 1870, † Noordwijk aan Zee 6. Mai 1952, italienische Pädagogin

Obwohl Montessori es geschafft hatte, als erste Frau Italiens Ärztin zu werden, wandte sie sich der Pädagogik zu. Sie entwickelte das Konzept der Förderung der Selbstbildungskräfte des Kindes. Dazu schuf sie geeignetes Werk- und Spielzeug, das Kreativität und soziale Fähigkeiten stärken soll. In aller Welt entstanden bald schon Montessori-Kindergärten und Montessori-Schulen.

Das Medizinstudium brach Rubinstein ab, weil sie vor der antisemitischen Stimmung in Polen ausweichen wollte. Sie eröffnete 1902 in Melbourne ihren ersten Schönheitssalon. Es folgten weitere in aller Welt, bis sie schließlich von den USA aus über ein globales Imperium von 100 Niederlassungen mit 30 000 Beschäftigten gebot. Sie gehörte außerdem zu den großen Kunstmäzenen.

Enrica von Handel-Mazzetti
* Wien 10. Januar 1871, † Linz/Donau 8. April 1955, österreichische Schriftstellerin

Helena Rubinstein
* Krakau 25. Dezember 1870, † New York 1. April 1965, amerikanische Kosmetik-Unternehmerin

Vater katholischer Offizier, Mutter evangelische Adlige – das gab Handel-Mazzetti ihr Thema vor: Sie behandelte den Konflikt der Konfessionen im Geist des katholischen Barock. So in der Roman-Trilogie „Meinrad Helmpergers denkwürdiges Jahr" (1900), „Jesse und Maria" (1906) und „Die arme Margaret" (1910). Ihr religiöses Engagement isolierte Handel-Mazzetti unter der NS-Herrschaft.

**Franziska („Fanny")
Gräfin zu Reventlow**
* Husum 18. Mai
1871, † Muralto bei
Locarno 26. Juli 1918,
deutsche Schriftstel-
lerin

Schon 1886 erschienen erste Gedichte und
Erzählungen von Deledda in Zeitungen. Und
schon hier zeigte sich die „Anschaulichkeit und
Klarheit", für die sie 1926 mit dem Nobelpreis
ausgezeichnet wurde. Land und Leute ihrer sar-
dischen Heimat prägten Romane wie „Schilf-
rohr im Wind" (1913), „Marianna Sirca" (1915),
„Die Mutter" (1920) und „Annalena Bilsini"
(1927).

Grazia Deledda
* Nuoro (Sardinien)
27. September 1871,
† Rom 15. August
1936, italienische
Schriftstellerin

Die junge Reventlow war seit 1893 Mittelpunkt
eines leichtlebigen Kreises von Literaten,
Gelehrten und Künstlern in München-Schwa-
bing und erregte mit ihrer von keinen Tabus
gehemmten Lebensführung Aufsehen. In ihren
Romanen porträtierte sie oft karikierend und
Namen kaum verhüllend die eigene Szene:
„Herrn Dames Aufzeichnungen" (1913) oder
„Der Geldkomplex" (1916).

Seit 1915 kämpfte Kollontai an der Seite der Bolschewisten und war nach der Oktoberrevolution 1917 unter Lenin Volkskommissarin für
das soziale Wohl; später diente sie als Botschafterin in mehreren Ländern. Sie entwickelte die
Theorie, nach der die sozialistische Revolution
nur auf der Basis völliger Gleichberechtigung
der Geschlechter vollendet werden könne.

Alexandra Kollontai
* Sankt Petersburg
31. März 1872,
† Moskau 9. März
1952, russische
Politikerin

Emily Carr
* Victoria (British
Columbia)
13. Dezember 1871,
† ebendort 2. März
1945, kanadische
Malerin

Nach Kunststudien in San Francisco und London zog es Carr in die kanadische Wildnis zu
den Indianern, deren Leben sie mit ihrer Malerei festhielt und die ihren Stil durch die Kunst
der Totempfähle beeinflussten. Nach einem
Aufenthalt in Paris 1910 mischten sich impres-
sionistische Elemente in ihre Bildauffassung.
Nach Carr ist die Kunsthochschule in Vancou-
ver benannt.

Alice Salomon
* Berlin 19. April 1872, † New York 30. August 1948, deutsche Frauenrechtlerin

In diesen Kreisen etwas Seltenes: Gegen manchen Widerstand kam es 1894 zur Liebesheirat zwischen Alexandra und dem soeben inthronisierten Zaren Nikolaus II. Die Kälte, die der Hof sie spüren ließ, ließ die Zarin ab 1904 in Abhängigkeit des „Wunderheilers" Rasputin flüchten, der beim Volk verhasst war. Die Kriegsnot führte 1917 zur Oktoberrevolution und zur Ermordung der gesamten Zarenfamilie.

Alexandra
ursprünglich Victoria Alice („Alix") von Hessen,* Darmstadt 25. April 1872, † Jekaterinburg am Ural 16. Juli 1918, russische Zarin

Seit 1900 gehörte Salomon dem Bund Deutscher Frauenvereine an und war bald Vizepräsidentin. Als es 1920 um die Besetzung des Vorsitzes ging, wurde sie aus Sorge vor antisemitischen Attacken übergangen. Salomon konzentrierte sich auf die Arbeit für die von ihr 1908 gegründete Soziale Frauenschule in Berlin, konnte das aber auch nur bis 1933 – dann musste sie fliehen.

Emily Wilding Davison
* London 11. Oktober 1872, † Epsom 8. Juni 1913, englische Frauenrechtlerin

Ihre Erbitterung über die politische Rechtlosigkeit der Frauen führte Davison zu den Suffragetten, also zu denen, die das Frauenwahlrecht forderten (französisch „suffrage" = Stimmabgabe). Sie beschloss, ein Zeichen zu setzen, indem sie sich beim Derby in Epsom vor das Pferd des Königs warf. Sie erlag ihren Verletzungen. Die Frage des Frauenwahlrechts aber blieb akut.

Thérèse von Lisieux
* Alençon (Normandie) 2. Januar 1873,
† Lisieux 30. September 1897, französische Mystikerin

Als Marie-Françoise Martin geboren, wünschte sie sich schon als junges Mädchen, Karmelitin zu werden. Mit 16 Jahren wurde sie in Lisieux (Normandie) unter dem Namen Theresia in den Orden aufgenommen. In unablässigem Gebet suchte sie Gott für sich zu erfahren. Dahinter standen auch gewisse Ängste, wie sie in ihrem 1897 erschienenen, sehr erfolgreichen Buch „Geschichte einer Seele" bekannte.

Sidonie-Gabrielle Colette
* Saint-Sauveur-en-Puisaye (Burgund) 28. Januar 1873,
† Paris 3. August 1954, französische Schriftstellerin

Erste Erfolge errang Colette 1900–1903 mit vier „Claudine"-Romanen über das Flüggewerden einer jungen Frau. Es folgten größere Erzählungen über den bürgerlichen Alltag und die Wechselbäder der Gefühle, wobei autobiografische Züge mitspielen: „Komödianten" (1913), „Mitsou" (1919), „Cherie" (1920) und „Gigi" (1945). Die junge Colette war auch Tänzerin und Sängerin und sorgte mit einem unkonventionellen Liebesleben für Aufsehen.

Dorothy Miller Richardson
* Abingdon (Oxfordshire) 17. Mai 1873,
† Beckenham bei London 17. Juni 1957, englische Schriftstellerin

Die Lehrerin Richardson begann um 1895, noch vor Joyce und Woolf, literarisch mit inneren Monologen zu experimentieren und brachte diese Erzähltechnik in dem riesigen Romanzyklus „Pilgrimage" zur vollen Entfaltung. Zwölf Bände erschienen 1915–1938, ein 13. aus dem Nachlass 1967. Im Mittelpunkt stehen (autobiografisch gefärbte) Gedanken und Impressionen der Lehrerin Miriam Henderson.

Olga Forsch

* Festung Gunib (Dagestan) 28. Mai 1873, † Leningrad 17. Juli 1961, russische Schriftstellerin

Die gelernte Zeichenlehrerin Forsch bemühte sich entsprechend um Detailgenauigkeit und sorgfältige Herausarbeitung der Charaktere in ihren Romanen. Ihr Hauptwerk „Die Kaiserin und der Rebell" (Trilogie 1929–1932) galt dem Kämpfer gegen die Leibeigenschaft Radischtschew aus dem 18. Jahrhundert. 1953 erschien ihr Roman über die Rebellion der Dekabristen 1825.

Lulu von Strauß und Torney

* Bückeburg 20. September 1873, † Jena 19. Juni 1956, deutsche Schriftstellerin

Tief prägte von Strauß und Torney die heimatliche Landschaft und das Erlebnis der kargen Nordseeküste. Erste Gedichte und Balladen seit 1898 spiegeln das ebenso wie die Erzählungen („Bauernstolz", 1901) und Romane („Der Jüngste Tag", 1922). Damit geriet sie in die Nähe der Blut-und-Boden-Poesie und wurde von der NS-Kultur vereinnahmt (Gedichtband „Erde der Väter", 1936).

Bäumer empfand sich als „Wahltochter" Helene Langes, deren Stütze sie wurde. 1910–1920 war Bäumer Vorsitzende des Bundes Deutscher Frauenvereine und Mitherausgeberin des „Handbuchs der Frauenbewegung" (fünf Bände seit 1901). Neben Abhandlungen zur Frauenfrage und politischen Artikeln schrieb sie romanhafte Biografien wie „Adelheid – Mutter der Königreiche" (1936).

Gertrud Bäumer

* Hohenlimburg 12. September 1873, † Bethel 25. März 1954, deutsche Frauenrechtlerin und Schriftstellerin

Die Erschließung des amerikanischen Westens durch Siedler ist das zentrale Thema der Romane von Cather, die diese Pionierzeit verklären: „Das Haus des Professors" (1925), „Der Tod kommt zum Erzbischof" (1927), „Schatten auf dem Fels" (1931). Für die große Erzählung „Einer von uns" (1922) erhielt sie im Jahr nach dem Erscheinen den begehrten Pulitzerpreis.

Willa Sibert Cather

* Winchester (Virginia) 7. Dezember 1873, † New York 24. April 1947, amerikanische Schriftstellerin

Aus deutsch-jüdischer Einwandererfamilie stammend, lebte Stein seit 1903 in Paris, wo ihr Salon in den 1920er-Jahren Treffpunkt von Malern (Picasso, Matisse) und Schriftstellern (Hemingway, Dos Passos) wurde. Diesen Kreis der „Lost Generation" beeinflusste sie mit experimenteller, auf Klang und Wiederholung setzender Lyrik und Prosa („Drei Leben", 1909). Bemerkenswert ist auch ihre lebenslange Beziehung zu Alice B. Toklas.

Amy Lowell
* Brookline (Massachusetts) 9. Februar 1874, † ebendort 12. Mai 1925, amerikanische Schriftstellerin

Gertrude Stein
* Allegheny (Pennsylvania) 3. Februar 1874, † Paris 27. Juli 1946, amerikanische Schriftstellerin

Über Ezra Pound stand Lowell mit den englischen Imagisten in Verbindung, einem Lyrikerkreis, dem es um knappen Ausdruck und prägnante Bildhaftigkeit ging. Ihre eigenen Gedichte leisten das und sind daher fast unübersetzbar. Sie trug sie in ihrem literarischen Salon vor und erörterte sie dort. Für die Sammlung „What's O'Clock" erhielt sie 1926 den Pulitzerpreis.

Ironisch-realistisch distanzierte sich Glasgow in ihren Erzählungen und Romanen von der nostalgischen Haltung zur amerikanischen Geschichte. So beschreibt sie in „Barren Ground" (1925) den Kampf einer Frau um den Erhalt ihrer Farm und in „Bitte mich nicht" (1929) Defekte der bürgerlichen Gesellschaft. Für „So ist das Leben" (1941) erhielt sie den Pulitzerpreis.

**Inès („Inessa")
Armand**
* Paris 8. Mai 1874, † Naltschik (Nordkaukasus) 23. September 1920, französisch-russische Revolutionärin

Ellen Glasgow
* Richmond (Virginia) 22. April 1874, † ebendort 22. November 1945, amerikanische Schriftstellerin

Nach dem frühen Tod des Vaters mit einer Tante nach Moskau gekommen, heiratete Armand 1892, gebar fünf Kinder und engagierte sich im „Verein zur Verbesserung des Loses der Frau". Mehrmals verhaftet, ging sie 1910 nach Paris und wurde dort Geliebte und Mitstreiterin Lenins. Sie kehrte mit ihm 1917 nach Russland zurück und nahm an der Oktoberrevolution teil.

Als singende Blumenverkäuferin bekam sie den Namen Mistinguett (von Miss Tinguette, englisch „ting" = heller Klang). Sie trat in diversen Varietés auf, ihr „Wohnzimmer" aber wurde das Moulin Rouge, wohin alle die strömten, die ihre gewagten bis verruchten Nummern sehen wollten. Zahlreiche Affären sagte man Mistinguett nach, die lange mit Maurice Chevalier liiert war.

Da Frauen nur in der Schweiz studieren konnten, ging die hochbegabte Mileva Maric 1896 nach Zürich und lernte dort beim Physikstudium den späteren Ehemann Albert Einstein kennen. Wegen Schwangerschaften blieb ihr ein höherer Abschluss versagt. Sie war für Albert dennoch eine wichtige Partnerin bei der Entwicklung der Relativitätstheorie. 1914 trennten sie sich.

Paula war seit 1898 in Worpswede, hielt sich zu Studien zeitweilig in Paris auf und war seit 1901 mit dem Maler Otto Modersohn verheiratet. Sie malte Kinder, Frauen, Selbstbildnisse und Stillleben, indem sie die charakteristischen Züge fast maskenhaft verstärkte und alles Beiwerk buchstäblich flächig übertönte, so dass das Wesen des Motivs deutlich heraustritt.

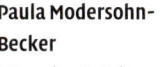

Auch Bruder Augustus John wurde Maler, Gwen schloss sich ihm an und wurde eine Virtuosin der Farbabtönungen. Nach einer gescheiterten Liebesbeziehung zu Rodin hängte John ihr Herz an eine Freundin, die sie aber auf Distanz hielt. Nur jeden Montag durfte sie ihr Bildchen schenken, die sich als „dessins de lundi" 1960 in einem Schrank fanden – kleine Meisterwerke.

Vionnet brauchte keine Skizzen, sondern entwarf ihre Modelle in freiem Schnitt an Holzpuppen, ehe sie in Körpergröße arbeitete. 1912 eröffnete sie ihren ersten Salon und stieg zum Stern am Modehimmel auf. Ihre Technik des Schrägschnitts gegen den Lauf des Fadens ließ die Stoffe die Figur eng umfließen. Seidenmusselin war ihr Lieblingsmaterial. Selbst klein, schuf sie Mode für große, schlanke Frauen.

Madeleine Vionnet
* Aubervilliers bei Paris 22. Juni 1876, † Paris 2. März 1975, französische Modeschöpferin

Elisabeth von Belgien
* Schloss Possenhofen am Starnberger See 25. Juli 1876, † Schloss Stuyvenberg bei Brüssel 23. November 1965, belgische Königin

Der belgische Thronfolger Albert verliebte sich bei einem Urlaub am Starnberger See in Elisabeth, Tochter des Augenarztes und Herzogs Karl Theodor in Bayern. Es wurde eine glückliche Ehe mit drei Kindern. 1934 verunglückte Albert tödlich. Im Krieg kümmerte sich Elisabeth um Verwundete und Flüchtlinge. Besonders am Herzen lag der begabten Geigerin die völkerverbindende Musik.

Mata Hari (eigentlich Margaretha Geertruida Zelle)
* Leeuwarden 7. August 1876, † (erschossen) Vincennes bei Paris 15. Oktober 1917, niederländische Tänzerin

Margaretha lebte einige Zeit auf Sumatra und lernte dort den fast hüllenlosen Tempeltanz. Damit trat sie seit 1905 in Europa auf und nannte sich Mata Hari (= Auge des Tages, Sonne). Im Krieg versuchten Geheimdienste beider Seiten, diese lockende Frau für Aushorchdienste zu verpflichten. Obwohl ihr Spionage nicht nachzuweisen war, wurde sie zum Tod verurteilt.

Gertrud von Le Fort
* Minden 11. Oktober
1876, † Oberstdorf
1. November 1971,
deutsche Schrift
stellerin

Theologie, Geschichte und Philosophie waren
die Studienfächer von Le Fort, die mit ihrem
Roman „Das Schweißtuch der Veronika" (1928)
bekannt wurde. Sie konvertierte zum Katholizismus und gestaltete religiöse Stoffe in Romanen wie „Der Papst aus dem Ghetto" (1930),
„Die Letzte am Schafott" (1931), „Das Gericht
des Meeres" (1943) und „Die Frau des Pilatus"
(1955).

Mit hellen Naturgedichten („Sehnsucht", 1902)
begann die aus Rumänien stammende Prinzen-
tochter Anna, doch trübten schwere Erlebnisse
ihre spätere Lyrik. Einen Übergang markiert die
Sammlung „Die Lebenden und die Toten"
(1913), die Rilke ins Deutsche übertrug. Die
„schöne Gräfin" schrieb auch beachtliche Pro-
satexte, darunter ihre Memoiren „Das Buch
meines Lebens" (1932).

Anna de Noailles
* Paris 15. November
1876, † ebendort
30. April 1933,
französische Schrift-
stellerin

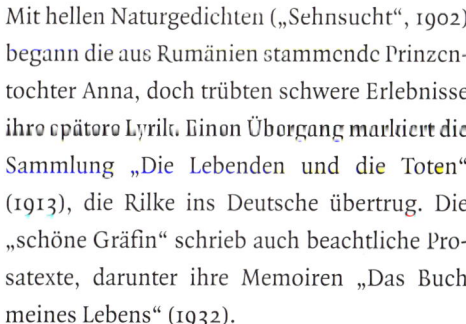

Gabriele Münter
* Berlin 19. Februar
1877, † Murnau am
Staffelsee 19. Mai
1962, deutsche
Malerin

Da Frauen an Kunstakademien nicht zugelassen waren, lernte Münter an der Malschule des Münchener Künstlerinnenver-
eins. Sie begegnete 1902 Kandinsky, der ihr
Lehrer und Gefährte bis 1916 wurde. Prägend für Münter war neben der Gruppe
„Der Blaue Reiter" vor allem die Volkskunst, wie sich an ihren Blumenstillleben
und auch an den Hinterglasbildern ablesen
lässt.

Isadora Duncan
* San Francisco
27. Mai 1877, † Nizza
14. September 1927,
amerikanische
Tänzerin

Schon dem Mädchen Isadora lag der Tanz im Blut, allerdings der selbstbestimmte, von starren Regeln ungehemmte. An ihm hielt sie fest und trat in antikem Gewand, barfuß und ohne Korsett auf. Rasch hatte sie auf den großen Bühnen der Welt mit ihrem ausdrucksstarken Bewegungsfluss Erfolg. Eine Reihe von Duncan-Schulen entstand. Duncan starb bei einem Autounfall, als sich ihr Schal in den Radspeichen verfing.

Inniger als die Jüdin Ury hat wohl keine Autorin das bürgerlich-deutsche Familienleben gestaltet. Ihre zehnbändige „Nesthäkchen"-Reihe erreichte Millionenauflagen. Der Reichsverband Deutscher Schriftsteller schloss sie 1935 aus, was einem Schreibverbot gleichkam. Die Beliebtheit ihrer Bücher und Werke wie „Jugend voraus" (1933), das vor dem Nationalsozialismus die Augen verschloss, bewahrten Ury nicht vor der Deportation ins Vernichtungslager.

Else Ury
* Berlin 1. November
1877, † Auschwitz
13. Januar 1943,
deutsche Schrift-
stellerin

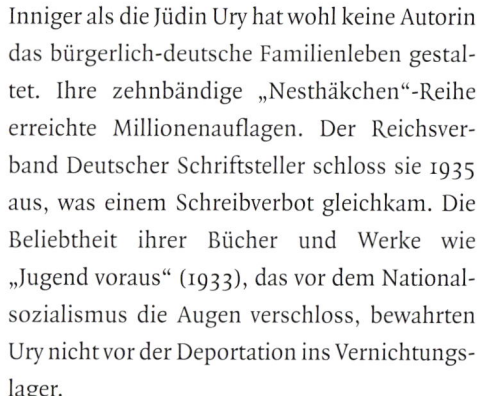

Gemma Galgani
* Camigliano (Tos-
kana) 12. März 1878,
† 11. April 1903, ita-
lienische Mystikerin

Ihr Grabspruch: „Mehr durch Glut der Gottesliebe als durch Krankheit verzehrt." Treffender lässt sich das Leben der 1940 heiliggesprochenen Galgani nicht beschreiben. Schon als Kind Vollwaise, erlebte Gemma 1899 ihre erste Ekstase, bei der sich Jesu Wundmale an ihr zeigten. Das wiederholte sich jeden Donnerstag unter Qualen: „Christus lebt in mir", sagte sie.

Mit einer Arbeit zur Frauenausbildung in gewerblichen Berufen erwarb Lüders 1912 als erste Frau in Deutschland den Doktortitel in Staatswissenschaften. Sie gehörte für die DDP 1919 der Weimarer Nationalversammlung und danach bis 1932 dem Reichstag an. Seit 1953 war sie FDP-Abgeordnete im Bundestag und bis zum Ausscheiden 1961 dessen Alterspräsidentin.

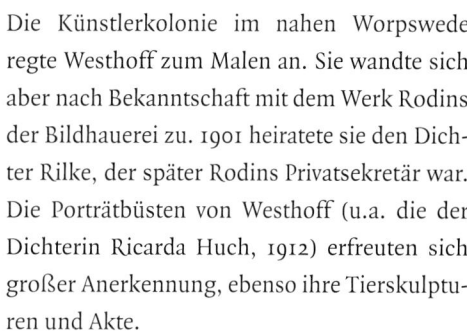

Clara Westhoff
* Bremen 21. September 1878,
† Fischerhude 9. März 1954, deutsche Künstlerin

Marie-Elisabeth Lüders
* Berlin 25. Juni 1878, † ebendort 23. März 1966, deutsche Politikerin

Die Künstlerkolonie im nahen Worpswede regte Westhoff zum Malen an. Sie wandte sich aber nach Bekanntschaft mit dem Werk Rodins der Bildhauerei zu. 1901 heiratete sie den Dichter Rilke, der später Rodins Privatsekretär war. Die Porträtbüsten von Westhoff (u.a. die der Dichterin Ricarda Huch, 1912) erfreuten sich großer Anerkennung, ebenso ihre Tierskulpturen und Akte.

Lise Meitner
* Wien 17. November 1878, † Cambridge 27. Oktober 1968, österreichisch-schwedische Physikerin

Während Hahn und Straßmann 1938/39 noch darüber staunten, dass ihre Uranatomkerne durch Neutronenbeschuss „zerplatzt" waren, erkannte und benannte Meitner das Epochale des Ereignisses: die Kernspaltung. Die Berliner Professorin (seit 1919) war wegen ihrer jüdischen Herkunft seit 1938 im schwedischen Exil, arbeitete aber mit den einstigen Kollegen zusammen.

Elizabeth Arden
ursprünglich
Florence
Nightingale Graham
* Woodbridge
(Provinz Ontario)
31. Dezember 1878,
† New York 18. Okto-
ber 1966, amerikani-
sche Kosmetikunter-
nehmerin

Inwieweit Kosmetika zu „umfassender
Schönheit" führen, so die Werbebotschaft
der Arden-Produkte, dürfte fallweise ver-
schieden zu beantworten sein. Reich aber
macht sie ihre Hersteller, wie an Arden
(erster Salon 1910) und ihrer Rivalin Rubinstein zu sehen ist. Großen Erfolg hatte
Arden mit ihrer Idee der Schönheitsfarmen,
die eine längerfristige Behandlung ermög-
lichen.

Zum Doktor der Mathematik promoviert, fand
Bell eine Anstellung als Statistikerin für Medizin und damit ihre wahre Aufgabe. Sie
beschloss, auch noch Medizin zu studieren.
Hier leistete sie einige Pionierarbeit: Sie
erforschte das Martin-Bell-Syndrom (eine erbli-
che Form geistiger Behinderung) und die Ursa-
che bestimmter Fingermissbildungen. (Abbildung: University College London)

Agnes Miegel
* Königsberg (Ost-
preußen) 9. März
1879, † Bad Salz-
uflen 26. Oktober
1964, deutsche
Schriftstellerin

Julia Bell
* Sherwood (Not-
tinghamshire)
28. Januar 1879,
† London 26. April
1979, englische
Genetikerin

Von Ostpreußen geprägte Balladen und
Gedichte standen am Anfang von Miegels literarischer Produktion (1907). Es schlossen sich
romantisch-schwermütige Erzählungen an, in
denen es um Kindheit, Liebe und Tod geht
(„Die schöne Malone", 1926; „Noras Schicksal", 1936). Die NS-Kulturwächter schätzten
Miegels heimatverbundene Erzählkunst; ihr
Erfolg riss danach nicht ab.

Zunächst als Journalistin in der spanischen Heimat und zeitweilig in Chile tätig, gelang Espina y Tagle der Durchbruch als Erzählerin mit dem realistisch-sozialkritischen Roman „Die Sphinx der Maragatos" (1914). Es folgten als weitere Erfolge „Das Metall der Toten" (1920) und „Das Mädchen aus der Mühle" (1921). 1953 erschien als letztes Werk „Eine Novelle der Liebe".

Die Fürstentochter Adjeng Kartini erkannte schon früh, dass die patriarchalischen Traditionen in ihrer Heimat schuld an der Unterdrückung der Frauen waren. Den Mädchen blieb nur die Rolle der Ehefrau und Mutter. Dagegen forderte sie mehr Bildung und gründete 1903 eine Mädchenschule. Sie starb bei der Geburt eines Sohnes; heute gilt sie als Nationalheldin.

Schon die dreijährige Wanda erhielt Klavierunterricht, und bald erwachte in ihr der Wunsch, Barockmusik, insbesondere Bach, auf zeitgenössischen Instrumenten zu spielen. Landowska wandte sich dem Cembalospiel zu und unterrichtete in Paris und Berlin; 1940 ging sie ins US-Exil. Komponisten wie Poulenc oder de Falla schrieben eigens Cembalo-Stücke für sie.

Als „Witwe der vier Künste" wurde Mahler-Werfel bezeichnet, denn sie war 1902–1910 mit Gustav Mahler (Komponist), 1915–1920 mit Walter Gropius (Architekt) und 1929–1945 mit Franz Werfel (Dichter) verheiratet und hatte 1911–1915 eine heftige Affäre mit Oskar Kokoschka (Maler). Zu ihrer „Sammlung" gehörten noch weitere Weltberühmtheiten. Ihr Buch „Mein Leben" (1960) fand entsprechend reges Interesse.

Die hart arbeitenden, stillen Menschen ihrer skandinavischen Heimat sind die „Helden" der Erzählungen und Schauspiele von Jotuni, die sie psychologisch einfühlsam und ohne Beschönigung porträtiert hat. In ihrem Hauptwerk, dem Roman „Alltagsleben" (1909), der in viele Sprachen übersetzt worden ist, mildern Humor und Situationskomik die Nöte der Menschen.

Maria Jotuni (eigentlich Maria Tarkiainen)
* Kuopio 9. April 1880, † Helsinki 30. September 1943, finnische Schriftstellerin

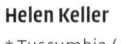

Mit 19 Monaten verlor Keller Gehör und Augenlicht. Mit ungeheurer Energie und der einfühlsamen Hilfe ihrer Lehrerin Anne Sullivan erlernte sie Zeichen für Blinde lesen und schreiben, sodass sie studieren konnte. Ihre Bücher wurden Welterfolge: „Geschichte meines Lebens" (1902), „Dunkelheit" (1913). Sie setzte sich für die Gleichberechtigung der Farbigen ein.

Helen Keller
* Tuscumbia (Alabama) 27. Juni 1880, † Westport (Connecticut) 1. Juni 1968, amerikanische Schriftstellerin

Tilla Durieux (eigentlich Ottilie Godeffroy)
* Wien 18. August 1880, † Berlin 21. Februar 1971, deutsche Schauspielerin

Ausgebildet in Wien, ging Durieux über Breslau nach Berlin, wo sie große Erfolge feierte. 1933–1952 lebte sie im Exil. Schon 1914 hatte sie erste Filmrollen übernommen und wurde weithin bekannt („Prinz Karneval", 1923; „Frau im Mond", 1929), hinzu kamen Fernsehrollen („Die Schwestern", 1957). Im Todesjahr erschienen ihre Memoiren „Meine ersten neunzig Jahre".

Wilhelmina
* Den Haag
31. August 1880,
† Schloss Het Loo
bei Apeldoorn
28. November 1968,
niederländische
Königin

Schon als Zehnjährige erbte Wilhelmina den Thron vom Vater Wilhelm III. und stand bis 1898 unter der Regentschaft ihrer Mutter Emma. Nach drei Jahren der Selbstregierung heiratete sie Herzog Heinrich von Mecklenburg-Schwerin. 1940 flohen Wilhelmina und ihre Regierung ins englische Exil und riefen von dort zum Widerstand gegen die deutschen Besatzer auf. 1948 dankte Wilhelmina zugunsten ihrer Tochter Juliana ab.

Albert Schweitzer traute Elly 1908 mit dem angehenden Politiker und späteren ersten Bundespräsidenten Theodor Heuss. Als gelernte Volkswirtschaftlerin hielt Heuss-Knapp politische Vorträge, die ihr 1933 verboten wurden. Sie wandte sich der Werbung zu und konnte damit das karge Einkommen der Familie sichern. Nach dem Krieg gründete Heuss-Knapp 1950 als Präsidentengattin das Müttergenesungswerk.

**Elly (Elisabeth)
Heuss-Knapp**
* Straßburg
25. Januar 1881,
† Bonn 19. Juli 1952,
deutsche Politikerin

Helene Weber
* Elberfeld 17. März
1881, † Bonn 25. Juli
1962, deutsche
Politikerin

Die Lehrerin Weber engagierte sich im Katholischen Deutschen Frauenbund, gehörte 1919/20 der Weimarer Nationalversammlung an und war 1924–1933 Zentrums-Abgeordnete im Reichstag. 1948 war sie eine der vier „Mütter" des Grundgesetzes, und 1949–1961 saß sie für die CDU im Bundestag. Nach dem Tod von Elly Heuss-Knapp leitete Weber seit 1952 das Müttergenesungswerk.

Natalja Gontscharowa
* Ladyschino bei Tula
16. Juni 1881, † Paris
17. Oktober 1962,
russische Malerin

Mit ihrem späteren Mann Larionow entwickelte Gontscharowa zu Beginn des 20. Jahrhunderts den Rayonismus (rayon = Strahl), der für die Malerei die „Vierte Dimension", das Licht, erschließen wollte. Dabei nahm Gontscharowa Impulse der Volkskunst auf und schuf packende Bühnenbilder. 1917 ging sie mit ihrem Mann ins Exil nach Paris, wo sie ihre ersten Erfolge gefeiert hatte.

Rose Macaulay
* Rugby 1. August
1881, † London
30. Oktober 1958,
englische Schrift-
stellerin

Zunächst machte sich Macaulay mit literaturkritischen Arbeiten einen Namen, ehe sie selbst mit Romanen auftrat, in denen sie ironisch die Absonderlichkeiten der englischen Gesellschaft und ihr naives Vertrauen auf den Fortschritt und die Stabilität der Kultur aufs Korn nahm: „Gefährliche Jahre" (1921), „Irrwege" (1926), „Tante Dot, das Kamel und ich" (1956).

Asta Nielsen
* Kopenhagen
11. September 1881,
† ebendort 25. Mai
1972, dänische
Schauspielerin

Nielsen trat 1910 in einer ersten Filmrolle auf und wurde vor allem in deutschen Produktionen der erste große Kinostar („Der fremde Vogel", 1911; „Engelein", 1914). In den 1920er-Jahren spielte sie in Literaturverfilmungen („Hamlet", 1921). Im Tonfilm kamen ihre mimischen Stärken nicht mehr zur Geltung; sie lehnte alle Rollen ab. Dem Theater blieb sie treu.

Marie Hamsun
* Elverum (Hedmark)
19. November 1881,
† Gut Nørholm bei
Grimstad 5. August
1969, norwegische
Schriftstellerin

Es gehörte Mut dazu, trotz ihres als Romancier weltberühmten Mannes Knut Hamsun zu schreiben. Es gelang Marie aber, einen von ihm zwar inspirierten, aber doch ganz eigenen Ton zu treffen und selbst Weltruhm zu erwerben. Ihre fünf Romane über die „Langerudkinder" erschienen zwischen 1924 und 1932, ihre Erinnerungen „Die letzten Jahre mit Knut Hamsun" 1959.

Virginia Woolf
* London 25. Januar
1882, † bei Lewes
(Sussex) 28. März
1941, englische
Schriftstellerin

Woolf berichtet in ihrem Erzählwerk weniger über ihre Figuren als aus ihnen heraus. Gedanken, Eindrücke, Empfindungen bilden das Geflecht der Seelen: „Mrs. Dalloway" (1925), „Die Fahrt zum Leuchtturm" (1927), „Orlando" (1928), „Die Wellen" (1931). An schweren Depressionen leidend und in quälender Angst, den Verstand zu verlieren, ertränkte sich Woolf in einem Fluss.

**Fritzi Massary
(eigentlich
Friederika
Massaryk)**

* Wien 21. März
1882, † Beverly Hills
31. Januar 1969,
österreichische
Schauspielerin
und Sängerin

Nach Engagements an Wiener Bühnen stieg
Massary zur umjubelten Sopranistin des Berliner Metropol-Theaters auf. Sie sang die Hauptrollen in den Operetten von Paul Lincke, Franz
Léhar, Johann Strauß und Jacques Offenbach
und nahm an Plattenaufnahmen teil. Im Film
machte sie sich rar („Die Rose von Stambul",
1919). Ihre jüdische Herkunft zwang sie 1933
ins Exil.

An den Schilderungen von Undset meint man
abzulesen, dass sie eigentlich Malerin hatte
werden wollen. Sie stellte aus katholischer
Sicht das Schicksal von Frauen dar, die an den
Konventionen scheitern („Jenny", 1911). Ihr
Hauptwerk galt jedoch einem Stoff aus norwe-
gischer Vergangenheit: „Kristin Lavranstoch-
ter" (1920–1922). 1928 erhielt sie den Nobelpreis.

Sigrid Undset

* Kalundborg (Däne-
mark) 20. Mai 1882,
† Lillehammer
10. Juni 1949, nor-
wegische Schrift-
stellerin

Elly Ney

* Düsseldorf 27. Sep-
tember 1882, † Tut-
zing 31. März 1968,
deutsche Pianistin

Obwohl – oder weil – sie von 1921 an zehn
Jahre in den USA gelebt hatte, begrüßte
Ney die „deutsche Revolution" und den
Antisemitismus Hitlers. Sie stellte ihre Kla-
vierkunst ganz in den Dienst des Dritten
Reiches. Dennoch konnte sie nach 1945
ihre Karriere nahezu bruchlos fortsetzen
und wurde bis ins hohe Alter für ihre Beet-
hoven-Interpretationen gefeiert.

Beim Studium in Washington und Dresden entwickelte Cunningham ihre Foto-Bildsprache, eröffnete 1910 ein eigenes Studio in Seattle und wurde mit Pflanzenaufnahmen und Porträts von ausgeprägter Klarheit und Tiefe bekannt. Stars wie Cary Grant und James Cagney ließen sich von ihr ablichten. Auch ihre ästhetisch anspruchsvollen Aktfotografien fanden Anerkennung.

Imogen Cunningham
* Portland (Oregon) 12. April 1883, † San Francisco 24. Juni 1976, amerikanische Fotografin

Nina Ricci (eigentlich Maria Nielli)
* Turin 14. Januar 1883, † Paris 29. November 1970, französisch-italienische Modeschöpferin

Lange arbeitete die seit 1895 in Frankreich lebende Maria für andere Häuser, ehe sie sich 1932 unter dem Namen Nina Ricci selbstständig machte. Ihre Entwürfe zeichneten sich durch Raffinement, feminine Eleganz und Figurbetonung aus. Nach dem Krieg sorgte sie energisch für einen Neubeginn; in den 1950er-Jahren zog sie sich allmählich zurück und übergab an Sohn Robert.

Ada (Adele) Lessing
* Hannover 16. Februar 1883, † Hameln 10. November 1953, deutsche Pädagogin

Praktische Überlegungen brachten Chanel 1916 auf die Idee, einen Stil zu kreieren, der mit nur wadenlangem Rock und leicht geschürztem Oberteil viel Bewegungsfreiheit mit Schwung und Reiz verband. Sie entwickelte ein Jahrzehnt später aus ähnlichen Erwägungen heraus das „Kleine Schwarze" und in den 1950er-Jahren den Tweedrock zum bordierten Jäckchen – noch heute „Chanel-Kostüm" genannt. Sie arbeitete bis ins hohe Alter.

Coco Chanel (eigentlich Gabrielle Chasnel)
* Saumur 19. August 1883, † Paris 10. Januar 1971, französische Modeschöpferin

Seit 1912 mit dem Philosophen Theodor Lessing verheiratet, war Ada an der Volkshochschule tätig. Bei wachsender antijüdischer Hetze gegen ihren Mann verloren beide ihre Posten. Er wurde 1934 von Nazi-Agenten ermordet, sie entkam 1937 nach England. 1946 kehrte sie zurück und übernahm Aufbau und Leitung des Lehrerfortbildungsheims Schloss Schwöber bei Hameln.

Nicht gerade zeitüblich: Erst nach acht Jahren des Zusammenlebens und drei Töchtern wurden der Bildhauer Max Kruse und Käthe 1910 getraut. Da die handelsüblichen Puppen ihnen nicht gefielen, begann Käthe mit der Herstellung eigener. Die stumpfnasigen Dinger mit den niedlichen Bäckchen wurden ein Welterfolg. Seit 1934 entstanden auch Schaufensterpuppen.

Hermynia zur Mühlen
* Wien 12. Dezember 1883, † Radlett (Hertfordshire) 30. März 1951, österreichische Schriftstellerin

Käthe Kruse
* Breslau 17. September 1883, † Murnau am Staffelsee 19. Juli 1968, deutsche Kunsthandwerkerin

Der Vater ein hochadliger Diplomat, der erste Ehemann ein baltischer Gutsbesitzer – gute Startbedingungen, aber auch Grund der Einsicht von zur Mühlen, dass die irdischen Güter ungerecht verteilt seien. Sie wurde zur Kommunistin und zur Erzählerin proletarischer Märchen und Schicksale („Ende und Anfang", 1929). Die gefragte Übersetzerin ging 1933 ins Exil.

Ivy Compton-Burnett
* London 5. Juni 1884, † ebendort 27. August 1969, englische Romanschriftstellerin

Die angeblich heile Welt der britischen Gesellschaft vor dem Ersten Weltkrieg war das Thema von Compton-Burnett, die hinter die Kulissen schaute. Die von ihr in Dialogen geschilderten Familienkonflikte stehen für die Risse im sozialen Gefüge. Zu den Hauptwerken zählen „Eine Familie und ein Vermögen" (1939), „Eltern und Kinder" (1941), „Ein Gott und seine Gaben" (1963).

Agnes von Zahn-Harnack
* Gießen 19. Juni 1884, † Berlin 22. Mai 1950, deutsche Frauenrechtlerin

Seit 1914 in der deutschen Frauenbewegung aktiv, gehörte Zahn-Harnack 1926 zu den Gründerinnen des Deutschen Akademikerinnenbundes. Im Dritten Reich zog sie sich aus der Öffentlichkeit zurück und verkehrte in oppositionellen Kreisen. Unmittelbar nach Kriegsende gründete sie den Berliner Frauenbund 1945, der sich für Gleichberechtigung und Friedenspolitik einsetzte.

Ihren Dr. med. machte Deutsch 1912 in Wien nach Eheschließung mit dem Arzt Felix Deutsch. Sie arbeitete in der Psychiatrie, wurde 1918 von Freud psychoanalytisch behandelt und wandte sich seiner Wissenschaft zu, deren Defizite hinsichtlich der weiblichen Seele sie untersuchte („Psychologie der Frau", 1944–1953). 1935 ging sie ins US-Exil und war bis zu ihrem Tod Professorin in Boston.

Eleanor Roosevelt
* New York 11. Oktober 1884, † ebendort 7. November 1962, amerikanische Politikerin

Helene Deutsch
* Przemyśl 9. Oktober 1884, † Cambridge (Massachusetts) 29. März 1982, polnisch-amerikanische Psychoanalytikerin

Sie war eine Nichte von US-Präsident Theodore Roosevelt und heiratete 1905 ihren entfernten Cousin Franklin Delano Roosevelt, der 1933 US-Präsident wurde und bis zum Tod 1945 amtierte. In dieser Zeit hatte Eleanor kaum offizielle Ämter, aber immensen Einfluss auf das Programm des New Deal ihres Mannes. 1946–1951 war sie Vorsitzende der UN-Kommission für Menschenrechte.

Claire Waldoff (eigentlich Clara Wortmann)
* Gelsenkirchen 21. Oktober 1884, † Bad Reichenhall 21. Januar 1957, deutsche Sängerin und Schauspielerin

Aus dem Ruhrpott in die Hauptstadt, von der Gastwirtstochter zum Bühnenstar – diese Karriere erarbeitete sie sich herbei mit einem fast männlichen Organ, Berliner Schnauze und Gassenhauern wie „Wer schmeißt denn da mit Lehm?" oder „Hermann heeßter". Sie war die wohl beliebteste Kabarettistin vor der Nazi-Zeit und führte mit Lebensgefährtin Olga von Roeder einen Salon.

Emmy Ball-Hennings
* Flensburg 17. Februar 1885, † Sorengo bei Lugano 10. August 1948, deutsche Schriftstellerin

Zunächst Schauspielerin, arbeitete Ball-Hennings wohl auch als Prostituierte. Als freie Mitarbeiterin des „Simplicissimus" lernte sie 1914 den Schriftsteller Hugo Ball kennen, heiratete ihn und ging mit ihm in die Schweiz, wo sie mit anderen das „Cabaret Voltaire" gründeten, Keimzelle des Dadaismus. 1943 erschienen ihre Memoiren: „Das flüchtige Spiel. Wege und Umwege einer Frau". Einer ihrer engsten Freunde war Hermann Hesse.

„Jenseits von Afrika" – dieser mit vielen Oscars ausgezeichnete Film basiert auf den Erinnerungen von Blixen an ihre Jahre auf einer Kaffeefarm in Kenia und auf ihrem Bestseller „Afrika, dunkel lockende Welt" (1937). Meisterhaft beherrschte Blixen, die sich auch Isak Dinesen nannte, die kleine Erzählform („Schicksalsanekdoten", 1955), darunter die vitale Novelle „Babetts Gastmahl".

Tania Blixen (eigentlich Karen Christence von Blixen-Finecke)
* Rungstedlund bei Kopenhagen 17. April 1885, † ebendort 7. September 1962, dänische Schriftstellerin

Ina Seidel
* Halle an der Saale 15. September 1885, † Schäftlarn bei München 2. Oktober 1974, deutsche Schriftstellerin

Tiefe protestantische Gläubigkeit, die aus vielen Werken spricht, hinderte Seidel nicht daran, Hymnen auf Hitler zu singen. 1959 versuchte sie im Roman „Michaela" ihre Haltung zu rechtfertigen. Auch ihre anderen gelungenen Romane sind dadurch beschädigt: „Das Labyrinth" (1922), „Das Wunschkind" (1930), „Unser Freund Peregrin" (1940), „Das unverwesliche Erbe", 1954).

Sonia Delaunay
* Odessa 14. November 1885, † Paris 5. Dezember 1979, russisch-französische Malerin

Seit 1910 mit dem französischen Maler Delaunay verheiratet, entwickelte sie in Paris mit ihm den sogenannten Orfismus, eine Variante der abstrakten Malerei, in der Farbkreise dominieren. Damit wollten sie der „reinen Musik" die „reine Kunst" gegenüberstellen. Auf dieser Basis entwarf Sonia Delaunay auch faszinierende Theaterkulissen, Kostüme und Stoffmuster.

Hilda Doolittle
* Bethlehem (Pennsylvania) 10. September 1886, † Zürich 27. September 1961, amerikanische Lyrikerin

H.D., so kürzte sie ihren Namen fast immer ab, war eine der wichtigen Vertreterinnen des Imagismus, einer poetischen Richtung, die auf schmückendes Beiwerk verzichtete und Wert auf Bildhaftigkeit legte. Ihre Gedichte („Sea Garden", 1916) sind daher nur schwer übersetzbar. Doolittle schulte ihre Sprache durch Übertragungen aus dem Altgriechischen (Euripides).

Die Anglisierung ihres Namens rührte daher, dass Wigman schon als Kind stets „Mary" gerufen wurde. Sie reifte seit 1912 zur Ausdruckstänzerin in Rudolf Labans „Schule für Kunst" auf dem Monte Verità (Schweiz), gründete 1920 eine eigene Schule in Dresden und verlegte sie 1949 nach West-Berlin. Eine Art Vermächtnis ist ihr Buch „Die Sprache des Tanzes" (1963).

Mary Wigman (eigentlich Marie Wiegmann)
* Hannover 13. November 1886, † Berlin 19. September 1973, deutsche Tänzerin und Choreografin

Helen Parkhurst
* Durand (Wisconsin)
3. Januar 1887,
† New Milford
(Connecticut) 1. Juni
1973, amerikanische
Pädagogin

Die Menschen ihrer provenzalischen Heimat sind die Helden ihrer einfach geschriebenen und kunstvoll komponierten Romane. Sieben davon bilden ihr Hauptwerk, den Zyklus „Les Desmichels" (1937–1949), von denen der erste unter dem Titel „Liebe, Brot der Armen" besonders bekannt wurde. Ihre Erinnerungen nannte sie „Moi – Ein Leben aus vollem Herzen" (1949–1955).

Parkhurst sammelte erste Erfahrungen als Lehrerin an einer Zwergschule, ging dann zu Studien nach Europa und informierte sich bei Maria Montessori über deren Pädagogik. Als Leiterin einer Schule in Massachusetts seit 1916 entwickelte sie ein daran angelehntes Konzept (Daltonplan) des selbstständigen, individuellen Lernens zur Stärkung der Lebenstüchtigkeit.

Thyde Monnier (eigentlich Mathilde Monnier)
* Marseille 23. Juni
1887, † Nizza
18. Januar 1967,
französische Schriftstellerin

Dame Edith Sitwell
* Scarborough
7. September 1887,
† London 9. Dezember 1964, englische
Schriftstellerin

Aus altadliger Familie stammend, erregte Sitwell durch ihre experimentelle Lyrik Aufsehen, mehr noch durch ihr Auftreten in Brokatgewändern und mit Schmuck behängt. Mit zwei Brüdern bildete sie in London den Dichter-Klub „Die Sitwells". Ihre bekannteste Gedichtsammlung war „Façade, and other Poems 1920–1935". Ihre Memoiren nannte sie „Mein exzentrisches Leben".

Lil Dagover (ursprünglich Maria Seubert, verheiratete Daghofer)
* Madiun (Java) 30. September 1887, † Grünwald bei München 23. Januar 1980, deutsche Schauspielerin

In ersten Stummfilmen seit 1913 erwarb sich Dagover unter Regisseuren wie F. W. Murnau und Fritz Lang den Ruf der feinen Dame. Ihre Ausbildung auch zur Bühnenschauspielerin (Deutsches Theater, Salzburger Festspiele) kam ihr beim Wechsel zum Tonfilm zugute: „Der Kongress tanzt" (1930), „Kreutzersonate" (1937), „Königliche Hoheit" (1953), „Die seltsame Gräfin" (1961).

Paula von Preradović
* Wien 12. Oktober 1887, † ebendort 25. Mai 1951, österreichische Schriftstellerin

Ein bedeutendes Zeitzeugnis sind die erst 1995 herausgegebenen Tagebücher von Preradović die als Verfasserin der österreichischen Nationalhymne bekannt wurde: „Land der Berge, Land am Strome/Land der Äcker, Land der Dome ..." Von ihren weiteren Werken sind zu nennen: „Dalmatinische Sonette" (1933), „Lob Gottes im Gebirge" (1936), „Ritter, Tod und Teufel" (1946).

Von 1905 bis 1908 studierte O'Keeffe in Chicago und New York. Sie schlug sich später als Grafikerin und Aushilfslehrerin durch. Ihr zeichnerisches und farbiges Schaffen (Aquarelle, Stillleben, Landschaften) wuchs derweil auf über 2000 Werke an, die oft ins Abstrakte verweisen. Ihre Blumenbilder erzielten hohe Preise. Sehschwäche beeinträchtigte im hohen Alter ihre Arbeit.

Georgia O'Keeffe
* Sun Prairie (Wisconsin) 15. November 1887, † Santa Fe (New Mexico) 6. März 1986, amerikanische Malerin

Vicki Baum

* Wien 24. Januar
1888, † Los Angeles
29. August 1960,
österreichische
Schriftstellerin

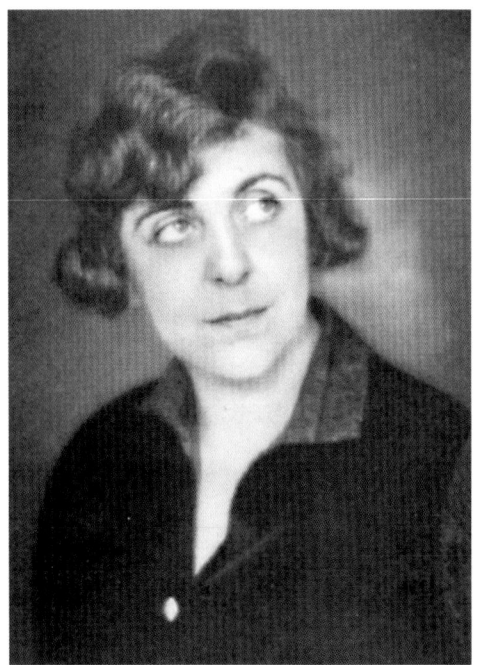

Zunächst schwebte Baum eine musikalische Karriere vor. Seit 1914 begann sie, Romane zu schreiben. Mit „Stud. chem. Helene Willfüer" gelang ihr 1928 der Durchbruch und mit „Menschen im Hotel" (1929) ein Welterfolg. Zur Verfilmung mit Greta Garbo in die USA eingeladen, blieb sie dort als Jüdin im Exil. Weitere Romane: „Die große Pause" (1939), „Marion" (1954).

Gegen erhebliche Widerstände schloss Sintenis ihr Studium an der Berliner Kunstgewerbeschule ab und wurde mit ihren Kleinplastiken junger Tiere in den 1920er-Jahren bekannt (darunter eine Version des Berliner Bären). Die Nazis erteilten ihr Arbeitsverbot und zerstörten einige ihrer Werke. Nach dem Krieg konnte sie ihr Schaffen mit großem Erfolg fortsetzen.

Renée (Renate Alice) Sintenis

* Glatz (Schlesien)
20. März 1888, † Berlin 22. April 1965,
deutsche Bildhauerin

Elsa Brändström

* Petersburg 26. März
1888, † Cambridge
(Massachusetts)
4. März 1948, schwedische Philanthropin

Die Diplomatentochter Brändström ging im Ersten Weltkrieg als Rot-Kreuz-Delegierte nach Sibirien zur Betreuung und Rückführung der deutschen Gefangenen. In Deutschland selbst half sie beim Aufbau von Heimen für Kriegswaisen. Durch Vorträge in aller Welt beschaffte sie das nötige Geld. 1933 in die USA emigriert, baute sie dort ein Hilfsnetz für Nazi-Verfolgte auf.

Katherine Mansfield (eigentlich Kathleen Beauchamp)
* Wellington
14. Oktober 1888,
† Fontainebleau
9. Januar 1923,
neuseeländische Schriftstellerin

Die schönen Tage ihrer neuseeländischen Kindheit beschäftigen Mansfield, die später in London lebte, in vielen ihrer Erzählungen. Der Rückblick trägt aber auch schwermütige Züge; bekannt die Kurzgeschichtensammlungen: „In einer deutschen Pension" (1911), „Seligkeit" (1920), „Das Gartenfest" (1922), „Das Taubennest" (1923), „Etwas Kindliches" (postum 1924). Sie starb mit nur 42 Jahren an Tuberkulose.

Obwohl ihr ihre homosexuelle Veranlagung bewusst war, heiratete Winsloe 1913 einen ungarischen Gutsbesitzer und wurde Ungarin. Nach dem baldigen Scheitern der Ehe ging sie nach Berlin und hatte dort mit dem Drama „Gestern und Heute" (1930) Erfolg; es wurde 1931 nach ihrem Drehbuch unter dem Titel „Mädchen in Uniform" verfilmt (erneut 1958 mit Romy Schneider). Unter nicht ganz geklärten Umständen wurde Winsloe zusammen mit ihrer Lebensgefährtin von Franzosen erschossen.

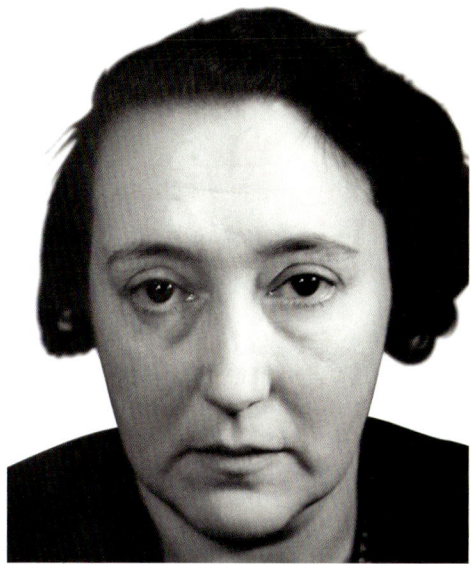

Christa Winsloe
* Darmstadt
23. Dezember 1888,
† bei Cluny (Bourgogne) 10. Juni 1944,
deutsch-ungarische Schriftstellerin

Thea von Harbou
* Tauperlitz bei Hof
27. Dezember 1888,
† Berlin 1. Juli 1954,
deutsche Schriftstellerin

Die zeitweilig mit dem Regisseur Fritz Lang verheiratete Harbou schrieb drei Dutzend Drehbücher und kaum weniger Romane, manchmal beides zugleich, etwa „Metropolis" (1926). Unter den berühmt gewordenen Filmen aus ihrer Feder sind zu nennen: „M – eine Stadt sucht einen Mörder" (1930), „Der zerbrochene Krug" (nach Kleist, 1937), „Das Leben geht weiter" (1945).

Olave Baden-Powell
* Chesterfield
22. Februar 1889,
† Bramley (Surrey)
25. Juni 1977, eng-
lische Pädagogin

In ihrem ersten Gedichtband „Sonette vom Tod" (1914) verarbeitete Mistral den Selbstmord ihres Geliebten und fand den später verfeinerten schwermütigen Ton und die für sie typischen metaphysischen Trostbilder. Seit 1932 im diplomatischen Dienst, gab sie weitere Sammlungen heraus wie „Tala" (1938) oder „Lagar" (1954). 1945 wurde sie mit dem Nobelpreis ausgezeichnet.

**Gabriela Mistral
(eigentlich Lucila
Godoy Alcayaga)**
* Vicuña 7. April
1889, † Hempstead
(New York)
10. Januar 1957,
chilenische Schrift-
stellerin

Bei einer Seereise verliebte sich Olave in den 32 Jahre älteren Baden-Powell, der kurz zuvor die Pfadfinder-Organisation gegründet hatte. Nach der Heirat übernahm sie den weiblichen Zweig und brachte ihn weltweit zur Blüte. Olaves Geburtstag, der zugleich der ihres 1941 verstorbenen Mannes ist, wird alljährlich als „Thinking Day" von den Pfadfindern begangen.

**Anna Andrejewna
Achmatowa
(ursprünglich
Anna Andrejewna
Gorenko)**
* Odessa 23. Juni
1889, † Domode-
dowo bei Moskau
5. März 1966, russi-
sche Dichterin

Ihre Aufmerksamkeit galt den Zukurzgekommenen, im Leben wie in ihrem Werk: Dabrowska schrieb realistische gesellschaftskritische Romane, von denen die Tetralogie „Nächte und Tage" (1932–1934) besonders bekannt wurde. Im Krieg blieb sie im deutsch besetzten Warschau und engagierte sich im Kulturleben des Untergrunds. Ihre Tagebücher der Jahre 1914–1965 erschienen 1989.

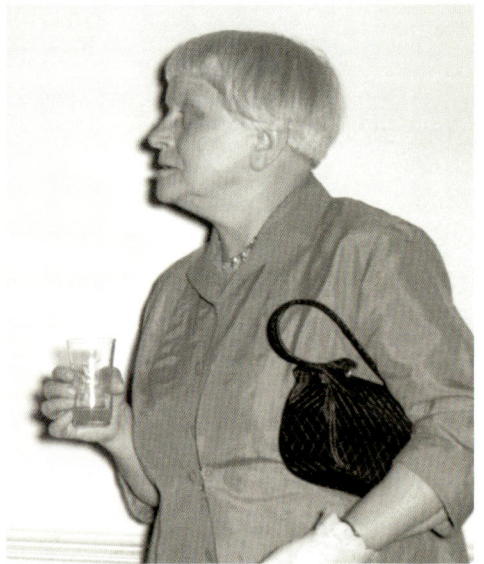

Maria Dabrowska
* Russów bei Kalisz
6. Oktober 1889,
† Warschau 19. Mai
1965, polnische
Schriftstellerin

Schon als Schülerin schrieb Achmatowa Verse und wandte sich 1910 den Akmeïsten zu, die gegen die Symbolisten mit klarer Sprache und prägnanter Bildhaftigkeit Front machten. In der UdSSR zeitweilig verfemt, konnte Achmatowa in den 1940er-Jahren wieder publizieren. Sie gehört mit Gedichtsammlungen wie „Der Schwur" (1941) oder „Requiem" (1963) zu den bedeutendsten russischen Lyrikern.

Hannah Höch
* Gotha 1. November 1889, † Berlin 31. Mai 1978, deutsche Künstlerin

Der Vater Porten hatte gute Beziehungen zum Film, und Henny stand daher schon 1911 vor der Kamera. Sie wurde einer der beliebtesten deutschen Stummfilmstars („Kohlhiesels Töchter", 1920). Dem Tonfilm traute sie zunächst nicht recht, war dann aber auch dort erfolgreich („Skandal um Eva", 1930). Wegen ihres jüdischen Mannes bekam sie im Dritten Reich kaum bedeutende Rollen.

Die Mutter betrieb Malerei als Steckenpferd. Hannah war das nicht genug. Sie studierte ab 1915 in Berlin und lernte Raoul Hausmann kennen. Mit ihm lebte sie bis 1921 zusammen und entwickelte die Kunst der Fotomontage, auch dadaistische Impulse nahm sie auf. Im Dritten Reich als „entartet" verboten, erhielt Höch 1965 die Berufung an die Berliner Akademie der Künste.

Henny Porten
* Magdeburg
7. Januar 1890,
† Berlin 15. Oktober 1960, deutsche Schauspielerin

Katherine Anne Porter
* Indian Creek (Texas) 15. Mai 1890, † Silver Spring (Maryland) 18. September 1980, amerikanische Schriftstellerin

Nach ausgedehnten Reisen in ihrer Heimat und in Europa war Porter Dozentin für Literatur an US-Universitäten. Sie schrieb an K. Mansfield geschulte komprimierte Kurzgeschichten („Blühender Judasbaum", 1930). Im Roman „Das Narrenschiff" (1962), nach dem Vorbild von S. Brant aus dem 16. Jahrhundert, zeigt Porter gesellschaftliche Defekte an den Passagieren eines Dampfers auf.

Wera Inber
* Odessa 10. Juli
1890, † Leningrad
11. November 1972,
russische Schrift-
stellerin

Thadden leitete seit 1928 auf Schloss Wieblin-
gen bei Heidelberg ein Landerziehungsheim.
Die evangelische Ausrichtung führte im Dritten
Reich zu Konflikten mit den Behörden; 1941
musste Thadden das Heim verlassen. Der
Gestapo gelang es, einen Spitzel in ihren Kreis
von Regimegegnern einzuschleusen. Im Januar
1944 ins KZ eingeliefert, erging im Juli das
Todesurteil; im September wurde Thadden in
Berlin-Plötzensee hingerichtet.

Ihre von Achmatowa beeinflusste schwierige
Lyrik wurde im Ausland wenig bekannt. Hingegen fand vor allem in Deutschland ihr Tagebuch
„Fast drei Jahre" (1945) Interesse. Hier berichtet sie über die Schrecken der Belagerung und
Aushungerung Leningrads durch die Wehr-
macht. Schon der Roman „Der Platz an der
Sonne" (1928) war international beachtet worden.

**Elisabeth von
Thadden**
* Mohrungen (Ost-
preußen) 29. Juli
1890, † Berlin 8. Sep-
tember 1944, deut-
sche Hitler-Gegnerin

Elsa Schiaparelli
* Rom 10. September
1890, † Paris
13. November 1973,
italienisch-französi-
sche Modeschöpferin

Eine kurze, aber prächtige Blüte: Schiaparelli eröffnete 1928 ihre erste Boutique,
übernahm 1935 ein großes Modehaus und
expandierte rasch bis 1952. Da war sie
längst Legende und konnte sich auf ihren
Lorbeeren und ihrem Vermögen ausruhen.
Ihre Schulter und Taille betonenden Entwürfe waren durch befreundete abstrakte
Künstler wie Picasso, Dalí und Cocteau
inspiriert.

Als „Großmeisterin des Kriminalromans" wurde Christie bekannt, aber auch als Dramatikerin: Ihr Stück „Die Mausefalle" wird seit 1952 daueraufgeführt. Die Romane leben von schrulligen Figuren wie dem Kriminalisten Hercule Poirot („Mord im Orientexpress", 1934), der mit seinen „grauen Zellen" erfolgreich arbeitet, oder der ältlichen Amateurdetektivin Miss Marple.

Dame Agatha Christie
* Torquay (Devon) 15. September 1890, † Wallingford (Oxfordshire) 12. Januar 1976, englische Schriftstellerin

Maria Goretti
* bei Ancona 16. Oktober 1890, † Nettuno 6. Juli 1902, italienische Heilige

500 000 Menschen nahmen 1950 auf dem Petersplatz an der Heiligsprechung von Maria Goretti teil (Gedenktag 6.7.). Das Elfjährige Mädchen war am 5. Juli 1902 von einem Triebtäter nach heftiger Gegenwehr so schwer verletzt worden, dass es tags darauf den Wunden erlag. Der Mörder fand in der Haft durch Visionen seines Opfers schließlich zur Reue und wurde Kapuziner.

Claire (Clarisse Liliane) Goll
* Nürnberg 29. Oktober 1890, † Paris 30. Mai 1977, deutsche Schriftstellerin

Seit 1921 mit dem Dichter Yvan Goll verheiratet, schrieb Claire surrealistische Gedichte („Versteinerte Tränen", 1922; „Das tätowierte Herz", 1959) und Romane („Ein Mensch ertrinkt", 1931; „Der gestohlene Himmel", 1932; „Arsenik", 1963). 1971 erschienen Erinnerungen unter dem Titel „Traumtänzerin" und postum 1978 weitere, betitelt „Ich verzeihe keinem".

Die Nazis mochten Voigt nicht, weil sie ihre mundartlichen Texte in linken Zeitschriften veröffentlicht hatte und weil Sächsisch als „unheldisch" galt. Zudem warf man ihr vor, die hohe deutsche Literatur in ihren Büchern beschädigt zu haben („Säk'sche Glassiger", 1925–1927; „Säk'sche Balladen", 1926–1929). 1933 erhielt Voigt Schreibverbot.

Edith Stein
* Breslau 12. Oktober 1891, † Auschwitz 9. August 1942, deutsche Philosophin und Nonne

Lene Voigt
* Leipzig 3. Mai 1891, † ebendort 16. Juli 1962, deutsche Schriftstellerin

„Im Vernichtungslager ist sie als Tochter Israels zur Verherrlichung des heiligsten Namens und zugleich als Schwester Theresia Benedicta vom Kreuz (so der Ordensname) gestorben." Mit diesen Worten sprach Papst Johannes Paul II. die jüdische Karmelitin Stein 1998 heilig. Sie war 1922 zum katholischen Glauben konvertiert und Opfer der Nazi-Verfolgung geworden.

Nelly Sachs
* Berlin 10. Dezember 1891, † Stockholm 12. Mai 1970, deutsch-schwedische Dichterin

Das schwere Schicksal ihres jüdischen Volkes war das Grundthema aller Werke von Sachs, die 1940 nach Schweden floh. Ihre Lyrik lehnte sie an die Psalmen des Alten Testaments an: „In den Wohnungen des Todes" (1947), „Fahrt ins Staublose" (1961). Ihre szenischen Dichtungen erschienen 1962 unter dem Titel „Zeichen im Sand". 1965 erhielt sie den Nobelpreis.

Bronislawa Nijinska
* Minsk 8. Januar 1892, † Pacific Palisades (Kalifornien) 21. Februar 1972 russische Tänzerin und Choreografin

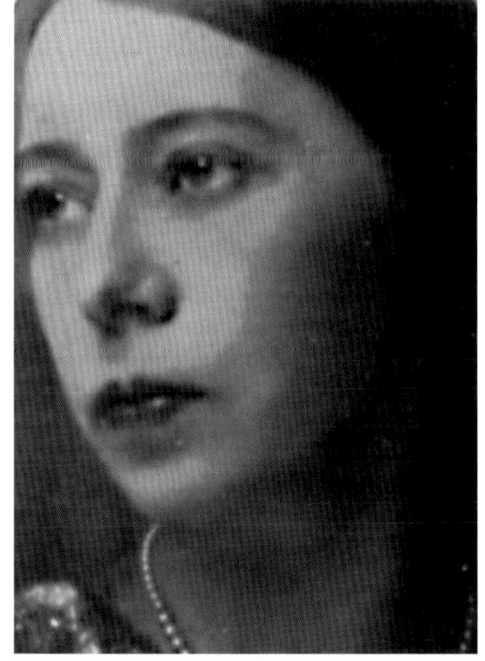

Rhythmus und Grazie waren familiäres Erbteil: Die Eltern beide Tänzer, der Bruder ein weltberühmter Ballettstar – da war die Karriere von Nijinska vorgezeichnet. Seit 1908 war sie beim Petersburger Mariinski-Theater, verließ 1921 ihre Heimat und arbeitete für die Ballets Russes in Paris. 1932 gründete sie eine eigene Truppe und war später vor allem in den USA tätig.

Erste Erfolge errang Gert mit Tanzpantomimen wie „Nervosität" oder „Kupplerin". Seit 1925 war sie auch in Filmrollen zu sehen („Die freudlose Gasse", 1925; „Tagebuch einer Verlorenen", 1929). Die Machtergreifung Hitlers trieb Gert 1933 ins Exil über England in die USA, wo sie 1941 das Kabarett „Beggar Bar" in New York gründete. 1949 folgte in Berlin die „Hexenküche".

Valeska Gert (eigentlich Gertrud Valesca Samosch)
* Berlin 11. Januar 1892, † Kampen (Sylt) 15. März 1978, deutsche Tänzerin und Kabarettistin

Victoria Sackville-West genannt Vita
* Knole Castle (Kent) 9. März 1892, † Sissinghurst Castle (Kent) 2. Juni 1962, englische Schriftstellerin

Die hochadlige Herkunft von Sackville-West und ihre Ehe mit dem Diplomaten H. Nicolson erlaubten ihr einen Lebenswandel, der als exzentrisch galt. Ihre homoerotische Beziehung zu Virginia Woolf klingt in deren Romanen („Orlando") und schwächer auch in ihren eigenen nach: „Schloss Chevron" (1930), „Erloschenes Feuer" (1931), „Weg ohne Weiser" (1960). Weit gereist, verfasste Sackville-West viele heimatverbundene Gedichte und hinterließ den berühmten Garten in Sissinghurst, den noch heute Hunderttausende besuchen.

Edith Södergran
* Sankt Petersburg
4. April 1892, † Rai-
vola (Karelien)
24. Juni 1923,
finnische Lyrikerin

Bis Pickford 36 Jahre alt war, blieb sie der lockige („the girl with the curl") Jungmädchen-Star des US-Kinos, „America's sweetheart". Ungezählt sind die Filme mit Pickford, deren Gagen in den 1920er-Jahren astronomische Margen erreichten, und die zudem als Produzentin tätig war. Als die Locken gefallen waren, trat sie nur noch in drei wenig erfolgreichen Streifen auf.

Mary Pickford (eigentlich Gladys Smith)
* Toronto 8. April 1892, † Santa Monica (Kalifornien) 29. Mai 1979, amerikanische Filmschauspielerin

Während ihres kurzen Lebens war Södergran nur Kennern der schwedischen – sie schrieb in dieser Sprache – Lyrik bekannt. Ihr erster Gedichtband erschien 1916 und war der schweren Erkrankung an Tuberkulose abgerungen. Er zeigte einen am deutschen Expressionismus orientierten bildhaften Stil und eine Dichterin, die Trost aus ihrer Erwählung zur Künderin gewann.

Germaine Tailleferre
* Saint-Maur-des-Fossés (Île-de-France) 19. April 1892, † Paris 7. November 1983, französische Komponistin

Ihr Vater fand ihren musikalischen Ehrgeiz unpassend, doch Komponisten wie Honegger oder Ravel ermutigten die seit 1904 am Pariser Konservatorium studierende Tailleferre zu vielen Schöpfungen. Darin nahm sie Einflüsse zeitgenössischer wie traditioneller Musik auf. Sie schrieb für viele Gattungen, so auch Opern wie „La petite sirène" (1958) oder „Le maître" (1961).

Zita von Bourbon-Parma
* Villa Pianore bei Viareggio 9. Mai 1892, † Zizers (Schweiz) 14. März 1989, österreichische Kaiserin

Als sie 1911 Karl von Habsburg heiratete, konnte sie nicht ahnen, dass er drei Jahre darauf durch das Attentat von Sarajevo Thronfolger und 1916 Kaiser werden sollte. Sie gebar ihm acht Kinder, nahm starken Einfluss auf seine Politik und begleitete ihn auch auf Frontbesuchen. Nach der Niederlage 1918 musste sie mit ihm und der großen Familie ins Exil. Erst neunzigjährig kehrte sie nach Österreich zurück.

Dame Margaret Rutherford
* London 11. Mai 1892, † Chalfont Saint Peter (Buckinghamshire) 22. Mai 1972, englische Schauspielerin

Agatha Christie war 1961 enttäuscht von der ersten Verfilmung eines ihrer Miss-Marple-Krimis mit Rutherford in der Hauptrolle. Die schrullige Alte mit dem großen Kinn entsprach nicht ihrem Bild von der Detektivin. Nachdem sich beide aber kennengelernt hatten, wurden sie enge Freundinnen. Eine weitere Paraderolle spielte Rutherford 1952 in Oscar Wildes „Ernst sein ist alles".

Djuna Barnes
* Cornwall-on-Hudson (New York) 12. Juni 1892, † New York 18. Juni 1982, amerikanische Schriftstellerin

Die Vereinzelung des Menschen ist Thema der Werke von Barnes, die mit Gertrude Stein befreundet war. Seit 1919 hielt sie sich in Paris im Kreis von Nathalie Barney auf. Bekannt wurde sie 1929 mit Kurzgeschichten („Eine Nacht mit den Pferden"), eine Erzählform, die sie immer wieder aufgriff („Spillway", 1962). Sie schrieb zudem Dramen wie „Antiphon" (1958), psychoanalytische Romane wie „Nachtgewächs" (1936) und Essays.

Als Missionarstochter lebte Buck lange in China, was ihr Werk, das für unbedingte interkulturelle Toleranz eintritt, prägte. Ihre in aller Welt verbreiteten Romane brachten ihr höchste Auszeichnungen ein, darunter 1938 den Nobelpreis: „Die gute Erde" (1931), „Land der Hoffnung, Land der Trauer" (1939), „Die Frauen des Hauses Wu" (1946), „Mandala" (1970).

Paula Grogger
* Öblarn (Steiermark) 12. Juli 1892, † ebendort 31. Dezember 1983, österreichische Schriftstellerin

Pearl S. (Sydenstricker) Buck
* Hilsboro (West Virginia) 26. Juni 1892, † Danby (Vermont) 6. März 1973, amerikanische Schriftstellerin

Legenden, Dramen und Gedichte schrieb Grogger auch, doch stand im Zentrum ihres Schaffens die Erzählung. Ihre Stoffe fand sie im Volkstum der Heimat und seiner katholischen Prägung: „Das Grimmingtor" (1926), „Das Gleichnis von der Weberin" (1927), „Der Lobenstock" (1935), „Unser Herr Pfarrer" (1946), „Die Reise nach Salzburg" (1958), „Die Mutter" (1958).

Der Einfluss von Dichtern wie Hölderlin und Rilke, aber auch von Rimbaud ist spürbar in den Gedichten und großen Gesängen von Zwetajewa, die 1922 Russland verließ. Fast zwei Jahrzehnte war sie im Ausland poetisch isoliert. Heimgekehrt 1941, nahm sie sich angesichts des Stalin-Terrors das Leben. Erst 1980 erschien die Sammlung „Maßlos in einer Welt nach Maß".

Rebecca West (eigentlich Cecily Isabel Fairfield)
* London 25. Dezember 1892, † London 15. März 1983, englische Schriftstellerin

Marina Zwetajewa
* Moskau 8. Oktober 1892, † Jelabuga (Tatarstan) 31. August 1941, russische Dichterin

Die gelernte Schauspielerin West begann mit Essays über die Rechte der Frauen und Artikeln in sozialistischen Zeitschriften. Später veröffentlichte sie, unter dem aus Ibsens „Rosmersholm" entnommenen Pseudonym Romane wie „The Return of the Soldier" (1918), „Der Brunnen fließt über" (1957) oder „Die Zwielichtigen" (1966). Sie verfasste auch Reportagen über die Nürnberger Prozesse.

Hanya Holm
* Worms 3. März 1893, † New York 3. November 1992, deutsch-amerikanische Tänzerin und Choreografin

Mary Wigman, bei der Holm in Dresden studierte, war ihr Vorbild, und unter ihrem Namen gründete sie 1931 in New York eine Tanzschule, die erst 1936 nach ihr selbst in Hanya Holm Studio umbenannt wurde. Hier studierte sie moderne Ausdruckstänze ein und choreografierte Broadway-Musicals wie „Kiss me Kate" (1948), „My Fair Lady" (1956) und „Camelot" (1960).

Fusae Ichikawa
* Onishi 15. Mai
1893, † Tokio
11. Februar 1981,
japanische
Politikerin

Die vorsichtige Öffnung des Landes seit 1858 hatte den Blick der Japanerinnen für ihre Rechtlosigkeit geschärft. Ichikawa wurde seit 1919 zu einer der Vorkämpferinnen für das Frauenstimmrecht. Wenn es auch erst durch den Druck der Siegermacht USA 1945 errungen wurde, hatte doch Ichikawa entscheidenden Anteil daran, dass sich nun auch genügend Kandidatinnen fanden.

Die Pfarrerstochter Sayers war eine der ersten Frauen, die ihr Studium in Oxford erfolgreich abschlossen. Sie schrieb anspruchsvolle Krimis, meist mit dem Amateurdetektiv Lord Peter Wimsey als Protagonist: „Der Tote in der Badewanne" (1923), „Keines natürlichen Todes" (1927), „Der Glocken Schlag" (1934), „Aufruhr in Oxford" (1935).

Dorothy Leigh Sayers
* Oxford 13. Juni
1893, † Witham
(Essex) 17. Dezember
1957, englische
Schriftstellerin

Mae West
* Brooklyn (New York) 17. August
1893, † Los Angeles
22. November 1980,
amerikanische
Schauspielerin

Zwar war West 30 Jahre lang verheiratet, doch kümmerte sie sich um bürgerliche Tabus in keiner Weise, sondern forderte gleiche Rechte für beide Geschlechter in der Liebe. Auch auf der Leinwand spielte sie die Rolle der Femme fatale: „Sie tat ihm unrecht", „Ich bin kein Engel" (beide 1933), „Mein kleiner Gockel" (1940), „Myra Breckinridge" (1970).

Lili Boulanger
* Paris 21. August 1893, † Mézy-sur-Seine (Île-de-France) 15. März 1918, französische Komponistin

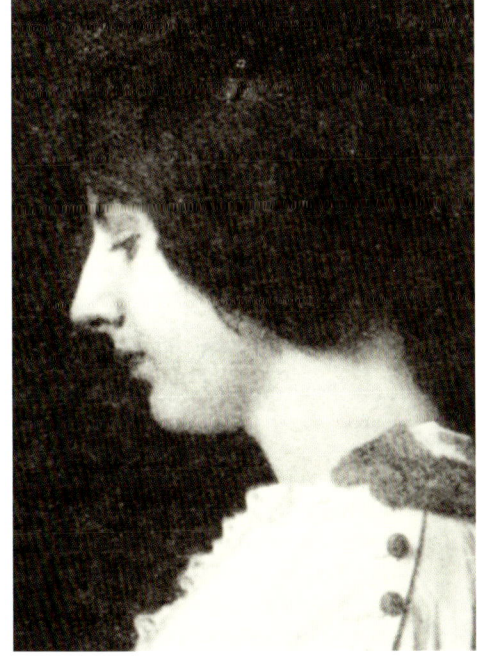

Mit Theaterkritiken für „Vanity Fair" begann die journalistische Karriere von Parker, mit Kurzgeschichten für den 1925 gegründeten „New Yorker" die schriftstellerische. Beides lief bei ihr nebeneinander: Sie war Korrespondentin im spanischen Bürgerkrieg und verfasste zugleich Dramen und Drehbücher („Ein Stern geht auf", 1937). Auch ihre Gedichte fanden Anklang. Berühmt waren außerdem ihr literarischer Zirkel im Algonquin Hotel sowie ihre Bonmots.

Dorothy Parker
* West End (New Jersey) 22. August 1893, † New York 7. Juni 1967, amerikanische Schriftstellerin

Der bei ihrer Geburt 78-jährige Vater Ernest Boulanger war Komponist und förderte schon das Kleinkind musikalisch. Seit Lili 16 war, wollte sie Tonsetzerin werden. Trotz schwerer Atemwegserkrankungen erreichte sie 1913 mit der Kantate „Faust et Hélène" das Ziel, als erste Frau den Grand Prix de Rome zu gewinnen. Sie vertonte mehrere Psalmen für Gesang und Orchester.

Martha Graham
* Pittsburgh (Pennsylvania) 11. Mai 1894, † New York 1. April 1991, amerikanische Tänzerin

Seit 1916 auf verschiedenen Bühnen aktiv, gründete Graham zehn Jahre später ihre eigene Mary Graham School of Contemporary Dance in Manhattan. Unter „zeitgenössisch" verstand sie einen fast expressionistischen Stil, der Emotionen in Bewegungen übersetzte. Seit 1929 und bis ins hohe Alter schuf sie für eine eigene Truppe rund 150 Werke, darunter eine Reihe zu antiken Stoffen (Medea u. a.). Sie gilt als große Wegbereiterin des Modern Dance.

Lisa Tetzner
* Zittau 10. November 1894, † Lugano 2. Juli 1963, deutsche Schriftstellerin

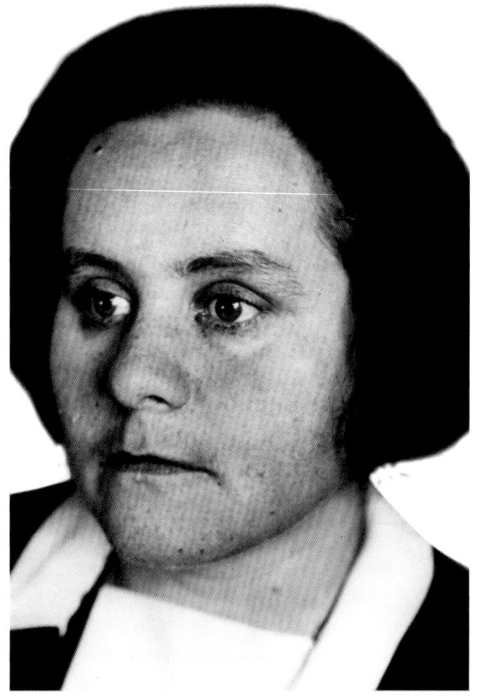

Die jüdische Familie kam aus Kolmar (daher der Autorenname) in der Provinz Posen. Kolmar veröffentlichte Gedichte in Zeitschriften und in Lyrikbänden, deren letzter „Die Frau und die Tiere" (1938) von den Nazi-Behörden eingestampft wurde. Kolmar fiel dem Holocaust zum Opfer. Ihr erst seit den 1960er-Jahren gewürdigtes Werk ist von großer poetischer Dichte.

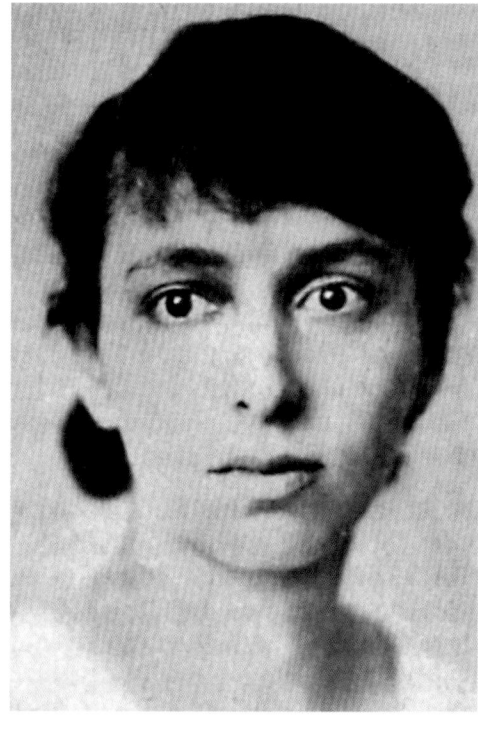

Gertrud Kolmar (eigentlich Gertrud Chodziesner)
* Berlin 10. Dezember 1894, † Auschwitz wohl März 1943, deutsche Lyrikerin

Dem Nationalsozialismus stand Tetzner scharf ablehnend gegenüber und ging 1933 ins Schweizer Exil. Sie sammelte Volksmärchen und trug sie zeitweilig als Wandererzählerin vor. Ihr umfangreiches Hauptwerk beschäftigt sich mit dem Alltag in Nazi-Deutschland: „Erlebnisse und Abenteuer der Kinder aus Nr. 67. Odyssee einer Jugend" (Neun Bände, 1933–1949).

Clara Haskil
* Bukarest 7. Januar 1895, † Brüssel 7. Dezember 1960, rumänisch-schweizerische Pianistin

Mit 14 gab Haskil ihr erstes Konzert, dann unterbrachen der Krieg und schwere Krankheiten die Erfolgskette. Erst nach 1945 fand die stets unter Lampenfieber leidende Virtuosin zu der Form, die sie weltberühmt machte. Sie spiele „Mozart für die Götter", schwärmten Kritiker. Besonders gern musizierte sie mit Arthur Grumiaux (Geige) und Pablo Casals (Cello).

Juana de Ibarbourou
* Melo (Cerro Largo, Uruguay) 8. Mai 1895, † Montevideo 15. Juli 1979, uruguayanische Schriftstellerin

„Mein Schattenhaar, entflochten, duftet nach Heu und Sonne ..." Die Verse von Ibarbourou gelten der Liebe, der irdischen, kosmischen und himmlischen. Davon sprechen auch die Titel ihrer Lyriksammlungen: „Die Sprache der Diamanten" (1919), „Lob unserer Lieben Frau" (1934), „Gold und Gewitter" (1956). Ibarbourou gehört zu den profiliertesten Dichterinnen Lateinamerikas.

Auf ihren Spitznamen „Lady Dynamo" war sie stolzer als auf die Verleihung des Adelstitels „Dame" (1947). Haslett war die energische Vorkämpferin für die Öffnung der Ingenieurberufe für Frauen. Sie selbst hatte sich von einer einfachen Kontoristin zur Elektroingenieurin hochgearbeitet und war seit 1924 Vorsitzende des Elektrizitätsverbands für Frauen.

Dame Caroline Haslett
* Worth (Suffolk) 17. August 1895, † London 4. Januar 1957, britische Ingenieurin

Anna Freud
* Wien 3. Dezember 1895, † London 9. Oktober 1982, österreichisch-englische Psychoanalytikerin

Die jüngste Tochter von Sigmund Freud trat in seine Fußstapfen, organisierte als Assistentin seine Praxis, vertrat ihn auf Konferenzen und unterzog sich einer Lehranalyse. Ihr eigenes Interesse galt vor allem der Psyche des Kindes. Zu ihren bekannten Arbeiten gehören „Das Ich und die Abwehrmechanismen" (1936) und „Wege und Irrwege der Kinderentwicklung" (1968).

Sie kam von ganz unten, war Mutter von sechs Kindern, von denen wegen der elenden Lebensbedingungen nur zwei überlebten. Ibárruri Gómez begriff: Die Gesellschaft musste revolutioniert werden. Sie gehörte zu den Gründern der KP und kämpfte im Bürgerkrieg leidenschaftlich (daher ihr Beiname „La Pasionaria") für die Republik. 1939–1977 musste sie im russischen Exil leben.

Dolores Ibárruri Gómez
* Gallarta (Baskenland) 9. Dezember 1895, † Madrid 12. November 1989, spanische Politikerin

Den mütterlichen Geburtsnamen Fischer trug sie als Kommunistin seit 1919. Sie gehörte dem linksradikalen Flügel der KPÖ und später der KPD an, zu deren Vorsitzenden sie 1924 gewählt wurde. Stalin zitierte sie 1925 nach Moskau und sorgte für ihren Parteiausschluss. Fischer konnte 1926 nach Deutschland fliehen und lebte nach Hitlers Machtergreifung 1933 im Exil.

Ruth Fischer
* Leipzig 11. Dezember 1895, † Paris 13. März 1961, deutsch-österreichische Politikerin

Susanne K. Langer
* New York 20. Dezember 1895, † Old Lyme (Connecticut) 17. Juli 1985, amerikanische Philosophin

Mit 21 begann Langer das Studium der Philosophie in Havard und schloss es 1926 mit der Promotion ab. Danach lehrte sie als Logik-Dozentin an diversen Universitäten. Seit 1954 war sie Professorin am Connecticut College. Sie arbeitete vor allem auf dem Gebiet der Ästhetik: „Philosophie auf neuem Wege. Das Symbol im Denken, im Ritus und in der Kunst" (1942).

Wallis Simpson
* Blue Ridge Summit
(Maryland) 19. Juni
1896, † Paris
24. April 1986,
Herzogin von
Windsor

König Edward VIII. von England hatte sich als Thronfolger in die geschiedene Simpson verliebt und löste durch die Heirat mit ihr eine Krise aus. Er zog Simpson dem Thron vor, dankte ab und lebte mit ihr fortan vorwiegend im französischen Exil. Der ihm nachfolgende Bruder Georg VI. verlieh ihm und seiner Frau die Würde eines Herzogs und einer Herzogin von Windsor.

Gerty Cori
* Prag 15. August
1896, † St. Louis
(Missouri) 26. Okto-
ber 1957, tsche-
chisch-amerikani-
sche Biochemikerin

Nach dem Medizinstudium an der deutschen Universität in Prag ging Cori 1922 mit ihrem ebenfalls medizinisch ausgebildeten Mann Carl Cori in die USA. Sie durfte zunächst nur unbezahlt mit ihm biochemisch forschen, hatte aber ebenso großen Anteil an der Entschlüsselung des Zuckerstoffwechsels (Cori-Zyklus) wie er und erhielt mit ihm 1947 den Nobelpreis für Medizin.

Käte Hamburger
* Hamburg
21. September 1896,
† Stuttgart 8. April
1992, deutsche
Literaturphilosophin

In München promovierte Hamburger 1922 in Germanistik, musste als Jüdin Deutschland 1934 verlassen, war schriftstellerisch und journalistisch in Schweden tätig und kehrte 1956 zurück. Mit ihren theoretischen Arbeiten, vor allem mit der Habilitationsschrift „Die Logik der Dichtung" (1957), hatte sie großen Einfluss auf die Modernisierung der Literaturwissenschaft.

Elisabeth Selbert
* Kassel 22. September 1896, † ebendort
9. Juni 1986, deutsche Politikerin

1919 trat Selbert in die SPD ein, heiratete, bekam zwei Kinder, machte nachträglich Abitur, studierte Jura, wurde Reichstagsabgeordnete und war in der NS-Zeit Anwältin. Als eine der vier „Mütter des Grundgesetzes" gehörte sie 1948 für die SPD dem Parlamentarischen Rat an und hatte großen Anteil an der Aufnahme der Gleichberechtigung in die Verfassung der Bundesrepublik.

Elsa Triolet (eigentlich Elsa Kagan)
* Moskau 25. September 1896,
† Saint-Arnoult-en-Yvelines bei Paris 16. Juni 1970, russisch-französische Schriftstellerin

Anfangs schrieb sie noch in russischer Sprache, seit 1928 unter dem Einfluss des Surrealisten und späteren Ehemanns (1939) Louis Aragon zunehmend in französischer. Ihre Romane „Bonsoir Thérèse" (1938), „Das Ende hat seinen Preis" (1944, Prix Goncourt), „Rosen auf Kredit" (1959), „Das große Nimmermehr" (1965) behandeln Probleme der Kriegs- und Nachkriegszeit.

Dorothee Günther
* Gelsenkirchen 8. Oktober 1896,
† Köln 18. September 1975, deutsche Gymnastikpädagogin

Die Eltern hätten sie lieber als Kauffrau gesehen, doch die künstlerische Ader von Günther setzte sich durch: Sie wurde Gymnastiklehrerin und gründete mit dem Komponisten Carl Orff 1924 in München die rasch wachsende Günther-Schule für Bewegung. Trotz Argwohns der Nazi-Behörden konnte sie 1933 durch Parteieintritt die Schließung abwenden. Nach 1945 lebte sie in Italien.

Pola Negri (eigentlich Barbara Apolonia Chalupiec)
* Lipno (Kujawien-Pommern) 3. Januar 1897, † San Antonio (Texas) 1. August 1987, polnisch-deutsch-amerikanische Schauspielerin

Zum Stummfilm-Star wurde Negri seit 1918 in Deutschland, wo sie mit dem Regisseur Lubitsch arbeitete: „Carmen" (1918), „Die Flamme" (1922). Der Applaus dafür verleitete sie zum Wechsel in die USA, wo sie nicht an die Erfolge anknüpfen konnte. Sie spielte später zwar auch in Tonfilmen („Madame Bovary", 1937), doch stieß ihr starker Akzent auf Ablehnung.

Natacha Rambova (eigentlich Winifred Hudnut)
* Salt Lake City (Utah) 16. Januar 1897, † Pasadena (Kalifornien) 5. Juni 1966, amerikanische Kostüm- und Bühnenbildnerin

Eigentlich kann nur eine einzige Filmausstattung von Rambova als bedeutend gelten: die für „Salomé" (1923) von und mit Alla Nasimova. Es gelang ihr vorzüglich, Glanz und Exzentrik der „Goldenen Zwanziger Jahre" einzufangen. Ansonsten machte Rambova eher durch Affären (z.B. mit Chaplin) und durch die Ehe mit dem Stummfilmstar Rudolph Valentino (1923–1926) von sich reden.

Amelia Earhart
* Atchison (Kansas) 24. Juli 1897, † Südpazifik 2. Juli 1937 (verschollen), amerikanische Fliegerin

Earhart arbeitete in diversen Berufen, um Geld für ihre Leidenschaft, das Fliegen, zu verdienen. Aufgrund vieler Rekorde wuchs die Zahl ihrer Bewunderer und Sponsoren. Nach der Heirat (1931) mit dem wohlhabenden Verleger Putnam wollte sie sich 1937 den großen Traum verwirklichen: Alleinflug um die Welt. Sie schaffte drei Viertel, dann riss der Funkkontakt ab.

Enid Mary Blyton
* Beckenham (Kent) 11. August 1897, † London 28. November 1968, englische Schriftstellerin

Die gelernte Lehrerin Blyton schrieb seit 1922 rund 400 Kinder- und Jugendbücher, die in über 400 Millionen Exemplaren verbreitet und in mehr als 60 Sprachen übersetzt wurden. In vielbändigen Reihen wie „Hanni und Nanni", „Dolly", „Peter und Benny", „Fünf Freunde", „Lissy", „Die verwegenen Vier", „Rätsel um ..." erzählte sie fesselnde Abenteuer.

Louise Bogan
* Livermore Falls
(Maine) 11. August
1897, † New York
4. Februar 1970,
amerikanische
Schriftstellerin

Den oft unerfreulichen Szenen daheim entzog sich die junge Bogan durch Lektüre. Besonders für Lyrik interessierte sie sich und schrieb schon früh selber Verse, die in Gedichtzeitschriften veröffentlicht wurden. Deutsche Dichter wie Goethe, dessen „Werther" sie übersetzte, und Rilke beeinflussten sie. Auch als Literaturkritikerin machte sie sich einen Namen.

Ihre Karriere führte Bergner nach Berlin, wo sie in Filmen ihres späteren Mannes Paul Czinner Erfolge feierte: „Fräulein Else" (1929), „Der träumende Mund" (1932). Vor den Nazis musste das jüdische Paar nach England fliehen, wo Bergner ihre Karriere fortsetzte: „Verlass mich nie wieder" (1934). Nach dem Krieg spielte sie auch Fernsehrollen („Geliebter Lügner", 1963).

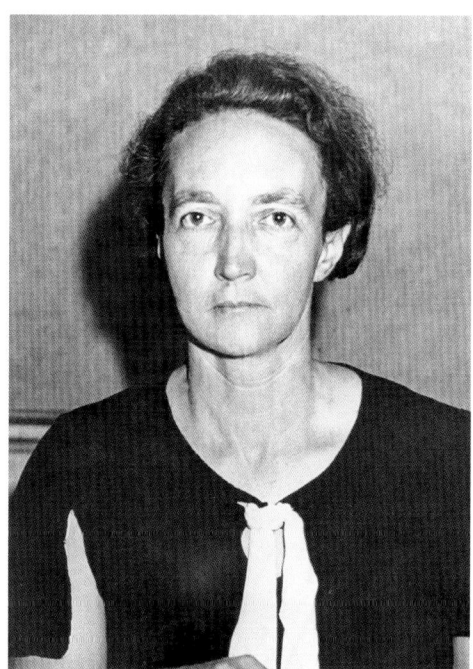

Irène Joliot-Curie
* Paris 12. September
1897, † ebendort
17. März 1956, französische Physikerin

Elisabeth Bergner
* Drogobytsch
(Galizien) 22. August
1897, † London
12. Mai 1986, österreichische Schauspielerin

Die Tochter der Radium-Entdeckerin Marie Curie heiratete 1926 den Physiker Jean Frédéric Joliot und entdeckte mit ihm 1934 die künstliche Radioaktivität. Dafür bekamen beide 1935 den Chemie-Nobelpreis. Irène hatte schon seit 1918 bei der Mutter am Institut de radium mitgearbeitet und übernahm 1946 dessen Leitung. Als Kommunistin entzog man ihr einige Aufgaben.

Kate O'Brien
* Limerick 3. Dezember 1897, † Canterbury (Kent)
13. August 1974, irische Schriftstellerin

Prägend für das Werk von O'Brien war, dass sie wegen des frühen Todes der Mutter von Nonnen erzogen wurde. Ihre Frauengestalten kämpfen nicht selten mit dem Konflikt zwischen Sinnenfreude und katholischer Sündenvorstellung. Zu ihren bekanntesten Romanen gehören „Das Haus am Fluss" (1931), der als irische „Forsythe Saga" gerühmt wurde, und „Jene Dame" (1946).

Von 1926 an war Giehse Mitglied der Münchener Kammerspiele. 1933 gründete sie mit den Geschwistern Klaus und Erika Mann das Kabarett „Die Pfeffermühle", mit dem sie im gleichen Jahr als Jüdin und Gegnerin Hitlers emigrierte. 1953 kehrte sie zurück und machte sich als Brecht-Darstellerin einen Namen. Auch in Filmen trat sie auf („Mädchen in Uniform", 1958).

Therese Giehse
* München 6. März 1898, † ebendort
3. März 1975, deutsche Schauspielerin

Guggenheim stammte aus einer der wohlhabendsten und kunstbeflissensten Familien der USA. Sie war mit Max Ernst verheiratet (1941–1946) und förderte Jackson Pollock. Ihr ist eine der bedeutendsten Sammlungen moderner Kunst zu verdanken, die seit 1949 in Venedig zu bestaunen ist. Guggenheims Vater kam beim Untergang der Titanic ums Leben.

Peggy Guggenheim (eigentlich Marguerite Guggenheim)
* New York
26. August 1898, Venedig 23. Dezember 1979, amerikanische Kunstmäzenin

Jeanne Hébuterne
* Meaux (Île-de-France) 6. April 1898, † Paris 25. Januar 1920, französische Malerin

Eine Italienreise 1911 weckte das künstlerische Interesse von Lempicka, die ihre Eindrücke in den 1920er-Jahren in ihrer Art-déco-Malerei verarbeitete und damit zu einer gefragten Künstlerin in Paris wurde, wohin sie 1918 gezogen war. Lempicka wanderte später in die USA aus und zog zuletzt nach Mexiko. Sie erlebte noch, wie ihre Malerei um 1970 neues Interesse fand.

Tamara de Lempicka
* Warschau 16. Mai 1898, † Cuernavaca (Mexiko) 18. März 1980, polnische Malerin

Die künstlerisch begabte Hébuterne musste sich das Studium durch Modellstehen finanzieren, lernte dabei 1917 den Maler Modigliani kennen, ging mit ihm nach Nizza und bekam eine Tochter von ihm. Bevor er sein schriftliches Eheversprechen einlösen konnte, starb er. Hébuterne nahm sich am Tag darauf das Leben. Die Tragödie machte ihren toten Geliebten über Nacht berühmt.

Erna Sack
* Berlin 6. Februar 1898, † Mainz 2. März 1972, deutsche Sängerin

Mit kleinen Rollen an der Berliner Staatsoper begann 1928 die Karriere von Sack, die nach Engagements in Bielefeld, Wiesbaden und Breslau an der Dresdener Staatsoper auftrat. Gastspiele führten sie bis Kriegsbeginn in alle europäischen Musikmetropolen. 1936 wurde sie auf einer Nordamerika-Tournee umjubelt. Sie bestach mit einem ungewöhnlich großen Tonumfang.

Vor Pogromen in der Heimat floh ihre Familie 1906 in die USA. Meir vertrat bald zionistische Positionen, ging 1921 nach Palästina und war nach Gründung Israels Mitglied der Knesset. Sie leitete das Arbeits- (1949–1956) und das Außenministerium (1956–1965). 1969 wurde sie Ministerpräsidentin und musste 1973 den Jom-Kippur-Krieg ausfechten. 1974 trat sie zurück.

Golda Meir
* Kiew 3. Mai 1898,
† Jerusalem
8. Dezember 1978,
israelische Poli-
tikerin

**Helen Brooke
Taussig**
* Cambridge (Massa-
chusetts) 24. Mai
1898, † Kennett
Square (Pennsyl-
vania) 20. Mai 1986,
amerikanische
Chirurgin

Taussig schloss 1927 in Baltimore ihr Medizin-studium ab und spezialisierte sich auf Herzfeh-ler bei Kindern. Mit einer von ihr entwickelten Operation konnten unter Zyanose (Sauerstoff-mangel) leidende kleine Patienten gerettet wer-den. 1962 gelang es Taussig, ein Verbot des Beruhigungsmittels Contergan in den USA durchzusetzen und damit Missbildungen zu verhindern.

Helene Wessel
* Dortmund 6. Juli
1898, † Bonn
13. Oktober 1969,
deutsche Politikerin

In den 1920er-Jahren der Zentrumspartei beige-treten, bemühte sich Wessel nach 1945, diese erneut zu etablieren. Als Mitglied des Parla-mentarischen Rates 1948/49 gehörte sie zu den vier „Müttern des Grundgesetzes". Mit Gustav Heinemann gründete sie als Gegnerin der Wie-derbewaffnung 1952/53 die Gesamtdeutsche Volkspartei (GVP). 1957 wechselten beide zur SPD.

Berenice Abbott
* Springfield (Ohio)
17. Juli 1898,
† Monson (Maine)
9. Dezember 1991,
amerikanische
Fotografin

Ursprünglich wollte Abbott Bildhauerin wer-den, sattelte aber unter dem Einfluss des Sur-realisten Man Ray in Paris auf Fotografie um und wurde bekannt mit Porträts von Prominen-ten wie Cocteau, Joyce oder Djuna Barnes. 1929 kehrte sie nach New York zurück und arbeitete as freie Fotojournalistin. Ihr Augenmerk galt vor allem Straßenszenen und der Stadtarchi-tektur.

Zunächst half es wenig, dass sie sich in Berlin 1921 den flotten Bühnennamen Lenya zulegte. Erst ihr Mann (seit 1926), der Komponist Kurt Weill, brachte ihr die Rollen und Gesangseinlagen in Brecht-Stücken, für die sie berühmt wurde. In der Nazi-Zeit lebte sie im US-Exil, hatte dort aber mit ihrem Akzent zu kämpfen. Seit 1955 trat sie wieder in Deutschland auf.

Elisabeth Langgässer
* Alzey 23. Februar 1899, † Rheinzabern25. Juli 1950, deutsche Schriftstellerin

Lotte Lenya (eigentlich Karoline Blamauer)
* Wien 18. Oktober 1898, † New York 27. November 1981, österreichisch-amerikanische Sängerin und Schauspielerin

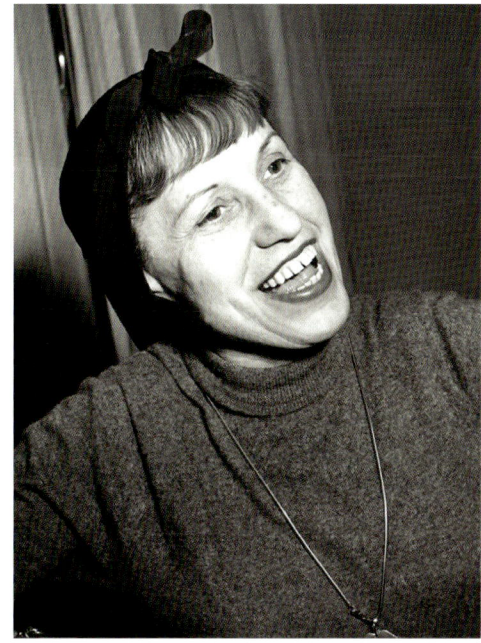

Mit Erzählungen („Proserpina", 1932) begann Langgässer ihre Laufbahn und konnte noch 1936 den Roman „Der Gang durch das Ried" veröffentlichen, ehe sie als Halbjüdin Schreibverbot erhielt. Ihre Beschäftigung mit mythologisch-religiösen Stoffen wird im Titel ihres letzten Romans „Märkische Argonautenfahrt" (1950) deutlich. Bedeutend sind ihre bildmächtigen Gedichte.

In den Romanen von Bowen spürt man den Einfluss von Virginia Woolf, mit der sie befreundet war. Die psychologisch fein gezeichneten Figuren spiegeln die gesellschaftlichen Risse und Krisen der Zeit. Bekannt und übersetzt wurden vor allem „Das Haus in Paris" (1935), „Der Tod des Herzens" (1938), „Eine Welt der Liebe" (1955) und der Bestseller „Seine einzige Tochter" (1968).

Ruth Schaumann
* Hamburg 24. August 1899, † München 13. März 1975, deutsche Schriftstellerin

Elizabeth Bowen
* Dublin 7. Juni 1899, † London 22. Februar 1973, englische Schriftstellerin

Seit dem sechsten Lebensjahr gehörlos, begann Schaumann mit tief empfundenen Gedichten („Die Kathedrale", 1920). Sie konvertierte 1921 zum Katholizismus und wurde als Romanautorin bekannt: „Amei" (1932), „Die Silberdistel" (1941), „Die Haarsträhne" (1959). Als gelernte Künstlerin illustrierte sie viele ihrer Bücher und schuf Porzellan-Bilder („Madonna mit Kind", 1941) sowie sakrale Skulpturen.

Louise Nevelson

* Kiew 23. September 1899, † New York 17. April 1988, ukrainisch-amerikanische Künstlerin

Bereits als Sechsjährige wanderte Nevelson mit den Eltern in die USA aus, wo sie Malerei und Bildhauerei studierte. Als Immigrantin und Frau hatte sie es schwer, sich auf dem männerdominierten Kunstmarkt durchzusetzen. Ihre vom Kubismus, von der afrikanischen Kunst und von Picasso beeinflussten Arbeiten konnte sie erstmals 1941 in einer Einzelausstellung zeigen.

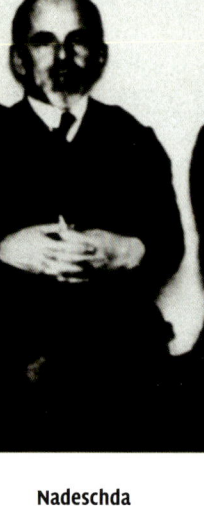

Nadeschda (Bild: Mitte) sah sich in erster Linie als Nachlassbewahrerin ihres Mannes, des Dichters Ossip Mandelstam, der 1938 dem Stalin-Terror zum Opfer fiel. Sein Werk vermachte sie der Universität Princeton und kommentierte es in zwei Erinnerungsbänden: „Das Jahrhundert der Wölfe" und „Generation ohne Tränen" (1970), in denen sie mit der sowjetischen Kulturpolitik abrechnete.

Nadeschda Mandelstam

* Saratow 31. Oktober 1899, † Moskau 29. Dezember 1980, russische Schriftstellerin

Neel blieb auf mancher Auftragsarbeit sitzen, weil sie sich weigerte, zu schönen, was sie sah und dabei empfand. Sie malte ungeschminkt expressiv und bat Prominente, sie als Akt malen zu dürfen. Darunter waren Schwangere und Entstellte. Ein Selbstbildnis zeigt sie unbekleidet als 80-Jährige. Ihre Kunst richtete sich gegen den üblichen männlichen Voyeurismus.

Else Kienle

* Heidenheim an der Brenz 26. Februar 1900, † New York 8. Juni 1970, deutsche Chirurgin

Alice Neel

* Merion Square (Pennsylvania) 28. Januar 1900, † New York 13. Oktober 1984, amerikanische Malerin

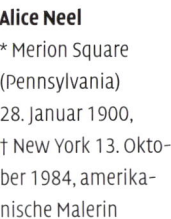

Zäh kämpfte Kienle darum, Medizin studieren zu dürfen. Sie setzte sich durch, wurde Chirurgin und nahm den Kampf gegen den Paragrafen 218 auf. Sie geriet ins Visier der Polizei, musste untertauchen und später ins Ausland gehen, wo sie mit kosmetischen Operationen Erfolg hatte. Ihre Erinnerungen erschienen 1968 unter dem Titel „Mit Skalpell und Nadel".

Helene Weigel
* Wien 12. Mai 1900,
† Berlin 6. Mai 1971,
deutsche Schau-
spielerin

Schon als kleines Mädchen kam Sarraute 1908 nach Paris, wurde dort später Anwältin, floh 1940 vor den Deutschen und begann zu schreiben. Befreundet mit Sartre und de Beauvoir, gelangen ihr bedeutende Romane wie „Porträt eines Unbekannten" (1948), „Das Planetarium" (1959), „Die goldenen Früchte" (1963), „Sagen die Dummköpfe" (1976). Sie schrieb auch Stücke und Hörspiele.

Nathalie Sarraute
* Iwanowo 18. Juli
1900, † Paris
19. Oktober 1999,
russisch-französi-
sche Schriftstellerin

Brecht wurde ihr Schicksal, beruflich wie privat: Weigel lernte ihn 1923 kennen, heiratete ihn 1928, durchlitt mit ihm nach 1933 das Exil und gründete mit ihm 1949 das Berliner Ensemble in Ost-Berlin, das sie bis zum Tod als Intendantin leitete. Ihre größten Auftritte als Schauspielerin hatte sie in Stücken ihres Mannes, ihre Paraderolle war vor allem „Mutter Courage".

Elizabeth Bowes Lyon, seit 1952 Queen Mum genannt
* London 4. August
1900, † Windsor
30. März 2002,
englische Königin

Die aus England stammende Caldwell wurde mit ihrem Einwanderer-Roman „Einst wird kommen der Tag" (1938) schlagartig berühmt. 1948 gelang ihr mit „Melissa" erneut ein Bestseller, und auch weitere Titel wurden Erfolge: „Die Armaghs" (1971), „Ewigkeit will meine Liebe" (1973), „Das Ende aller Unschuld" (1976). Insgesamt verkaufte sie über 30 Millionen Exemplare.

Taylor Caldwell (eigentlich Janet Miriam Reback)
* Prestwich bei Man-
chester 7. September
1900, † Greenwich
(Connecticut)
30. August 1985,
amerikanische
Schriftstellerin

Durch Eheschließung mit Albert, dem zweiten Sohn König Georgs V., wurde Bowes Lyon 1923 Herzogin von York und nach dessen Thronfolge 1936 Königin. Sie erwarb sich durch ihre Standhaftigkeit im Krieg große Beliebtheit, die noch wuchs, als ihre Tochter 1952 als Elisabeth II. Königin wurde. Ihr langes Leben machte sie zum Symbol für die Dauerhaftigkeit der Monarchie.

So relativ spät ihre Karriere (1926) begann, so steil führte sie hinauf in den Opernhimmel. Die Sopranistin Berger brillierte auf allen großen Bühnen als Königin der Nacht in der „Zauberflöte", als Mimi in „La Bohème", als Konstanze in der „Entführung aus dem Serail". Sie förderte den Nachwuchs und lieh ihre Stimme für Filme aus wie „Die schwedische Nachtigall".

Zu Lebzeiten machte sich Boye eher als Übersetzerin von T. S. Eliot einen Namen als durch eigene Werke. Erst postum erreichten ihre Gedichte in der Sammlung „Brennendes Silber" (1963) einen weiteren Leserkreis. Ihre teils klassisch klaren, teils surrealistisch verrätselten Texte lassen eine Schwermut ahnen, die wohl hinter dem Entschluss zum Freitod stand.

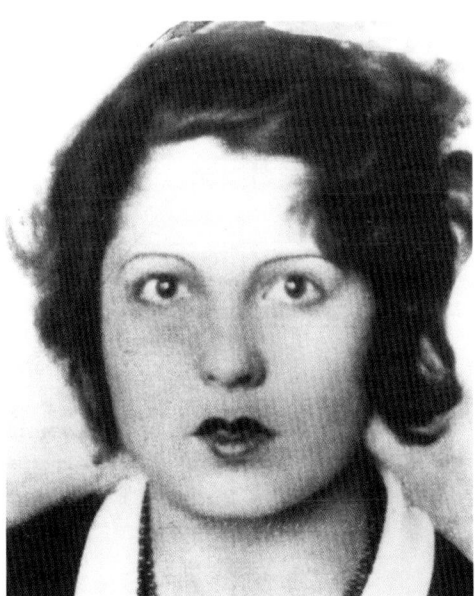

Der sonst so bissige Kritiker Alfred Kerr schwärmte, Neher sei aufgetreten als „volkseinfache Menschenblume". Da spielte sie in Berlin, war mit dem Dichter Klabund verheiratet (1925–1928) und brillierte in Stücken von Wedekind, Shaw und Brecht. Wegen Hitler setzte sie sich 1933 in die UdSSR ab, geriet dort 1937 in Stalins Säuberungswahn und kam im Gulag um.

Margaret Mitchell
^ Atlanta (Georgia)
8. November 1900,
† ebendort
16. August 1949
(Autounfall), ameri-
kanische Schrift-
stellerin

In eine anrührende, tragische Liebesgeschichte kleidete Mitchell ihren Roman „Vom Winde verweht" (1936). Sie erhielt dafür 1937 den Pulitzerpreis. Die Verfilmung 1939 mit Clark Gable und Vivien Leigh wurde zu einem der größten Kassenerfolge der Kinogeschichte, obwohl hier aus südstaatlicher Sicht dem Norden die Sieger-Sünden im Bürgerkrieg vorgehalten werden.

Anna Seghers
* Mainz 19. November 1900, † Berlin
1. Juni 1983, deutsche Schriftstellerin

Als Kommunistin ging Seghers 1933 ins Exil und ließ sich 1947 in Ost-Berlin nieder. In Erzählungen und Romanen setzte sie sich für Unterdrückte und Ausgebeutete ein: „Aufstand der Fischer von St. Barbara" (1928), „Das siebte Kreuz" (1942), „Überfahrt" (1971). Seghers war 1952–1978 Präsidentin des Schriftstellerverbands der DDR. 1951 erhielt sie den Stalin-Friedenspreis.

Bewusst wandte sich Schaefer, die seit 1933 mit dem Schriftsteller Horst Lange verheiratet war, in ihren Gedichten von der modernen lyrischen Abstraktion ab und setzte auf liedhafte Naturtöne. Sammlungen erschienen unter Titeln wie „Die Windharfe" (1939) oder „Grasmelodie" (1959). Ihre Erinnerungen nannte sie 1970 „Auch wenn du träumst, gehen die Uhren".

Oda Schaefer
* Berlin 21. Dezember 1900, † München
4. September 1988,
deutsche Schriftstellerin

Der Reichtum des Vater Hugo Stinnes ermöglichte Clärenore ein teures und ungewöhnliches Hobby: Autorennen. Sie gewann 17 Wettfahrten bis 1927 und setzte dann in einem Adler Standard 6 zur Weltumrundung an. In 26 Monaten schaffte sie die 47 000 Fahrkilometer, heiratete 1930 ihren fotografischen Begleiter Carl-Axel Söderström und ließ sich in Schweden nieder.

Clärenore Stinnes
* Mülheim an der
Ruhr 21. Januar
1901, † Südschweden 7. September
1990, deutsche
Automobilistin

In der christlich-abendländischen Tradition wurzeln die sprachlich anspruchsvollen Werke von Kaschnitz, die immer auch autobiografisch getönt sind. Das gilt gleichermaßen für die Lyrik – „Ewige Stadt" (1952), „Ein Wort weiter" (1965) – wie für die Erzählungen: „Das dicke Kind" (1952), „Eisbären" (1972) und die Romane: „Elissa" (1937), „Gustave Courbet" (1949).

Rosamond Nina Lehmann
* London 3. Februar 1901, † ebendort 12. März 1990, englische Schriftstellerin

Marie Luise Kaschnitz
* Karlsruhe 31. Januar 1901, † Rom 10. Oktober 1974, deutsche Schriftstellerin

Dem Zusammenwirken von bewussten und unterbewussten Motiven gilt die Aufmerksamkeit von Lehmann bei der Zeichnung ihrer Figuren in den Romanen. Dabei kommen auch triebhafte Regungen zur Sprache, was schon dem ersten Buch „Mädchen auf der Suche" (1927) großes Interesse sicherte. Auch „Aufforderung zum Tanz" (1932) und „Unersättliches Herz" (1944) wurden Erfolge.

Tatjana Gsovsky
* Moskau 18. März 1901, † Berlin 29. September 1993, russisch-deutsche Tänzerin und Choreografin

Gsovsky ließ sich 1924 in Berlin nieder und gründete 1928 eine eigene Ballettschule. Im Dritten Reich mit Berufsverbot belegt, kam ihre große Zeit nach dem Krieg. Sie war 1956–1966 Ballettdirektorin an der Deutschen Oper. 1955 bildete sie eine eigene Truppe. Mit ihren Choreografien („Der rote Mantel", 1954; „Tristan", 1965) prägte sie auf Jahre die Ballettszene.

Rose Ausländer
* Czernowitz (Bukowina) 11. Mai 1901,
† Düsseldorf
3. Januar 1988,
jüdisch-deutsche
Lyrikerin

Sie lebte drei Jahrzehnte in den USA, doch in der für Juden finstersten Zeit geriet Ausländer in Hitlers Machtbereich und überlebte nur knapp. Dazu trug auch ihre poetische Gabe bei, Leid auszudrücken: „36 Gerechte" (1968), „Mutterland" (1978), „Südlich wartet ein wärmeres Land" (1982), „Der Traum hat offene Augen" (1987). Sie schrieb auch philosophische Essays.

Unter Lebensgefahr versteckte Henrich im Krieg den Kommunisten Rudolf Welskopf und heiratete ihn 1946. Sie wurde 1960 Professorin für Alte Geschichte an der Humboldt-Universität und trat mit Romanen und Kinderbüchern hervor. Beliebt in der DDR war ihre sechsbändige Reihe „Die Söhne der Großen Bärin" (1951–1961) über den Kampf der Dakota-Indianer im 19. Jahrhundert.

Liselotte Welskopf-Henrich
* München 15. September 1901, † Garmisch-Partenkirchen
16. Juni 1979, deutsche Historikerin
und Schriftstellerin

Margarete Buber-Neumann
* Potsdam 21. Oktober 1901, † Frankfurt am Main 6. November 1989, deutsche Publizistin

Seit 1926 KPD-Mitglied, musste Buber-Neumann 1933 ins Exil und kam über Spanien und die Schweiz nach Moskau. Dort geriet sie ins Räderwerk der Säuberungen Stalins und wurde in diverse Straflager verschleppt. 1940 nach Deutschland abgeschoben, wurde sie bis 1945 im KZ Ravensbrück gequält. Sie schrieb darüber den Bericht „Als Gefangene bei Stalin und Hitler" (1949).

Nach einem Studium am Weimarer Bauhaus ging Erna nach Frankreich und lernte den Dadaisten Kurt Schwitters kennen, der ihr den Spitznamen Ré gab. 1937 heiratete sie den Schriftsteller Philippe Soupault und begleitete ihn als Fotografin auf Reportagereisen. Die Kriegszeit über lebte das Paar in den USA. Ré übersetzte Bücher ihres Mannes sowie Werke von André Breton.

Die Dramen von Fleißer zeigen den Einfluss von Brechts epischem Theater: „Fegefeuer in Ingolstadt" (1926), „Pioniere in Ingolstadt" (1928). Sie behandeln kritisch den kleinbürgerlichen Alltag und brachten Fleißer 1935 Schreibverbot ein. Nach dem Krieg entstanden Stücke wie „Der starke Stamm" (1946) und Erzählungen wie „Abenteuer aus dem Englischen Garten" (1969).

Trotz viel Kritik an Meads Forschungen bei Naturvölkern auf Neuguinea und Bali hat sich eine ihrer Erkenntnisse durchgesetzt: Die Rollen der Geschlechter sind kulturell vorgegeben und genetisch nur flankiert – „Geschlecht und Temperament in drei primitiven Gesellschaften" (1935) war ein Schlüsselwerk. 1972 erschien ihre Autobiografie unter dem Titel „Brombeerblüten im Winter".

**Marlene Dietrich
(eigentlich Maria
Magdalena von
Losch)**
* Berlin 27. Dezember 1901, † Paris
6. Mai 1992,
deutsch-amerikanische Schauspielerin und Sängerin

Ihr Stern ging zögernd zur Stummfilmzeit auf und erstrahlte 1930 hell im Tonfilm „Der blaue Engel". Dietrich wechselte in die USA, wurde 1937 amerikanische Staatsbürgerin und war im Krieg als Unterhalterin der Kampftruppen beliebt. Ihre rauchige, leicht verrucht klingende Stimme fesselte vor allem das männliche Publikum in Filmen wie „Zeugin der Anklage" (1957). Seit den 1970er-Jahren lebte sie zurückgezogen in Paris.

**Gret Palucca
(eigentlich
Margarete Paluka)**
* München 8. Januar
1902, † Dresden
22. März 1993,
deutsche Tänzerin

Die Wigman-Schülerin Palucca gründete 1925 eine eigene nach ihr benannte Ballettschule in Dresden. Palucca war bis in die 1950er-Jahre die Hauptrepräsentantin des Ausdruckstanzes in Deutschland, trat bei der Eröffnung der Olympischen Spiele 1936 auf und leitete auch in der DDR ihre allerdings verstaatlichte Schule, die auf klassisches Ballett verpflichtet wurde.

Alva Myrdal
* Uppsala 31. Januar
1902, † Stockholm
1. Februar 1986,
schwedische Sozio-
login

Mit ihrem Mann Karl Gunnar war Myrdal seit 1924 ein ideales Gespann, wissen- schaftlich und politisch. Beide gehörten seit 1932 der Arbeiterpartei an. Seine öko- nomischen und ihre soziologischen Ideen trugen maßgeblich zur Ausgestaltung des Wohlfahrtsstaats bei. Für ihre Bemühun- gen um Abrüstung, 1966–1973 als Ministe- rin, erhielt Myrdal 1982 den Friedensno- belpreis.

Hilde Benjamin
* Bernburg an der
Saale 5. Februar
1902, † Berlin
18. April 1989, deut-
sche Politikerin

Benjamin erlebte die Gnadenlosigkeit der Nazi-Justiz und beantwortete sie mit glei- cher Härte, als sie selbst das Sagen hatte. Sie war 1949–1953 am Obersten Gericht der DDR und danach bis 1967 Justizminis- terin. Die Urteile gegen Aufständische des 17. Juni 1953 und viele Todesurteile gegen Missliebige gingen auf sie zurück, weshalb sie als „Blutige Hilde" gefürchtet war.

Gertrud Scholtz-Klink
* Adelsheim/Baden 9. Februar 1902, † Bebenhausen 24. März 1999, deutsche NS-Politikerin

Frauen waren im Hitler-Staat politisch nicht vorgesehen, und doch mussten weibliche Angelegenheiten geregelt werden. Wegen ihrer Zurückhaltung, ihrer „nordischen" Erscheinung und ihrer fünffachen Mutterschaft galt die 1930 der NSDAP beigetretene Scholtz-Klink als besonders geeignet dafür. Sie wurde 1934 „Reichsfrauenführerin" und nach dem Krieg als „Hauptschuldige" eingestuft.

Leni Riefenstahl
* Berlin 22. August 1902, † Pöcking am Starnberger See 8. September 2003, deutsche Filmregisseurin und Fotografin

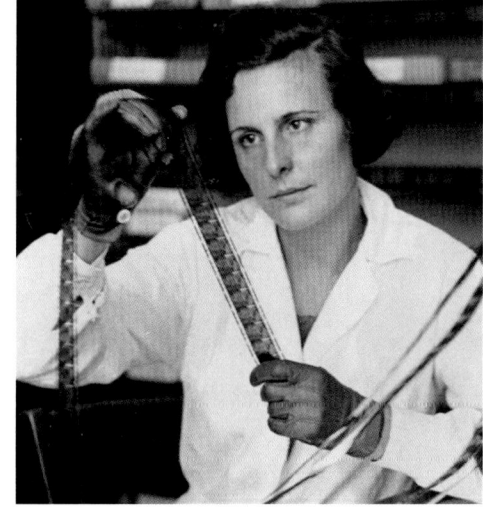

Nach Anfängen als Schauspielerin („Die weiße Hölle vom Piz Palü", 1929) wurde Riefenstahl als Regisseurin von Hitler mit Filmen über die Reichsparteitage 1933 („Sieg des Glaubens") und 1934 („Triumph des Willens") sowie mit der Dokumentation der Olympischen Spiele 1936 beauftragt („Fest der Völker/Fest der Schönheit"). Nach dem Krieg war sie als Fotografin tätig („Die Nuba", 1973) und blieb stets umstritten.

Nur mit Mühe konnte McClintock durchsetzen, dass sie studieren durfte – ihr Fach Botanik war eine ausgemachte Männerdomäne. Sie ließ sich aber nicht abwimmeln, machte ihren Doktor und fand später einen Laborplatz sowie eine Anstellung als Professorin. Für ihre Arbeiten über mobile genetische Elemente („springende Gene") erhielt sie 1983 den Nobelpreis für Physiologie.

Barbara McClintock
* Hartford (Connecticut) 16. Juni 1902, † Huntington (New York) 2. September 1992, amerikanische Genetikerin

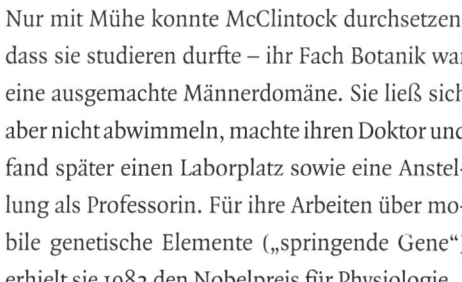

Auf dem kenianischen Gestüt des Vaters aufgewachsen, wurde Markham Reitlehrerin, machte eine Pilotenausbildung und arbeitete als Busch-Fliegerin. 1936 gelang ihr als erstem Menschen der Nonstop-Alleinflug über den Atlantik in Ost-West-Richtung. Obwohl bruchgelandet, wurde sie frenetisch gefeiert. Ihr Buch „Westwärts mit der Nacht" (1942) wurde zum Bestseller.

Beryl Markham
* Leicester 26. Oktober 1902, † Nairobi 3. August 1986, englische Fliegerin

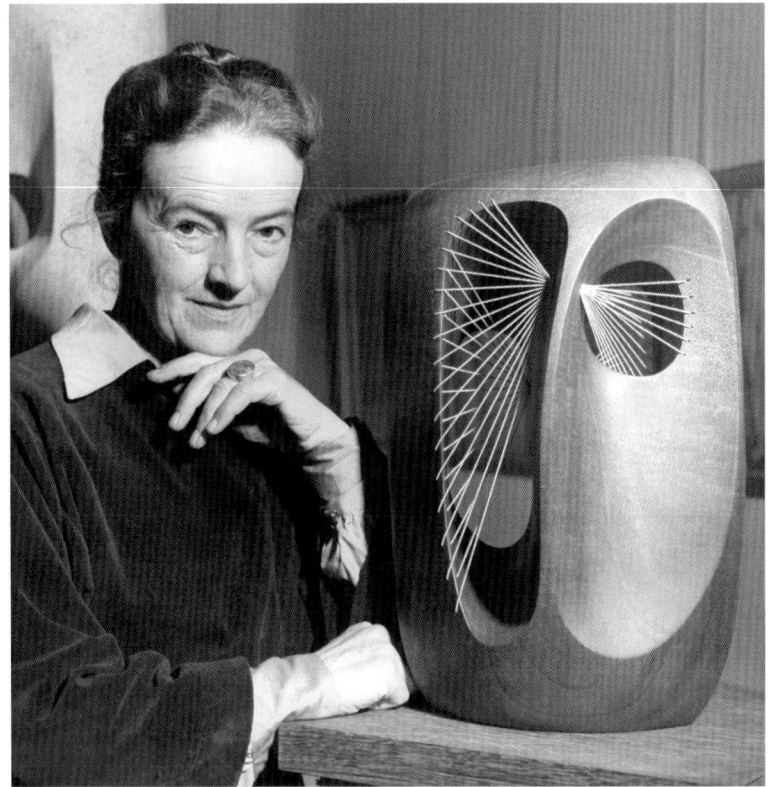

Barbara Hepworth
* Wakefield (York-
shire) 10. Januar
1903, † St. Ives
(Cornwall) 20. Mai
1975, englische
Bildhauerin

Die Begegnung mit dem Bildhauer Henry
Moore beim Studium an der Kunsthochschule in Leeds wurde für Hepworth so prägend wie für ihn. Beide entwickelten die
abstrakte Plastik in England. Sie arbeiteten
mehrere Jahre zusammen mit ihrem späteren Mann, dem Objektkünstler Ben Nicholson. Sie starb bei einem Brand ihres
Ateliers. Hepworths Haus in St. Ives dient
heute als Museum für eine Reihe ihrer
Werke.

In den 1966–1985 veröffentlichten siebenbän-
digen „Tagebüchern der Anaïs Nin" findet sich
der Seelen- und Lebensstoff (z. B. ihr Verhältnis
mit Henry Miller und seiner Frau June), aus
dem ihre Romane sind, in denen es um weibliche Sexualität und Verdrängtes geht. Wichtigste Titel: „Das Delta der Venus" (1977),
„Dunja oder das Herz mit den vier Kammern"
(1950).

**Marguerite
Yourcenar
(eigentlich
Marguerite de
Crayencour)**
* Brüssel 8. Juni
1903, † Mount Desert
Island (Maine)
17. Dezember 1987,
französisch-ameri-
kanische Schrift-
stellerin

Anaïs Nin
* Neuilly-sur-Seine
21. Februar 1903,
† Los Angeles
14. Januar 1977,
französisch-ameri-
kanische Schrift-
stellerin

Zunächst Dozentin für französische Literatur
an einem New Yorker College, machte sich
Yourcenar einen Namen mit Romanen wie „Der
Fangschuss" (1939), „Ich zähmte die Wölfin"
(1951), „Die schwarze Flamme" (1968). Yourcenar schrieb auch Erinnerungsbücher wie
„Lebensquellen" (1977) und „Liebesläufe"
(1988). 1980 wurde sie als erste Frau in die Aca-
démie Française aufgenommen.

Gwen Bristow
* Marion (South Carolina) 16. September 1903, † New Orleans 17. August 1980, amerikanische Schriftstellerin

Staritz war eine der ersten Frauen, die nach Einsegnung 1938 zum Pfarrdienst zugelassen wurde; Amtsbezeichnung Vikarin. Sie kämpfte für die Judenchristen in Breslau und musste das mit Arbeitslager und KZ-Haft bis 1943 in Ravensbrück büßen. In dieser Zeit schrieb sie Gedichte und Briefe, die 1952 unter dem Titel „Des großen Lichtes Widerschein" erschienen.

Gemeinsam mit ihrem Mann Bruce Manning schrieb Bristow erfolgreiche Krimis („Der unsichtbare Gastgeber", 1956) und war als Journalistin tätig. Ihre eigenen Romane beschreiben in populärer Weise Familienschicksale in den Südstaaten der USA: „Tiefer Süden" (1937), „Die noble Straße" (1938), „Kalifornische Sinfonie" (Romanze, 1950), „Alles Gold der Erde" (1969).

Katharina Staritz
* Breslau 25. Juli 1903, † Frankfurt am Main 3. April 1953, deutsche evangelische Theologin

Madame Grès (eigentlich Germaine Krebs)
* Paris 30. November 1903, † St.-Paul-de-Vence (Alpes-Maritimes) 24. November 1993, französische Modeschöpferin

Zunächst wollte Grès Tänzerin werden, lernte dann aber Hutmacherin und wandte sich in Paris mit einem eigenen Salon namens „Alix" 1931 der Mode zu. Als Vorbild diente ihr bei ihren Schnitten der Faltenwurf antiker Standbilder, der viel Raum für die anmutige Bewegung ließ. Sie bevorzugte eine asymmetrische Linienführung und weiches Material (Wolle, Seide).

Frieda Belinfante
* Amsterdam 10. Mai 1904, † Santa Fe (New Mexico) 26. April 1995, niederländisch-amerikanische Cellistin und Dirigentin

Als Frau hatte die Cellovirtuosin Belinfante ohnedies Probleme, Engagements zu bekommen. Dass sie lesbisch veranlagt war, machte die Sache nicht leichter. Daraufhin gründete sie 1938 ein eigenes Orchester und gewann sogar einen Dirigenten-Wettbewerb in der Schweiz gegen zwölf Männer. Im Krieg musste sie sich als Halbjüdin verstecken. Danach war sie in den USA tätig.

Aus bürgerlichem Hause stammend, entwickelte sich Ding zur Kommunistin und schrieb sozialkritische Texte wie das „Tagebuch der Sophia" (1928). Für ihren Roman „Sonne über dem Sangganfluss" (1948) erhielt sie 1951 den Stalin-Preis. Sie geriet in Konflikt mit der Parteilinie, wurde als „Abweichlerin" verbannt und inhaftiert. Erst nach Maos Tod 1976 kam sie frei.

Ding Ling
* Linli (Hunan) 12. Oktober 1904, † Peking 4. März 1986, chinesische Schriftstellerin

Mut bewies Karola, als sie nach 1933 trotz jüdischer Herkunft in Deutschland blieb, den Philosophen Ernst Bloch heiratete und erst 1937 ins Exil ging. 1949 kehrten beide zurück und ließen sich in Leipzig nieder, wo Karola öffentliche Gebäude entwarf. 1961 wechselten sie nach Tübingen. Sie schrieb die Biografie von Ernst Bloch „Denken heißt Überschreiten" (1982).

Karola Bloch
* Lodz 22. Januar 1905, † Tübingen 31. Juli 1994, polnisch-deutsche Architektin und Publizistin

Der Beruf als Lehrerin füllte Blaman nicht aus. Nach dem Krieg entdeckte sie, dass sie Talent zum Schreiben hatte, und veröffentlichte Romane und Novellen. Besonders bekannt wurde die große Erzählung „Einsames Abenteuer" (1948). Darin nämlich sprach Blaman für die prüden Ohren der Nachkriegszeit ungewöhnlich offen über Erotik und die Vereinzelung des Menschen.

Irmgard Keun
* Berlin 6. Februar 1905, † Köln 5. Mai 1982, deutsche Schriftstellerin

Anna Blaman
* Rotterdam 31. Januar 1905, † ebendort 13. Juli 1960, niederländische Schriftstellerin

Die ersten Romane von Keunn, die schon das ganze ironisch-humorvolle Können zeigten, blieben zunächst fast unbeachtet: „Gilgi – eine von uns" (1931), „Das kunstseidene Mädchen" (1932), „Ferdinand, der Mann mit dem freundlichen Herzen" (1950). Erst in den 1970er-Jahren wurden sie von einem größeren Kreis entdeckt wie auch ihre Erzählungen („Blühende Neurosen", 1962).

Die Modelehre war nichts für Flickenschildt; sie wollte auf die Bühne. Sie spielte am Hamburger Schauspielhaus und an den von Gründgens geleiteten Theatern in Berlin und Düsseldorf. Dem großen Publikum wurde sie durch Filme wie „Der zerbrochene Krug" (1937), „Der Besuch der alten Dame" (1959), „Faust" (1960), „Tante Frieda" (1965) und ihrer bemerkenswerten rauen Stimme bekannt

Wera Panowa
* Rostow am Don 20. März 1905, † Leningrad 3. März 1973, russische Schriftstellerin

Elisabeth Flickenschildt
* Hamburg 16. März 1905, † Stade 26. Oktober 1977, deutsche Schauspielerin

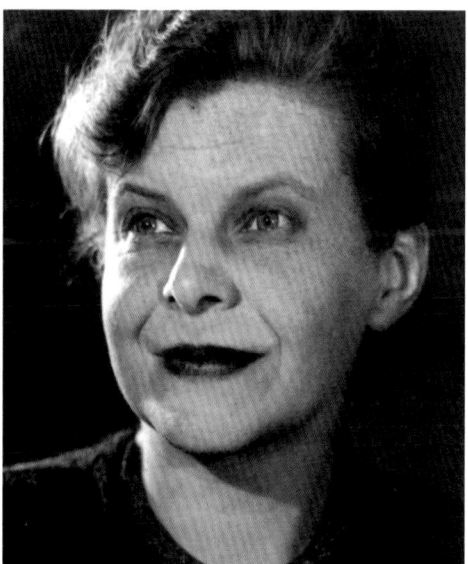

Kriegsalltag war das Thema der ersten bedeutenden Novelle von Panowa, „Die Weggefährten" (1947). Hoffnung auf bessere Zeiten nach Stalins Tod erfüllte den Roman „Jahreszeiten" (1953). Weitere Werke waren „Kleiner Mann in großer Welt" (1955), „Sentimentaler Roman" (1958), „Leningrader Erzählungen" (1959) und „Abschied von den hellen Nächten" (1961).

Wenn der deutsche Soldatensender Belgrad 1941/43 allabendlich um 21 Uhr 57 die erotische Stimme von Andersen über alle Fronten funkte, war Feuerpause. Die Kämpfer lauschten Hans Leips Lied (Musik: Norbert Schultze) von der Laterne, unter der „Lili Marleen" vor der Kaserne steht. An diesen Welterfolg konnte Andersen nach dem Krieg nicht wieder anknüpfen.

Lale Andersen (eigentlich Lise-Lotte Helene Berta Beul)
* Lehe bei Bremerhaven 23. März 1905, † Wien 29. August 1972, deutsche Sängerin und Schauspielerin

Lillian Hellman
* New Orleans 20. Juni 1905, † Martha's Vineyard (Massachusetts) 30. Juni 1984, amerikanische Schriftstellerin

Lesbische Liebe zweier Lehrerinnen war das Thema ihres ersten erfolgreichen Stücks „Kinderstund" (1934, 1961 mit Audrey Hepburn und Shirley MacLaine verfilmt). Das Drama „Die kleinen Füchse" (1939) wurde ein Broadway-Ereignis und mehrmals verfilmt (1981 mit Elizabeth Taylor). Ihre Erinnerungen erschienen 1976 unter dem Titel „Die Zeit der Schurken". Zeit ihres Lebens war sie eine streitbare linksgerichtete Aktivistin.

Myrna Loy
* Radersburg (Montana) 2. August 1905, † New York 14. Dezember 1993, amerikanische Filmschauspielerin

In der Heimat wäre sie wohl versauert, durch Umzug nach Los Angeles aber geriet Loy in den Sog Hollywoods und heimste als Detektivin Nora Charles an der Seite von William Powell als „Der dünne Mann" (1934) große Erfolge ein. Die schicke schlanke Loy bestach durch Charme und Schlagfertigkeit. Später wechselte sie ins Mutter-Fach: „Im Dutzend billiger" (1950).

Greta Garbo (eigentlich Greta Gustafsson)
* Stockholm 18. September 1905, † New York 15. April 1990, schwedisch-amerikanische Filmschauspielerin

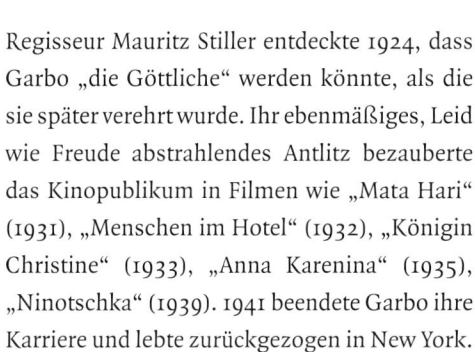

Regisseur Mauritz Stiller entdeckte 1924, dass Garbo „die Göttliche" werden könnte, als die sie später verehrt wurde. Ihr ebenmäßiges, Leid wie Freude abstrahlendes Antlitz bezauberte das Kinopublikum in Filmen wie „Mata Hari" (1931), „Menschen im Hotel" (1932), „Königin Christine" (1933), „Anna Karenina" (1935), „Ninotschka" (1939). 1941 beendete Garbo ihre Karriere und lebte zurückgezogen in New York.

Erika Mann
* München
9. November 1905,
† Kilchberg bei Zürich
27. August 1969,
deutsche Schrift-
stellerin

Als Tochter Thomas Manns zu schreiben dazu gehörte Mut. Erika schrieb Kinderbücher sowie Zeitkritisches mit ihrem Bruder Klaus, setzte mit ihrem 1933 gegründeten Kabarett „Die Pfeffermühle" eher auf die politische Karte und verstand sich später als Förderin und Verwalterin des väterlichen Werkes. Sie sorgte dafür, dass er wie sie 1933 ins Exil ging. Im Buch „Zehn Millionen Kinder" prangerte sie 1938 die Nazi-Erziehung an.

**Lilian Harvey
(eigentlich Lilian
Pape)**
* London 19. Januar
1906, † Cap d'Antibes
(Côte d'Azur) 27. Juli
1968, englisch-deut-
sche Schaupielerin

Unter dem Geburtsnamen der Mutter machte Harvey in den 1920er-Jahren erste Karriere-Schritte beim Film und wurde 1931 an der Seite von Willy Fritsch zum Star im Streifen „Der Kongress tanzt". Weitere Glanzrollen: „Ich und die Kaiserin" (1933), „Glückskinder" (1936). Wegen jüdischer Kontakte bespitzelt, verließ Harvey 1939 Deutschland und wurde ausgebürgert.

Jüdische Herkunft und kommunistische Einstellung – im Dritten Reich erhielt Grundig Ausstellungsverbot, wurde zeitweilig inhaftiert und ging 1941 nach Palästina. Sie ließ sich 1949 in Dresden nieder, war seit 1964 Mitglied des ZK der SED und wurde hoch dekoriert für sozialistisch-realistische Arbeiten wie die 50 Drucke der Reihe „Das Gesicht der Arbeiterklasse".

Lea Grundig
* Dresden 23. März
1906, † ebendort
10. Oktober 1977,
deutsche Malerin

Josephine Baker
* St. Louis (Missouri)
3. Juni 1906, † Paris
12. April 1975, afro-
amerikanisch-fran-
zösische Tänzerin

Drei Jahre Mathematik-Studium, das sie dann zugunsten von Physik aufgab, haben Goeppert-Mayer sicher nicht geschadet. Sie machte 1930 den Doktor bei Max Born in Göttingen, ging in die USA, wurde 1939 Professorin an der Columbia Universität und lehrte später in Chicago. Sie entdeckte zur gleichen Zeit wie H. D. Jensen die Schalenstruktur des Atomkerns und erhielt mit ihm 1963 den Nobelpreis für Physik.

Maria Goeppert-Mayer
* Kattowitz 28. Juni 1906, † San Diego (Kalifornien) 20. Februar 1972, deutsch-amerikanische Physikerin

Vier bis fünf Ehen und zwölf adoptierte Kinder („Regenbogenfamilie"): Dem Temperament der farbigen Tänzerin Baker entsprach ein gro-ßes Herz. Nach tingelnden Anfängen in den USA gelang ihr der Durchbruch 1925 bei Auf-tritten in der „Revue Nègre" in Paris. Legendär wurde ihr wilder Tanz in einem Röckchen aus nichts als 16 Bananen. 1937 wurde sie Franzö-sin.

Estée (Esther) Lauder
* New York 1. Juli 1906, † ebendort 24. April 2004, ame-rikanische Kosmeti-kerin

„Parfüm ist wie Liebe. Ein bisschen ist nie genug." Diesen Wahlspruch münzte Lau-der auch auf ihre zahllosen anderen Pro-dukte, darunter das Badeöl „Tau der Jugend", das „ewige" Schönheit sugge-rierte. Überhaupt verstand es Lauder, mit Energie und Ideen ihre duftenden und glät-tenden Waren an die Frau zu bringen. Sie gebot bald über ein milliardenschweres Imperium.

Lange waren ihre Werke vergessen, was auch daran lag, dass Bourdouxhe nach dem Krieg keine mehr schrieb. Ihr letztes Buch „Auf der Suche nach Marie" war 1943 entstanden, als sie im Untergrund gegen die deutschen Besatzer kämpfte. Die Erinnerung daran erwachte in den 1980er-Jahren und damit auch die an ihre Romane („Die letzten großen Ferien", 1936; „Gilles Frau", 1937).

Hannah Arendt
* Hannover 14. Oktober 1906, † New York 4. Dezember 1975, deutsch-amerikanische Philosophin

Madeleine Bourdouxhe
* Lüttich 25. September 1906, † Brüssel 16. April 1996, belgische Schriftstellerin

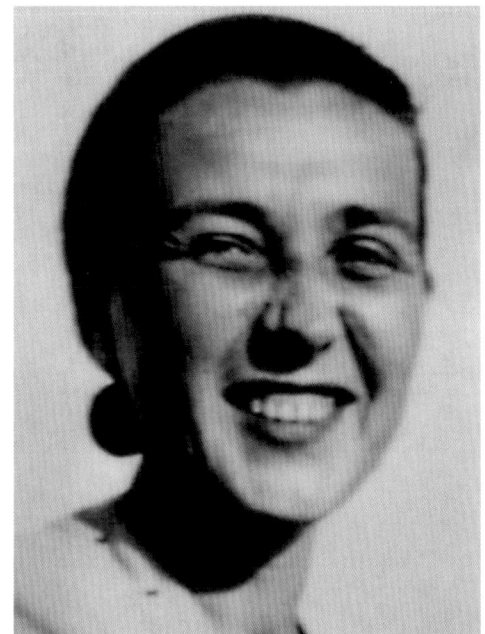

Studiert hatte Arendt bei Heidegger, mit dem sie auch eine intime Beziehung verband. 1933 musste sie als Jüdin Deutschland verlassen und machte in den USA Karriere als Professorin, nachdem 1951 ihr Buch „Elemente und Ursprünge totalitärer Herrschaft" erschienen war. 1963 schrieb sie „Eichmann in Jerusalem" und prägte die Formel von der „Banalität des Bösen".

Paula Wessely
* Wien 20. Januar 1907, † ebendort 11. Mai 2000, österreichische Schauspielerin

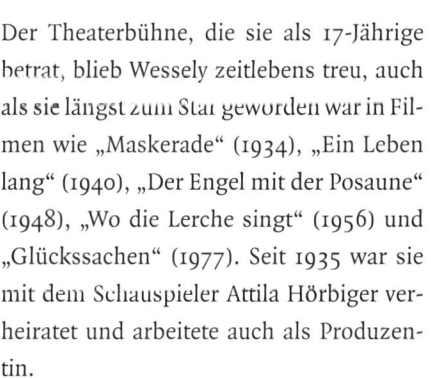

Der Theaterbühne, die sie als 17-Jährige betrat, blieb Wessely zeitlebens treu, auch als sie längst zum Star geworden war in Filmen wie „Maskerade" (1934), „Ein Leben lang" (1940), „Der Engel mit der Posaune" (1948), „Wo die Lerche singt" (1956) und „Glückssachen" (1977). Seit 1935 war sie mit dem Schauspieler Attila Hörbiger verheiratet und arbeitete auch als Produzentin.

In einem Shakespeare-Stück debütierte Gold in Bern, ging dann über Breslau nach Berlin, wo sie bis 1944 Erfolge im „Faust" sowie in Ibsen-Dramen feierte. Nach dem Krieg spielte sie an der Wiener Burg. Von ihren Filmrollen blieben besonders in Erinnerung: „Amphitryon" (1935), „Rose Bernd" (1956) und „Karl May" (1974). Außerdem trat sie in Fernsehserien auf.

Zarah Leander
* Karlstad 15. März 1907, † Stockholm 23. Juni 1981, schwedisch-deutsche Schauspielerin und Sängerin

Käthe (Katharina) Gold
* Wien 11. Februar 1907, † ebendort 11. Oktober 1997, österreichische Schauspielerin

Ihre tiefe Stimme war es, die Leander als geeigneten Ersatz für die exilierte Marlene Dietrich erscheinen ließ. Die Ufa baute sie 1936–1943 zum teuersten Star des deutschen Kinos auf in Filmen wie „La Habanera" (1937), „Es war eine rauschende Ballnacht" (1939), „Die große Liebe" (1942). Ihre Lieder blieben lange im Gedächtnis: „Kann denn Liebe Sünde sein?" (1938).

Lee (Elizabeth) Miller
* Poughkeepsie (New York) 23. April 1907, † Farley Farm (Sussex) 27. Juli 1977, amerikanische Fotografin

Die schöne Miller wurde 1927 als Model entdeckt, suchte aber bald den Weg hinter die Kamera und fand ihn in Paris beim Surrealisten Man Ray. Später gründete sie in New York ein Foto-Atelier, verdingte sich im Krieg bei der US-Army als Bildberichterin und hielt das Inferno des Kriegsendes 1945 fest. Danach zog sie sich ins Privatleben zurück.

Reich und berühmt wollte Hepburn werden und wählte die Filmkarriere. Die schöne, schlaksige Hepburn mit dem entschlossenen Zug im kantigen Gesicht spielte Charakterrollen in Streifen wie „Eine Frau, von der man spricht" (1942), „African Queen" (1951). 1941–1967 war sie die Lebensgefährtin von Spencer Tracy. Nach ihrem Tod gingen ihr zu Ehren am Broadway für eine Stunde die Lichter aus.

Katharine Hepburn
* Hartford (Connecticut) 12. Mai 1907,
† Old Saybrook (Connecticut) 29. Juni 2003, amerikanische Schauspielerin

Spannung und Abenteuer wusste Daphne so zu dosieren, dass viele ihrer Romane zu Bestsellern und auch verfilmt wurden. Sie zeichnete die Charaktere so psychologisch geschickt, dass auch die Literaturkritik Anerkennung zollte: „Rebecca" (1938), „Meine Cousine Rachel" (1951), „Ein Tropfen Zeit" (1969), „Die standhafte Lady" (1972), „Wachstumsschmerzen" (1977).

Daphne du Maurier
* London 13. Mai 1907, † Par (Cornwall) 19. April 1989, englische Schriftstellerin

Eine „schnelle" Ehe im doppelten Sinn: Beinhorn heiratete 1936 den erfolgreichen Rennfahrer Bernd Rosemeyer. Da hatte sie bereits eine Reihe von Flugrekorden aufgestellt. Während sie jedoch mit viel Glück einige waghalsige Unternehmungen überstand und uralt wurde, kam ihr Mann 1938 bei einem Rekordversuch ums Leben. Ihre Autobiografie erschien 1977: „Alleinflug".

Mascha Kaléko
* Schidlow (Galizien) 7. Juni 1907, † Zürich 21. Januar 1975, deutsch-jüdische Lyrikerin

Elly Beinhorn-Rosemeyer
* Hannover 30. Mai 1907, † Ottobrunn 28. November 2007, deutsche Fliegerin

Im Ersten Weltkrieg ging die Familie nach Berlin, wo Kaléko die Schule besuchte, Sekretärin wurde und erste Verse in Zeitungen veröffentlichte. Das waren so bissig-witzig warmherzigsinnige Lieder und Balladen, dass man Kästner oder Tucholsky zu hören meinte. Im Dritten Reich verboten, ging Kaléko 1938 in die USA. Bekannt ist besonders die Sammlung „Lyrisches Stenogrammheft" (1933).

Frida Kahlo
* Coyoacán (Distrito Federal) 6. Juli 1907, † ebendort 13. Juli 1954, mexikanische Malerin

Mit dem starken rothaarigen Mädchen „Pippi Langstrumpf" (seit 1945) begann die Weltkarriere von Lindgren als humorvolle Erzählerin und große Kinderfreundin. Zahlreiche Buch-Reihen und andere unvergessliche Werke folgten: „Meisterdetektiv Kalle Blomquist" (seit 1953), „Karlsson vom Dach" (1955), „Kinder aus Bullerbü" (1960). „Michel aus Lönneberga" (1963), „Die Brüder Löwenherz" (1973), Ronja Räubertochter (1981).

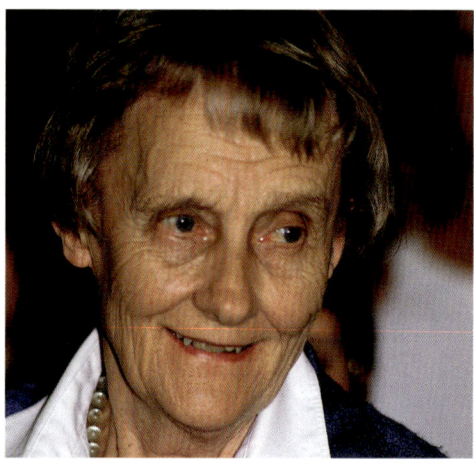

Astrid Lindgren
* Vimmerby (Kalmar) 14. November 1907, † Stockholm 28. Januar 2002, schwedische Kinder-buchautorin

Seit einem Unfall 1925 immer wieder ans Bett gefesselt, begann Kahlo zum Zeitvertreib, mehr und mehr aber auch zur Leidbewältigung zu malen. Sie schuf immer expressivere, farbsatte Porträts und Wandbilder, nahm Impulse der indianischen Kunst auf und lernte von ihrem Ehemann, dem Maler Diego Rivera. In ihrem Haus, der Casa Azul, werden heute Bilder von ihr gezeigt.

Dora Maar (eigentlich Theodora Markovitch)
* Tours 22. November 1907, † Paris 16. Juli 1997, französische Fotografin und Malerin

Sie habe „die Heiligkeit der Familie" beschmutzt, ereiferte sich der Vatikan über Beauvoir, als 1949 ihr Buch „Das andere Geschlecht" (noch heute ein Klassiker) erschien. Die Lebensgefährtin des Philosophen Sarte und erfolgreiche Autorin („Die Mandarins von Paris", 1953) beeindruckte diese Kritik nicht; sie engagierte sich weiter und war seit 1974 Präsidentin der Liga für Frauenrechte.

Simone de Beauvoir
* Paris 9. Januar 1908, † ebendort 14. April 1986, französische Schrift-stellerin

Die Fotografie war ihre erste Liebe und Picasso die zweite. Ihn lernte Maar 1936 bei den Pariser Surrealisten kennen und begleitete seine Arbeit fotografisch. Sie wurde seine Geliebte, musste ihn aber ab 1943 mit einer jüngeren Frau teilen und ab 1946 auf ihn verzichten. An der Trennung zerbrach sie fast. Die dritte Liebe rettete sie: die zur Malerei.

Behütet aufgewachsen als Farbige in einer fast gänzlich weißen Gegend, studierte Petry wie der Vater Pharmazie und arbeitete einige Jahre als Apothekerin. Dann ging sie nach New York und erlebte schockartig Rassen- und Frauendiskriminierung. Neben Geschichten für Zeitungen schrieb sie darüber den Roman „Die Straße" (1946), der eine Millionen-Auflage erreichte.

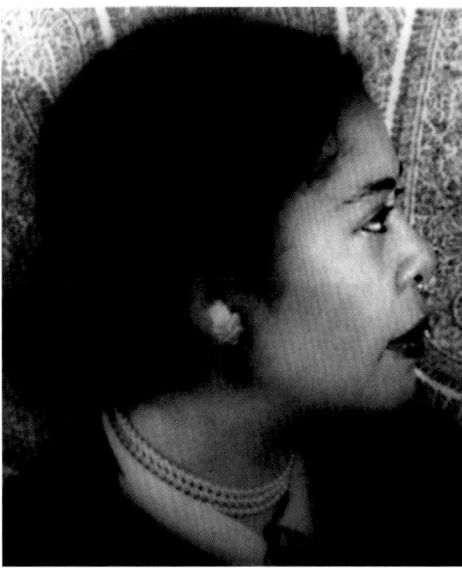

Ann Petry
* Old Saybrook (Connecticut) 12. Oktober 1908, † ebendort 28. April 1997, afroamerikanische Schriftstellerin

Bette (Elisabeth) Davis
* Lowell (Massachusetts) 5. April 1908, † Paris 6. Oktober 1989, amerikanische Schauspielerin

Mit 22 Jahren landete Davis beim Film, und fünf Jahre später gelang der großäugigen, schlanken Frau im Streifen „Des Menschen Hörigkeit" der Durchbruch, dem zwei Oscar-Prämierungen folgten: für „Dangerous" (1936) und „Jezebel" (1938). Zu nennen sind außerdem „Alles über Eva" (1950), „Was geschah wirklich mit Baby Jane" (1962), „Tod auf dem Nil" (1978).

Martha Gellhorn
* St. Louis (Missouri) 8. November 1908, † London 15. Februar 1998 (Freitod), amerikanische Journalistin

Ihre Reportagen fesselten, ihre Kommentare schonten nichts und niemanden: Gellhorn berichtete für US-Blätter über Mode ebenso wie von der Befreiung des KZs Dachau oder aus dem Vietnamkrieg. Ihr fast lakonischer Stil zeigte den Einfluss ihres Ehemannes (1940–1944) Ernest Hemingway. Das gilt auch für ihre acht Romane, zwei Dutzend Novellen und zwei Bände mit Kurzgeschichten.

Gisèle Freund
* Berlin 19. Dezember 1908, † Paris 31. März 2000, deutsch-französische Fotografin

Vermutlich blieb Weil bis zum Ende Jüdin und schrieb doch tiefgründige mystisch-katholische Essays. Zeitlebens von furchtbaren Kopfschmerzen gefoltert und im Krieg ins Exil (USA, England) gezwungen, rang sie sich ihre Schriften förmlich ab, deren wichtigste erst postum erschien: „Die Einwurzelung" (1949), „Das Unglück und die Gottesliebe" (1950).

Simone Weil
* Paris 3. Februar 1909, † Ashford (Kent) 24. August 1943 (Freitod), französische Philosophin

Vom Kunst sammelnden Vater Justus Freund hatte sie das aufmerksame Auge und die erste Leica. Seit 1931 in Paris, blieb sie als Jüdin im Exil und floh nach der deutschen Besetzung nach Südamerika. Vorher war ihre Serie von farbigen Porträts bedeutender Schriftsteller (Benjamin, Joyce, Shaw, Woolf) entstanden. Später arbeitete sie wieder vermehrt in schwarz-weiß.

Eudora Welty
* Jackson (Missisippi) 13. April 1909, † ebendort 23. Juli 2001, amerikanische Schriftstellerin

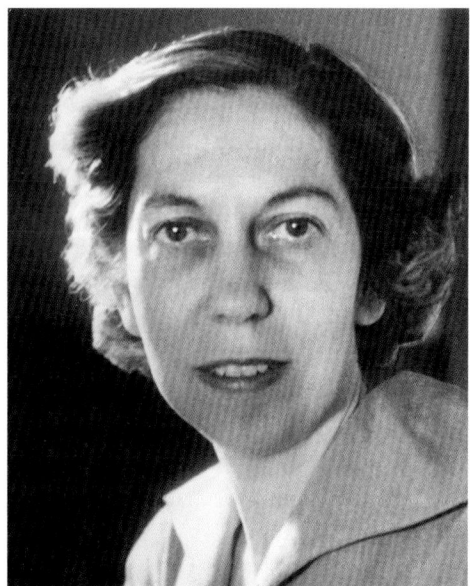

Als Jüdin verfolgt, konnte Levi-Montalcini erst nach Kriegsende 1945 ihren Arztberuf ausüben und in der Medizinforschung tätig werden. 1969–1979 war sie Leiterin des Laboratoriums für Zellbiologie in Rom. Sie entdeckte den Wachstumsfaktor der Haut (EGF) und isolierte den der Nerven (NGF), wofür sie 1986 mit dem Nobelpreis für Physiologie ausgezeichnet wurde.

Rita Levi-Montalcini
* Turin 22. April 1909, italienische Neurologin

Kulisse und Charaktere für ihre Romane und Erzählungen fand Welty, die als Reklamefachfrau und Fotografin arbeitete, in ihrem Alltag. Sie verwob ihn mit fantastischen Elementen zu fesselnden Geschichten wie „Die Hochzeit" (1946), „Mein Onkel Daniel" (1954), „Die Tochter des Optimisten" (1972, Pulitzerpreis). Welty gab auch Bildbände mit eigenen Aufnahmen heraus.

Marianne Hoppe
* Rostock 26. April 1909, † Siegsdorf bei Traunstein 23. Oktober 2002, deutsche Schauspielerin

1936–1946 war Hoppe mit Gustaf Gründgens verheiratet zur Tarnung seiner Homosexualität. Das förderte ihre Karriere im Theater wie im Kino. Sie spielte in Filmen wie „Der Schritt vom Wege" (1939) oder „Romanze in Moll" (1943). Nach dem Krieg stand sie auf den Bühnen in Düsseldorf, Hamburg und Wien. Sie übernahm auch Fernsehrollen („Rose Bernd", 1962).

Die Tochter von Königin Wilhelmina kam 1948 auf den Thron. Sie hatte 1937 Prinz Bernhard zur Lippe-Biesterfeld geheiratet, ausgerechnet einen Deutschen, dem Sympathien für die Nazis nachgesagt wurden. Mit ihrem mütterlichen Charme aber überwand sie die Vorbehalte und konnte die Monarchie festigen. 1980 dankte sie zugunsten ihrer Tochter Beatrix ab.

Juliana
* Den Haag 30. April 1909, † Palais Soestdijk (Utrecht) 20. März 2004, niederländische Königin

Hilde Coppi
* Berlin 30. Mai 1909, † ebendort 5. August 1943, deutsche Hitler-Gegnerin

Die kleine Angestellte Hilde durchschaute den wahren Charakter der Nazi-Diktatur. Sie fand Kontakt zur KPD, heiratete 1941 den gleichgesinnten Hans Coppi und beteiligte sich mit ihm an heimlichen Plakataktionen. Im September 1942 wurden sie verhaftet. Hans wurde im Dezember 1942 hingerichtet, Hilde nach der Stillzeit für ihren Ende 1942 geborenen Sohn.

Dunham studierte als eine der ersten Farbigen in ihrer Heimatstadt und gründete dort 1931 eine Tanzschule. Sie lebte einige Zeit auf Haiti und bereicherte ihren Stil durch karibische Elemente. Mit ihrer „Negro Dance Group", später nach ihr benannt, wurde sie weit über die USA hinaus bekannt. Zu ihren Schülern zählten Eartha Kitt, James Dean und Marlon Brando.

Katherine Dunham
* Chicago 24. Juni 1909, † New York 21. Mai 2006, afroamerikanische Tänzerin

**Hilde Domin
(eigentlich Hilde
Palm)**
* Köln 27. Juli 1909,
† Heidelberg 22. Feb-
ruar 2006, deutsche
Lyrikerin

Wegen ihrer jüdischen Herkunft musste Domin
zwei Jahrzehnte im Exil leben. 1954 kehrte sie
nach Deutschland zurück und veröffentlichte
Gedichtbände wie „Nur eine Rose als Stütze"
(1959), „Rückkehr der Schiffe" (1962), „Höh-
lenbilder" (1968). Im gleichen Jahr erschien der
Essay: „Wozu Lyrik heute". Über ihr Leben
schrieb sie „Aber die Hoffnung" (1982).

**Aenne (Anna
Magdalena) Burda**
* Offenburg 28. Juli
1909, † ebendort
3. November 2005,
deutsche Verlegerin

Als Aenne 1931 dem Drucker Franz Burda das
Ja-Wort gab, tat sie den ersten Schritt zur Verle-
gerkarriere. Er erwarb für sie 1950 eine Zeitschrift, die sie in kürzester Frist unter dem Titel
„Burda Moden" durch Beilage von Schnittmus-
tern zum Erfolgsblatt machte (1960 über 1 Mio.
Auflage). Ihre drei Söhne führen ihr Unternehmen und den Konzern des Vaters weiter.

1945 flüchtete Dönhoff auf ihrem Pferd Alarich
aus Ostpreußen. 1968 stieg sie zur Chefredak-
teurin des Wochenblatts „Die Zeit" auf und war
ab 1972 Herausgeberin. Ihre viel beachteten
politischen Beiträge flankierte sie mit Büchern
über ihre Heimat („Namen, die keiner mehr
nennt", 1962), die deutsche Teilung („Im War-
tesaal der Geschichte", 1993) und die deutsche
Zukunft („Macht und Moral", 2000).

**Marion Gräfin
Dönhoff**
* Schloss Friedrich-
stein (Ostpreußen)
2. Dezember 1909,
† Schloss Crottorf
(Westerwald)
11. März 2002, deut-
sche Journalistin

Für chemische Prozesse interessierte sich
Hodgkin schon in der Jugend. Sie beschloss,
das einschlägige Fach zu studieren und wurde
Dozentin in Oxford. Trotz rheumatischer
Erkrankung arbeitete sie 35 Jahre an der Analyse des Insulins und entschlüsselte die Struk-
tur des Vitamins B12. Dafür erhielt sie als dritte
Frau überhaupt 1964 den Nobelpreis für Chemie.

Dorothy Hodgkin
* Kairo 12. Mai 1910,
† Ships-ton-on-
Stour bei Coventry
29. Juli 1994, eng-
lische Biochemikerin

Als 18-Jährige trat Agnes in die Loreto-Schwesternschaft ein, die sie 1931 nach Indien entsandte. Vom Elend in Kalkutta tief betroffen, rief Teresa (Ordensname) 1950 die Gemeinschaft der „Missionarinnen der Nächstenliebe" ins Leben und widmete sich den Ärmsten, Kranken und Sterbenden. 1979 erhielt sie den Friedensnobelpreis, 2003 wurde sie seliggesprochen.

Mutter Teresa, ursprünglich Agnes Gonxha Bojaxhio
* Skopje 27. August 1910, † Kalkutta 5. September 1997, albanisch-indische Ordensgründerin

Jeanne Hersch
* Genf 13. Juli 1910, † ebendort 5. Juni 2000, schweizerische Philosophin

Hersch kam schon in der Schweizer Freiheit zur Welt, und doch war sie geprägt durch ihre ostjüdische Herkunft. Die Schülerin von Karl Jaspers trat in Lehre und Werk gegen Rassismus und Unterdrückung ein. Seit 1962 Professorin in Genf, schrieb sie u.a. „Die Unfähigkeit, Freiheit zu ertragen" (1974), „Die Hoffnung, Mensch zu sein" (1976), „Quer zur Zeit" (1989).

Helene Mayer
* Offenbach am Main 20. Dezember 1910, † München 15. Oktober 1953, deutsche Fechterin

Vor Olympia 1936 waren rassistische Parolen in Deutschland plötzlich untersagt, ja die „Halbjüdin" Mayer, Florett-Weltmeisterin von 1929 und 1931, wurde in die deutsche Mannschaft aufgenommen. Man wollte einem Boykott der Spiele durch die USA vorbeugen – das gelang. Mayer holte die Silbermedaille. Sie wanderte nach Amerika aus und war 1937 und 1939 erneut Weltmeisterin.

Die großen deutschen Bühnen waren ihre Welt, obwohl Wimmer auch einige Film- und Fernsehrollen übernahm. Sie lernte in Leipzig, debütierte 1932 in Stuttgart, war seit 1937 am Hamburger Schauspielhaus und spielte nach dem Krieg an vielen Theatern. Klassische Stücke zogen sie besonders an. Theatergeschichte schrieb sie als Gretchen im „Faust" und als „Iphigenie".

Maria Wimmer
* Dresden 27. Januar 1911, † Bühlerhöhe (Baden) 4. Januar 1996, deutsche Schauspielerin

Um die Frau in der modernen westlichen Gesellschaft geht es in den teils auch verfilmten Romanen von De Céspedes, die 1944 die Zeitschrift „Mercurio" gründete. Tiefe erhalten ihre Texte durch einfühlsame Charakterzeichnung. Zu nennen sind: „Der Ruf ans andere Ufer" (1938), „Das verbotene Tagebuch" (1952), „Die Bambolona" (1967). De Céspedes verfasste auch Drehbücher.

Alba De Céspedes
* Rom 11. März 1911, † Paris 14. November 1997, italienische Schriftstellerin

Luise Rinser
* Pitzling am Lech 30. April 1911, † Unterhaching bei München 17. Februar 2002, deutsche Schriftstellerin

Aus ihrer katholischen Lebenshaltung geriet Rinser nach anfänglicher Anpassung in Gegensatz zum Hitler-Regime und war 1944/45 zeitweilig inhaftiert. Ihre Romane kreisen um die Themen Schuld und Liebe: „Mitte des Lebens" (1950), „Wenn die Wale kämpfen" (1977), „Mirjam" (1983), „Abaelards Liebe" (1991). Rinser war 1953–1959 mit dem Komponisten Carl Orff verheiratet.

**Ottilie („Tilly")
Fleischer**
* Frankfurt am Main
2. Oktober 1911,
† Lahr (Schwarz-
wald) 14. Juli 2005,
deutsche Leicht-
athletin

Mit ihrem Mann Peter de Mendelssohn ging
Spiel 1936 nach England und kehrte 1946 als
Korrespondentin nach Wien zurück. Neben
ihrer intensiven journalistischen Arbeit schrieb
sie literaturtheoretische Werke („Das Haus des
Dichters", postum 1992) sowie Romane und
Erzählungen wie „Lisas Zimmer" (1965), „Der
Mann mit der Pelerine" (1985), „Anna und
Anna" (1988).

Hilde Spiel
* Wien 19. Oktober
1911, † ebendort
30. November 1990,
österreichische
Schriftstellerin

Mit zehn Jahren begann Fleischer ihre Sportkar-
riere. Zunächst zeigte sie gute Anlagen für
Handball und Tennis, dann entdeckte sie die
Wurfdisziplinen. In Los Angeles 1932 holte sie
mit dem Speer Bronze und wurde mit dem Dis-
kus Vierte. In Berlin 1936 gelang ihr der Olympiasieg im Speerwerfen. Von ihrer Heimatstadt
Frankfurt erhielt sie dafür als Prämie ein Auto.

Mahalia Jackson
* New Orleans
26. Oktober 1911,
† Chicago 27. Januar
1972, afroamerika-
nische Sängerin

Musik lag Jackson im Blut, und Musik begegnete ihr allenthalben in ihrer Heimatstadt, von Jazz bis Blues. Musik umfing sie
auch in den Gottesdiensten der Baptisten.
Daraus entwickelte sie ihre Gospel-Songs,
rhythmisiert-ekstatisch-melodiösen Gebete: „Jauchzet dem Herrn!" Tourneen machten sie weltberühmt. Sie sang auch für die
schwarze Bürgerrechtsbewegung.

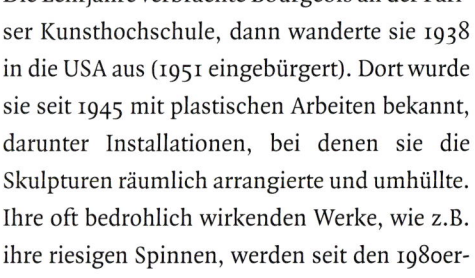

Die Lehrjahre verbrachte Bourgeois an der Pariser Kunsthochschule, dann wanderte sie 1938 in die USA aus (1951 eingebürgert). Dort wurde sie seit 1945 mit plastischen Arbeiten bekannt, darunter Installationen, bei denen sie die Skulpturen räumlich arrangierte und umhüllte. Ihre oft bedrohlich wirkenden Werke, wie z.B. ihre riesigen Spinnen, werden seit den 1980er-Jahren in aller Welt gezeigt.

Louise Bourgeois
* Paris 25. Dezember 1911, französisch-amerikanische Bildhauerin

Luise Ullrich
* Wien 31. Oktober 1911, † München 22. Januar 1985, deutsche Schauspielerin

Nach Anfängen am Theater wandte sich Ullrich mehr und mehr dem Film zu. Im Dritten Reich wurde sie eine der beliebtesten Darstellerinnen und konnte die Karriere nach 1945 fast bruchlos fortsetzen: „Regine" (1934), „Liebesschule" (1940), „Eine Frau von heute" (1954), „Ein Student ging vorbei" (1960). Ihre Memoiren erschienen 1973: „Komm auf die Schaukel, Luise".

Barbara Tuchman
* New York 30. Januar 1912, † Greenwich (Connecticut) 6. Februar 1989, amerikanische Historikerin und Reporterin

Als Korrespondentin der Zeitschrift „Nation" berichtete Tuchman seit 1936 über den Spanischen Bürgerkrieg. Dann widmete sie sich der Wissenschaft und erhielt für ihr epochales Werk „August 1914" 1963 den Pulitzerpreis, 1972 erneut für „Sand gegen den Wind – China und Amerika 1911–1945". 1984 erschien „Die Torheit der Regierenden – Von Troja bis Vietnam".

In die Geschichte verschlagen hat es Braun durch Hitler, dessen Geliebte sie 1931 wurde. Einen Tag lang war sie sogar seine Frau, ehe er mit ihr in den Tod ging. In den Jahren davor durfte sie nur als seine „Hausfrau" im engsten Kreis auf dem Berghof auftreten und wurde vor der Öffentlichkeit verborgen, damit das Bild des „Führers" keinen Schaden nähme.

Hanna Reitsch
* Hirschberg im Riesengebirge 29. März 1912, † Frankfurt am Main 24. August 1979, deutsche Fliegerin

Eva Braun
* München 6. Februar 1912, † Berlin 30. April 1945, deutsche Fotolaborantin, Hitlers Geliebte/Ehefrau

Im Männerstaat Drittes Reich machte Reitsch eine erstaunliche Karriere. Sie hatte schon als 20-Jährige Flugrekorde aufgestellt und wurde 1937 erster weiblicher Flugkapitän und Testpilotin bei der Luftwaffe. Als Verehrerin Hitlers besuchte sie ihn kurz vor seinem Selbstmord 1945 im umkämpften Berlin. „Das Unzerstörbare in meinem Leben" nannte sie 1975 ihre Memoiren.

Sonja Henie
* Christiania (Oslo) 8. April 1912, † Oslo 12. Oktober 1969, norwegische Eiskunstläuferin

Noch nicht zwölf Jahre alt, trat Henie zu den Olympischen Winterspielen 1924 in Chamonix an und wurde Achte. In St. Moritz 1928, Lake Placid 1932 und Garmisch 1936 folgten drei Olympiasiege. Dann wechselte Henie ins Revuelager, tingelte durch alle Welt und wurde von Hollywood entdeckt. In Filmen wie „Die Eisprinzessin" (1938) ließ sie die Kassen klingeln.

Gertrud Fussenegger
* Pilsen 8. Mai 1912,
† Linz an der Donau
19. März 2009, öster-
reichische Schrift-
stellerin

Mutter von fünf Kindern und dennoch ein imponierendes erzählerisches Werk – Fusseneggers wichtigste, oft historisierende Romane sind: „Mohrenlegende" (1937), „Das Haus der dunklen Krüge" (1951), „In deine Hand gegeben" (1954). Aufgrund ihrer engen Beziehung zum Nationalsozialismus sind Fussenegger und ihr Werk umstritten.

Mit 23 Jahren verließ Wu China und studierte in Kalifornien. 1943 ging sie als Dozentin nach New York und war zeitweilig an der Entwicklung der Atombombe beteiligt. 1957–1981 lehrte sie an der Columbia Universität, arbeitete über den Beta-Zerfall und bewies experimentell, dass der angenommene Erhalt der Parität bei Elementarteilchen nicht gegeben sein muss.

Chien-Shiung Wu
* Shanghai 31. Mai
1912, † New York
16. Februar 1997,
chinesisch-amerika-
nische Physikerin

Mary Therese McCarthy
* Seattle 21. Juni
1912, † New York
25. Oktober 1989,
amerikanische
Schriftstellerin

Im Brotberuf war McCarthy Redakteurin und schrieb Kritiken. Den Durchbruch als Autorin schaffte sie 1963 mit dem Roman „Die Clique", einer ironischen Abrechnung mit der ihrer Ansicht nach verkommenen US-Gesellschaft. Politisches Engagement bewies sie mit dem „Vietnam-Report" (1967). Es prägte auch ihre Memoiren „Was sich verändert, ist nur die Fantasie" (1988).

Elsa Morante

* Rom 18. August
1912, † ebendort
25. November 1985,
italienische Schrift-
stellerin

20 Jahre war Morante mit dem Romancier Alberto Moravia verheiratet und teilte mit ihm 1943/44 das Exil. Erzählungen hatte sie schon früher in Zeitschriften veröffentlicht. Nach dem Krieg erst folgten größere fantasievolle psychologische Romane wie „Lüge und Zauberei" (1948), „Arturos Insel" (1957) „Aracoeli" (1983). Sie verfasste auch Novellen und Essays.

Rosa Parks

* Tuskegee (Ala-
bama) 4. Februar
1913, † Detroit
24. Oktober 2005,
afroamerikanische
Bürgerrechtlerin

Die Weigerung von Parks, 1955 in Montgomery (Alabama) ihren Sitzplatz in einem Bus einem Weißen zu überlassen, löste Rassenunruhen aus und brachte den Kampf gegen die Diskriminierung der Farbigen in Gang. Erst nach Jahrzehnten erfuhr P. die gebührende Anerkennung durch den Kongress für ihren seinerzeitigen Mut. Ihr Leichnam wurde 2005 im Kapitol aufgebahrt.

Der große Roman „Manhattan Transfer" von Dos Passos löste bei der auf einem Bauernhof im Wallis lebenden Bille den Schreibimpuls aus. 1944 erschien ihr erster Roman „Théoda". Es folgten „Der Venusschuh" (1952) und eine Reihe von Erzählbänden („Schwarze Erdbeeren", 1968). Geprägt sind die Texte durch die heimische Landschaft und fantastische Elemente.

S. Corinna Bille

* Lausanne
29. August 1912,
† Veyras (Wallis)
24. Oktober 1979,
schweizerische
Schriftstellerin

Vielfältige künstlerische Impulse bekam Oppenheim in den 1930er-Jahren in Paris. Vor allem surrealistische Einflüsse wirkten auf ihr Schaffen, das 1936 einer breiteren Öffentlichkeit bekannt wurde durch ihr Objekt „Frühstück im Pelz", eine mit Fell überzogene Kaffeetasse, und 1939 durch ihren „Tisch mit Vogelfüßen". Sie lebte danach in der Schweiz.

Meret Oppenheim

* Berlin 6. Oktober
1913, † Basel
15. November 1985,
deutsche Objekt-
künstlerin

Vivien Leigh
* Darjeeling (Indien)
5. November 1913,
† London 7. Juli 1967,
englische Schauspie-
lerin

Die musste sie spielen, das war Leigh beim Lesen sofort klar: Scarlett O'Hara, die Zentralfigur des Mitchell-Romans „Vom Winde verweht". Leigh konnte in Hollywood Produzent und Regisseur davon überzeugen, dass sie die Richtige sei und schmachtete sich 1939 mit Clark Gable in die Herzen der Kinogänger. Für „Endstation Sehnsucht" (1951) bekam sie erneut den Oscar. Sie litt zeitlebens an schweren Depressionen.

Die Ehe mit dem Offizier Harro Schulze 1936 brachte die Wende: Die aus adligem Haus stammende Libertas war 1933 der NSDAP beigetreten und hatte sich im Arbeitsdienst engagiert. Jetzt erkannte sie das Verhängnis Hitler, verließ die Partei und arbeitete mit Harro gegen das Regime. Beide wurden 1942 verhaftet, zum Tod verurteilt und am gleichen Tag hingerichtet.

Jiang Qing
* Zhucheng (Shandong) März 1914,
† Peking 14. Mai 1991 (Freitod), chinesische Politikerin

Libertas Schulze-Boysen
* Paris 20. November 1913, † Berlin 22. Dezember 1942, deutsche Hitler-Gegnerin

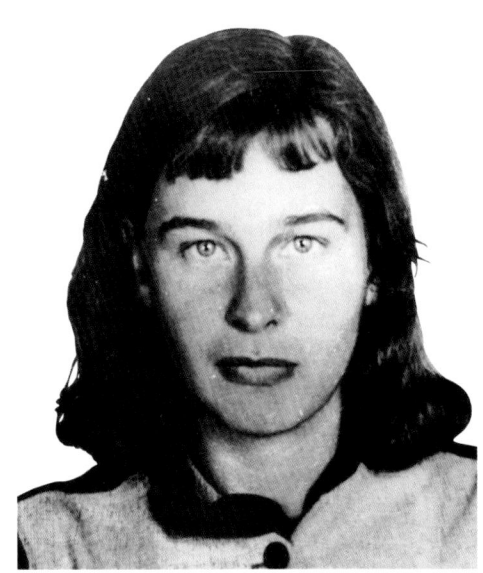

Schon 1933 trat Qing in die kommunistische Partei ein, heiratete 1939 Mao Zedong, den Anführer des Langen Marsches, und rückte in seinem Staat ins Politbüro auf. Als maßgebliche Antreiberin der Kulturrevolution 1966–1976 machte sie sich verhasst und wurde nach Maos Tod 1976 als Haupt der „Viererbande" zum Tod verurteilt (umgewandelt in lebenslange Haft).

Trotz einer Vielzahl von Roman-Erfolgen war es ein Drehbuch, das Duras am meisten Ruhm einbrachte, das für den Film von Alain Resnais: „Hiroshima, mon amour" (1959). Zu den großen Erzählwerken gehören „Die Pferdchen von Tarquinia" (1953), „Zerstören, sagt sie" (1969), „Die Krankheit Tod" (1985). 1940 schloss sie sich der französischen Résistance an.

Wegen ihrer jüdischen Herkunft ging Palmer 1933 ins Exil, heiratete 1943 den englischen Filmstar Rex Harrison und spielte in Hollywood-Streifen („Im Geheimdienst", 1946). Es folgte 1956 die Scheidung und 1957 die zweite Ehe mit dem Schauspieler Carlos Thompson. Sie glänzte in Filmen wie „Mädchen in Uniform" (1958), „Paarungen" (1968), „Lotte in Weimar" (1974).

Um seelische Prozesse und die Entwicklung von Charakteren geht es in den realistisch-kritischen Erzählungen von Ortese wie „Neapel, Stadt ohne Gnade" (1953) oder „Stazione Centrale und andere Mailänder Geschichten" (1993). Psychologische Feinzeichnungen kennzeichnen auch ihre Romane „Iguana – Ein romantisches Märchen" (1965) und „Die Klage des Distelfinken" (1993).

Annemarie Selinko
* Wien 1. September
1914, † Kopenhagen
28. Juli 1986, öster-
reichisch-dänische
Schriftstellerin

Ursprünglich Journalistin, hatte Selinko
schon 1937 mit ihrem ersten Roman großen Erfolg: „Ich war ein hässliches Mädchen“. Das fand ein dänischer Diplomat
ganz und gar nicht, heiratete sie 1938 und
lebte mit ihr in Kopenhagen. Im Krieg
nach Schweden geflohen, begann sie für
ihr Hauptwerk zu recherchieren, das 1951
erschien: „Désirée“, ein Weltbestseller.

**Billie Holiday
(eigentlich Eleonora
Fagan)**
* Baltimore 7. April
1915, † New York
17. Juli 1959, afro-
amerikanische Jazz-
sängerin

Putzmädchen, Prostituierte, Gesangsstar –
Holidays Karriere lieferte den Stoff für den
Kinofilm (mit Diana Ross) über ihr Leben:
„Lady sings the Blues“ (1972). Mit 15 sang
sie in Bars, wurde mit 18 entdeckt, stieg
steil auf und fiel tief als Heroinabhängige.
Gipfel ihrer Karriere: Als erste Jazzsänge-
rin trat sie 1944 in der New Yorker Met auf.

Geno Hartlaub
* Mannheim 7. Juni
1915, † Hamburg
25. März 2007, deut-
sche Schriftstellerin

Mit Essays, Hörspielen, Übersetzungen und vor
allem Erzählungen machte sich Hartlaub einen
Namen. Einen Italien-Aufenthalt spiegelt der
Roman „Die Tauben von San Marco (1953). Um
den Krieg geht es in der Geschichte „Gefangene
der Nacht" (1961) und um Mythen in „Nicht
jeder ist Odysseus" (1967). 1980 erschien „Das
Gör", 1985 „Muriel" und 1989 „Einer ist
zuviel".

Früh begann die lebenslang kranke Lavant zu
schreiben, vernichtete aber alles nach der
Ablehnung von Texten durch einen Verlag. Erst
1945 fand sie neuen Mut, ihr „verstümmeltes
Leben" in lyrische Worte zu fassen, die 1948
erschienen („Die Nacht an den Tag"). Weitere
Sammlungen ihrer Gedichte sind: „Die Bettler-
schale" (1956), „Hälfte des Herzens" (1966).

**Christine Lavant
(eigentlich Christine
Habernig)**
* Großedling (Kärn-
ten) 4. Juli 1915,
† Wolfsberg 7 Juni
1973, österreichische
Schriftstellerin

Ingrid Bergman
* Stockholm
29. August 1915,
† London 29. August
1982, schwedische
Schauspielerin

Mit ihrer Natürlichkeit bezauberte Bergman das heimische Kino-Publikum und
machte Hollywood auf sich aufmerksam.
Sie wurde im Film „Casablanca" (1942) an
der Seite von Humphrey Bogart zum Weltstar. Weitere Triumphe folgten: „Wem die
Stunde schlägt" (1943), „Berüchtigt"
(1946), „Anastasia" (1956), „Lieben Sie
Brahms" (1961), „Herbstsonate" (1978),
„Golda Meir" (1981). 1950–1959 war sie
mit dem italienischen Regisseur Roberto
Rossellini verheiratet.

Man spürte bei Schwarzkopf eine „Kunstan-
strengung, die sich in mühelosem Wohllaut
aufzulösen schien", schrieb ein Kritiker über
die Makellosigkeit ihres Soprans. In vielen großen Rollen auf allen Opernbühnen leistete
Schwarzkopf ihren Dienst an Musik und Sprache gleichermaßen, ob als Elvira im „Don Giovanni", als Mimi in „La Bohème" oder als Mar-
schallin im „Rosenkavalier".

Mutter Kaffeehaussängerin, Vater Artist – aus
der kleinen, kränkelnden Édith konnte nur eine
Lebenskünstlerin werden. Mit 15 wurde sie als
Straßensängerin entdeckt, erhielt, weil sie so
klein war (147 cm), den Namen Piaf (Spatz) und
kam groß raus mit Chansons wie „La vie en
rose" (1945) oder „Milord" (1959). Das Licht
ihres ausschweifenden Lebens erlosch früh.

Als erste Frau weltweit stieg Bandaranaike
1960 zur Premierministerin auf. Ihre Frei-
heitspartei, die sie bis zum Tod führte,
errang die Mehrheit auf Ceylon, für dessen
Umbenennung in Sri Lanka Bandaranaike
in ihrer zweiten Amtszeit 1970–1977
sorgte. Sie führte das Land ins Lager der
Blockfreien, deren Vorsitzende sie 1976
wurde. Seit 1994 war sie erneut Regierungschefin.

Olivia de Havilland
* Tokio 1. Juli 1916,
englisch-amerikani-
sche Schauspielerin

Mit ihrer Schwester Joan Fontaine nahm Olivia Schauspielunterricht und ging 1935 nach Hollywood, wo sie Filmpartnerin von Erroll Flynn wurde („Robin Hood", 1938). In einem Gerichtsverfahren um bessere Rollen setzte sie sich gegen die allmächtigen Studiobosse durch. Sie erhielt zwei Oscars als beste Hauptdarstellerin („Mutterherz", 1946; „Die Erbin", 1949).

Unica Zürn
* Berlin 6. Juli 1916,
† Paris 19. Oktober
1970 (Freitod),
deutsch-französi-
sche Schriftstellerin
und Zeichnerin

Während des Zweiten Weltkriegs gehörte die Familie Ginzburg zu den aus rassischen Gründen Verfolgten. Mit ihren Kindern teilte Natalia von 1940 bis 1943 die Verbannung ihres Mannes Leone in den Abruzzen. Er kam 1944 im Gefängnis um. In ihren Romanen spiegelt sich die grausame Zeit: „Alle unsere Gestern" (1952), „Caro Michele" (1973), „Die Stadt und das Haus" (1984).

Natalia Ginzburg
* Palermo 14. Juli
1916, † Rom 7. Okto-
ber 1991, italieni-
sche Schriftstellerin

Nach dem Schulabbruch wurde Zürn Dramaturgin bei der Ufa, schrieb nach dem Krieg Geschichten für Zeitschriften und stellte surrealistische Zeichnungen aus. Damals machte sich eine seelisch-geistige Störung bemerkbar, die sie literarisch in Anagrammen („Hexentexte", 1954) verarbeitete. Der Roman „Der Mann im Jasmin" (postum 1971) spiegelt die Erkrankung.

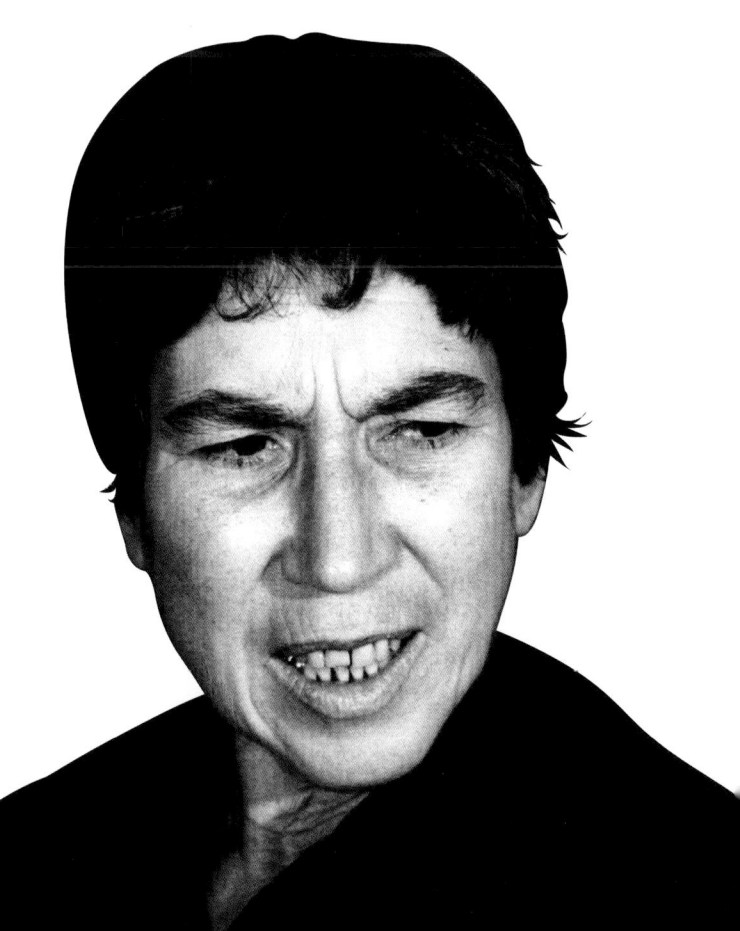

Wiener Bühnenbretter bedeuteten die Welt für die angehende Mimin Krahl, die auch am Deutschen Theater in Berlin spielte. 1936 entdeckte sie der Film, und 1940 stieg sie durch ihre Rolle in der Puschkin-Verfilmung „Der Postmeister" zum Star auf. In „Herz der Welt" (1952) verkörperte sie Bertha von Suttner. Sie war mit dem Regisseur Wolfgang Liebeneiner verheiratet.

Hilde Krahl
* Slavonski Brod (Kroatien) 10. Januar 1917, † Wien 28. Juni 1999, österreichische Schauspielerin

Carson McCullers
* Columbus (Georgia) 19. Februar 1917, † Nyack (New York) 29. September 1967, amerikanische Schriftstellerin

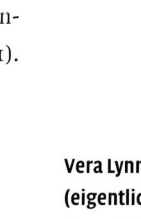

Gleich mit dem ersten Roman fand McCullers in die Erfolgsspur: „Das Herz ist ein einsamer Jäger" (1940, Film 1968) sicherte ihr einen Spitzenrang in der US-Literatur. Trotz gefährlicher Erkrankungen und schwerer Schicksalsschläge schrieb sie weiter: „Das Mädchen Frankie" (Roman, 1946), „Mit von der Partie" (Bühnenstück, 1950), „Uhr ohne Zeiger" (Roman, 1961).

Jane Bowles
* New York 22. Februar 1917, † Malaga 4. Mai 1973, amerikanische Schriftstellerin

Junge, umschwärmte Frauen haben es schwer mit dem Älterwerden. So schwer wie Bowles aber kaum eine: Sie war wegen ihres Witzes und Charmes bewunderter Mittelpunkt eines Künstlerkreises im New York der 1930er-Jahre, lebte exzessiv und untergrub ihre Gesundheit. Ihr Roman „Zwei sehr ernsthafte Damen" (1943) und ihr Drama „Im Gartenhaus" (1953) spiegeln das.

Vera Lynn (eigentlich Vera Welch)
* London East Ham 20. März 1917, englische Sängerin

1935 hörte man die frühreife Lynn erstmals im Rundfunk, und 1940 hatte sie eine eigene Radiosendung mit dem Namen „Sincerely Yours", der Briefschlussfloskel. Wegen ihrer Beliebtheit bei der kämpfenden Truppe nannte man sie „The Forces Sweetheart". Mit dem Lied „Auf Wiederseh'n" (1952) stürmte sie die US-Charts. Sie spielte und sang im Film „We'll meet again" (1942).

Mit 14 war Fitzgerald Vollwaise, mit 16 wurde sie beim Wettbewerb des Apollo Theater in New York entdeckt. Nach einer Zeit in einer Bigband wurde sie 1941 Solosängerin, die alles von Blues bis Bebop und Swing, Samba bis Gospel und Hip-Hop beherrschte. Berühmt wurden ihre Scat-Stücke, in denen sie ihren großen Tonumfang mit Nonsense-Silben zur Geltung brachte.

Danielle Darrieux
* Bordeaux 1. Mai 1917, französische Schauspielerin

Ella Fitzgerald
* Newport News (Virginia) 25. April 1917, † Beverly Hills 15. Juni 1996, amerikanische Jazzsängerin

Schon als Jugendliche erhielt die in Paris aufgewachsene Darrieux erste kleinere Filmrollen und 1936 die erste große in „Mayerling". Hollywood reizte sie nur vorübergehend. Nach dem Krieg markierte die Schnitzler-Verfilmung „Der Reigen" (1950) einen Neuanfang. Später Höhepunkt ihrer Karriere war ihre Rolle als Mutter von Cathérine Deneuve in der Komödie „8 Frauen" (2002).

Katharine Graham
* New York 16. Juni 1917, † Boise (Idaho) 17. Juli 2001, amerikanische Verlegerin

Die Tochter der Thomas-Mann-Verehrerin Agnes E. Meyer erweiterte das elterliche Verlagsimperium durch die Ehe mit Philip Graham und führte nach seinem Tod 1963 die „Washington Post". Ihrer Unbeugsamkeit war es zu verdanken, dass Reporter der Zeitung 1972–1974 den Watergate-Skandal aufdeckten. Für ihre Memoiren „Personal History" (1997) erhielt sie den Pulitzerpreis.

Margarete Mitscherlich
* Gravenstein (Däne-
mark) 17. Juli 1917,
deutsche Pyscho-
analytikerin

Berühmt wurde sie gemeinsam mit ihrem Mann Alexander Mitscherlich durch die Studie „Die Unfähigkeit zu trauern" (1967), in der die unzureichende Bewältigung der Nazi-Vergangenheit analysiert wird. Stark beschäftigte die Feministin Mitscherlich zudem die Frauenfrage, über die sie mehrere Bücher verfasste: „Die Zukunft ist weiblich" (1987), „Über die Mühsal der Emanzipation" (1990).

Ehe sie Buchautorin wurde, arbeitete Rochefort als Journalistin. Mit zwei Romanen traf sie dann gleich den Nerv der Epoche: „Das Ruhekissen" (1958) und „Mein Mann hat immer Recht" (1963) behandeln die Hörigkeit eines Mädchens und das Scheitern einer Ehe. Mit dem Bestseller „Kinder unserer Zeit" (1961) gelang ihr ein Porträt der Nachkriegsjugend in der Großstadt.

Christiane Rochefort
* Paris 17. Juli 1917,
† Le Pradet (Côte
d'Azur) 24. April
1998, französische
Schriftstellerin

**Han Suyin
(eigentlich Elizabeth
Chow)**
* Xinyang (Henan)
12. September 1917,
englische Schriftstel-
lerin

Sie kam in China zur Welt, nahm das chinesische Pseudonym Han an und schrieb auf Englisch über chinesische Kultur, darunter ein Porträt Maos (1972). Auch ihre Romane spielen in Fernost; großen Erfolg hatte sie mit „Alle Herrlichkeit auf Erden" (1952). Weitere Erzählwerke: „Wo die Berge jung sind" (1958), „Die vier Gesichter" (1963), „Die Zauberstadt" (1985).

Magda Szabó
* Debrecen 5. Oktober 1917, † Kerepes bei Budapest 19. November 2007, ungarische Schriftstellerin

Bis 1959 arbeitete Szabó als Lehrerin, und erst dann widmete sie sich ganz dem Schreiben. Familien- und Generationenkonflikte im Alltag sind die Themen von Romanen wie „Die andere Esther" (1959), „Inselblau" (1970), „Eine altmodische Geschichte" (1978), „Hinter der Tür" (1987). Szabó schrieb auch Jugendbücher und Hörspiele („Lauf der Schlafenden", 1967) sowie Essays.

Indira Gandhi
* Allahabad 19. November 1917, † Neu-Delhi 31. Oktober 1984 (ermordet), indische Politikerin

Als Beraterin ihres Vaters Nehru wirkte Gandhi seit 1946 an der Unabhängigkeit Indiens mit. Sie stieg zur Vorsitzenden des Indian National Congress (INC) auf, war 1966–1977 und erneut seit 1980 Premierministerin. Ihr Hauptbemühen galt neben der Wirtschaft der Beseitigung der Umklammerung durch Pakistan, was sie mit der Unabhängigkeit Bangladeshs 1971 erreichte.

Aus wohlhabender jüdischer Familie stammend, stellte sich Suzman als zunächst einzige weibliche Abgeordnete im Parlament von Kapstadt gegen die offizielle Politik der Rassentrennung (Apartheid). Kontakte mit dem Schwarzenführer Mandela brachten ihr zeitweilig Haft ein. Sie galt vielen als „Gewissen der Nation" und genoss auch international hohes Ansehen.

Helen Suzman
* Germiston bei Johannesburg 7. November 1917, † Johannesburg 1. Januar 2009, südafrikanische Politikerin

Tove Ditlevsen
* Kopenhagen
14. Dezember 1917,
† ebendort 7. März
1976 (Freitod), däni-
sche Schriftstellerin

Vier gescheiterte Ehen, zwei Schwanger-
schaftsabbrüche, schwere Depressionen – Ditlevsen schrieb, um zu überleben. Das gelang
schließlich nicht mehr, doch bis dahin entstanden lyrische und Prosawerke, deren scho-
nungslose Offenheit erschüttert: „Straße der
Kindheit" (1943), „Als Anneliese dreizehn war"
(1958), „Sucht" (Erinnerungen, 1971), „Wilhelms Zimmer" (1976).

Seit 1941 arbeitete Elion im Labor einer großen
Pharmafirma und lehrte seit 1973 als Professorin in Chapel Hill (North Carolina). Sie entwickelte vor allem Zytostatika, die das Zellwachs-
tum hemmen, auch das bösartiger Tumore.
Außerdem fand sie Malaria- und Gichtmittel
(Allopurinol) sowie Medikamente zur Aids-
Behandlung. 1988 erhielt sie den Medizinno-
belpreis.

Gertrude Elion
* New York
23. Januar 1918,
† Chapel Hill (North
Carolina) 21. Februar
1999, amerikanische
Biochemikerin

Muriel Spark
* Edinburgh 1. Feb-
ruar 1918, † Florenz
13. April 2006, engli-
sche Schriftstellerin

Die Romane von Spark streifen oft das Grotesk-
Ironische und behandeln menschliche Absonderlichkeiten, seelische Leiden und Probleme
der Kommunikation. Wichtige Titel sind
„Memento mori" (1959), „Die Ballade von
Peckham Rye" (1960), „Das Mandelbaumtor"
(1965), „Ich bin Mrs. Hawkins" (1989), „Sym-
posium" (1990) und „Curriculum Vitae" (Autobiografie, 1992).

Der Krieg verhinderte ein früheres Debüt: In
Stockholm trat Nilsson 1946 erstmals auf
(„Freischütz") und eroberte in den Folgejahren
mit ihrem hochdramatischen Sopran alle gro-
ßen Opernbühnen der Welt. Insbesondere als
Wagner-Interpretin (Brünnhilde im „Ring" und
Isolde im „Tristan") sowie als Strauss-Sängerin
in „Elektra" und „Salome" war sie geschätzt.

Birgit Nilsson
* Västra Karup bei
Helsingborg 17. Mai
1918, † Kristianstad
25. Dezember 2005,
schwedische Sänge-
rin

Im Krieg war das Bild von Hayworth der beliebteste Spindschmuck der GIs, die sie als „Love Goddess" verehrten. Zum Superstar des Films wurde sie 1946 an der Seite von Glenn Ford als „Gilda", die mit verführerischen Tänzen die Männer um den Verstand bringt. Privat hatte sie weniger Erfolg: Ihre fünf Ehen scheiterten. Alzheimer verdunkelte die letzten Jahre.

Die Ballerina Fonteyn debütierte 1934 als Schneeflocke im „Nussknacker" und überzeugte bald auch in modernen Rollen wie „Undine" (H. W. Henze). Ihre große tänzerische Disziplin und Eleganz erlaubten ihr noch mit 42 Jahren, als Partnerin des jungen Nurejew aufzutreten („Schwanensee", „Dornröschen"). 1956 erhob sie die Queen zur Dame of the British Empire.

Entschlossen, berühmt zu werden, ging Evita 15-jährig in die Hauptstadt, arbeitete als Model und Rundfunkmoderatorin. 1946 heiratete sie Kriegsminister Perón und verschrieb sich ganz seinem sozialpolitischen Programm und dem Frauenwahlrecht. Er wurde Präsident und sie zum Schutzengel der „Decamisados" (Hemdlosen). Ihr Krebstod löste landesweite Trauer aus.

Iris Murdoch

* Dublin 15. Juli 1919, † Oxford 8. Februar 1999, irisch-englische Schriftstellerin

Dem erzählerischen Werk ist anzumerken, dass Murdoch Philosophin war. Ihre Darstellung von Außenseitern ist existenzialistisch gefärbt: „Unter dem Netz" (1954), „Ein Mann unter vielen" (1971) „Uhrwerk der Liebe" (1974), „Das Meer, das Meer" (1978), „Das Buch und die Bruderschaft" (1987). 1953 veröffentlichte sie eine Studie über Sartre („Romantic Realist").

Annemarie Renger

* Leipzig 7. Oktober 1919, † Remagen-Oberwinter 3. März 2008, deutsche Politikerin

Gleich nach Kriegsende wurde die Verlagskauffrau Renger enge Mitarbeiterin und Vertraute von SPD-Chef Schumacher, 1953 errang sie ein Bundestagsmandat und war 1972–1976 Parlamentspräsidentin. Als Kandidatin ihrer Partei unterlag sie bei der Bundespräsidentenwahl 1979 Karl Carstens von der CDU. Zu den ersten gesamtdeutschen Wahlen 1990 trat sie nicht mehr an.

Doris Lessing
* Kermanschah (Iran)
22. Oktober 1919,
englische Schrift-
stellerin

In Rhodesien aufgewachsen, kam Lessing 1949 nach England, stand zeitweilig den Kommunisten nahe und beschäftigte sich in ihren Romanen mit psychosozialen Problemen: „Kinder der Gewalt" (fünf Bände 1952–1969), „Das goldene Notizbuch" (1962), „Memoiren einer Überlebenden" (1974), „Das fünfte Kind" (1988), „Ein süßer Traum" (2002). Lessing erhielt 2007 den Literaturnobelpreis.

Wenn sie sich etwas in den Kopf gesetzt hatte, setzte sie es auch durch: 1937 begann Beate eine Pilotenausbildung, heiratete ihren Fluglehrer Hans-Jürgen Uhse und doubelte Flugszenen in Filmen. In der sexuellen Not der Nachkriegsjahre entwickelte sie die Idee eines Versandhandels für „Ehehygiene". 1962 gründete sie die noch heute erfolgreiche Ladenkette für Sex-Artikel.

Beate Uhse
* bei Cranz (Ostpreu-
ßen) 25. Oktober
1919, † St. Gallen
16. Juli 2001, deut-
sche Unternehmerin

Benôite Groult
* Paris 31. Januar
1920, französische
Schriftstellerin

Groult entwickelte sich durch einschlägige Publikationen zu einer Anführerin der französischen Frauenbewegung. Ihr Roman „Salz auf unserer Haut" (1989) nimmt auf Tabus keine Rücksicht; er handelt von der hingebenden Liebe einer Pariser Intellektuellen zu einem Fischer. Weiter schrieb sie: „Leben will ich" (1983), „Leben heißt frei sein" (Autobiografie, 1998).

Marlen Haushofer
* Molln (Oberösterreich) 11. April 1920, † Wien 21. März 1970, österreichische Schriftstellerin

Hörspiele und Jugendbücher von Haushofer sind weitgehend vergessen. Erzählungen aber wie „Die Vergissmeinnichtquelle" (1956) oder „Schreckliche Treue" (1968) blieben ebenso im Gedächtnis wie die einfühlsam gestalteten Romane über Frauenschicksale „Eine Handvoll Leben" (1955), „Die Tapetentür" (1957), „Himmel, der nirgendwo endet" (1966), „Die Mansarde" (1969).

Den Nobelpreis bekam Franklin nicht, weil sie zu früh einem Krebsleiden erlag. Dass sie ihn verdient hätte, ist unbestritten, hatten doch ihre Arbeiten zur Röntgenstrukturanalyse den Grundstein zur Entschlüsselung des spiraligen Makromoleküls (Doppelhelix) der Erbsubstanz DNS geliefert. Sie forschte auch über Grafite, Carbone und organische Verbindungen.

Rosalind Elsie Franklin
* London 25. Juli 1920, † ebendort 16. April 1958, englische Biochemikerin

P.D. (Phyllis Dorothy) James
* Oxford 3. August 1920, englische Kriminalschriftstellerin

Weil ihr Mann zum Pflegefall wurde, musste James Geld verdienen und tat das im Innenministerium, Ressort: Polizei. Vielleicht rührte daher der Impuls, sich nach der Pensionierung 1979 ganz dem Detektivroman zu widmen: „Der Beigeschmack des Todes" (1986), „Wer sein Haus auf Sünden baut" (1994), „Tod an heiliger Stätte" (2001), „Wo Licht und Schatten ist" (2005).

Eine Behinderung in der Jugendzeit verwies Sutcliff auf eine selbst erschaffene Fantasiewelt und brachte sie zum Schreiben von historischen Romanen, die sich durch Detailtreue und genaue Kenntnis der Zeitumstände auszeichnen: Besonders berühmt wurden die Geschichten „Die Adler der Neunten Legion" (1954) und „Merlin und Artus" (1981) sowie „Der Schildwall" (1982).

Rosemary Sutcliff
* East Clandon (Surrey) 14. Dezember 1920, † Arundel (Sussex) 23. Juli 1992, englische Schriftstellerin

Patricia Highsmith
* Fort Worth (Texas)
19. Januar 1921,
† Locarno 4. Februar
1995, amerikanische
Kriminalschrift-
stellerin

In ihrem Buch „Der Weiblichkeitswahn"
(1963), das weltweit in über drei Millionen
Exemplaren Verbreitung fand, rechnete Friedan
mit der Vergeudung der Talente von Frauen ab,
die auf ihre häusliche Rolle reduziert würden.
Sie gründete 1966 die National Organization
for Women (NOW) und bemühte sich um Ein-
bindung der Männer beim Kampf um bessere
weibliche Chancen.

Betty Naomi Friedan
* Peoria (Illinois)
4. Februar 1921,
† Washington 4. Feb-
ruar 2006, amerika-
nische Feministin

Für die seelischen Abgründe ganz normaler
Menschen interessierte sich Highsmith und
entwickelte daraus Kriminalfälle. Gleich der
erste „Zwei Fremde im Zug" (1950) war ein großer Erfolg, ging es doch um Morde ohne Motiv.
Fünf weitere Romane widmete sie dem beden-
kenlosen Kriminellen Tom Ripley (1955–1991).
In Unrast und Menschenscheu ähnelt der Mann
seiner Erfinderin.

Signoret galt als Charakterdarstellerin und bewies auch politisch Charakter durch unerschro-
ckenes Eintreten gegen Krieg und Despotie. Seit
1951 mit dem Schauspieler Yves Montand verheiratet, war sie in Filmen wie „Hexenjagd"
(1957), „Brennt Paris?" (1966) oder „Die Katze"
(1971) zu sehen. Ihre Memoiren erschienen
1978 unter dem Titel „Ungeteilte Erinnerungen".

**Simone Signoret
(eigentlich Simone
Kaminker)**
* Wiesbaden
25. März 1921,
† Paris 30. Septem-
ber 1985, franzö-
sische Schauspielerin

Giulietta Masina
* San Giorgio di
Piano (Bologna)
22. Februar 1921,
† Rom 23. März 1994,
italienische Schau-
spielerin

Die kleine Masina trat schon als Studentin im
Theater auf, lernte den Regisseur F. Fellini kennen, heiratete ihn 1943 und spielte vor allem in
seinen Filmen: „La Strada – das Lied der
Straße" (1954), „Die Nächte der Cabiria"
(1957), „Julia und die Geister" (1965), „Die Irre
von Chaillot" (1969) und an der Seite von M.
Mastroianni „Ginger und Fred" (1985).

Sophie Scholl
* Forchtenberg am
Kocher 9. Mai 1921,
† München 22. Feb-
ruar 1943, deutsche
Hitler-Gegnerin

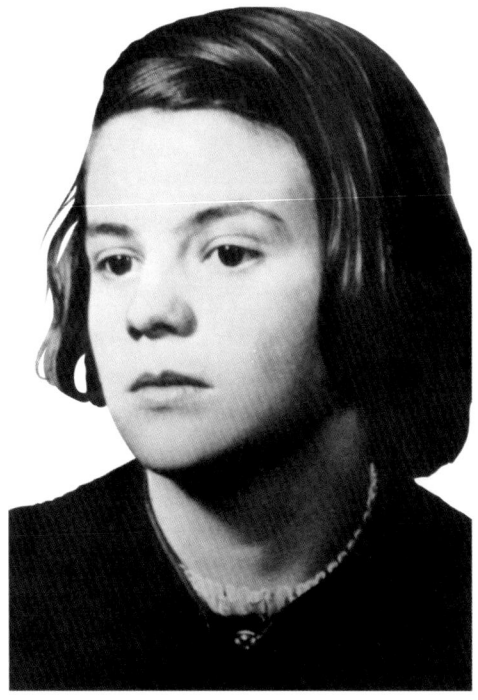

Die Chemikerin Hamm-Brücher trat 1948 der
FDP bei, saß für sie im Münchener Stadtrat, im
bayerischen Landtag und 1976–1990 im Bundestag. 1994 unterlag sie als Kandidatin für das
Amt des Bundespräsidenten. 1982 wandte sie
sich gegen die Wahl Kohls zum Bundeskanzler
und trat in bewegenden Worten für Treue zum
sozialliberalen Bündnis ein. 2002 verließ sie
die FDP.

**Hildegard Hamm-
Brücher**
* Essen 11. Mai 1921,
deutsche Politikerin

Im Kriegshilfseinsatz erkannte Scholl den ver-
brecherischen Charakter des Nazi-Regimes
und schloss sich 1942 in München dem studentischen Widerstandskreis der „Weißen Rose"
an. Fast mutiger noch als ihre männlichen Mit-
kämpfer, übernahm sie Transport und Vertei-
lung von Flugblättern, wurde am 18. Februar
1943 verhaftet und mit ihrem Bruder Hans zum
Tod verurteilt.

Rosalyn Yalow
* New York 19. Juli
1921, amerikanische
Physikerin und
Nuklearmedizinerin

Yalow wurde 1968 Dozentin und 1975 Professorin an der New Yorker Yeshiwa Universität; seit 1970 leitete sie die Abteilung
für Nuklearmedizin eines Krankenhauses
in ihrer Heimatstadt. Sie entwickelte eine
Methode zur Bestimmung der Menge der
vom Gehirn produzierten Peptidhormone.
Dafür erhielt sie 1977 den Nobelpreis für
Physiologie oder Medizin.

Dame Deborah Jane Kerr
* Helensburgh (Schottland) 30. September 1921, † Suffolk 16. Oktober 2007, englische Schauspielerin

Ein wenig sah Kerr aus wie die englische Zwillingsschwester von Ruth Leuwerik. Und so vornehme Rollen spielte sie zunächst auch im Theater wie im Kino. Mit dem Film „Die schwarze Narzisse" (1947) wurde sie zum Star. Kerr verzauberte das Publikum in „Quo vadis?" (1951), „Verdammt in alle Ewigkeit" (1953) und „Casino Royale" (1966). 1994 erhielt sie einen Ehren-Oscar.

Ilse Aichinger
* Wien 1. November 1921, österreichische Schriftstellerin

Nazi-Zeit und Krieg hallen nach im Werk von Aichinger, die 1948 mit dem Roman „Die größere Hoffnung" hervortrat, zur Gruppe 47 gehörte und 1953 den Schriftsteller Günther Eich heiratete. Viel gesendet wurden ihre Hörspiele („Knöpfe", 1953), und ihre Gedichte beeinflussten die Nachkriegslyrik. „Film und Verhängnis" nannte sie 2001 ihre Autobiografie.

**Anne Golon
(eigentlich Simone
Golonbinoff)**
* Toulon 19. Dezember 1921, französische Schriftstellerin

Das Leben hatte Golon nach Versailles verschlagen, und dieser Ort gab ihrem Schreiben einen historisch faszinierenden Hintergrund: Sie begann, enorm erfolgreiche Romane über die schöne „Angélique" zu veröffentlichen, die am Hof des „Sonnenkönigs" Ludwig XIV. spielen. 1956 erschien der erste; es folgten zwölf weitere, allesamt um Lust und Liebe kreisend.

Blaga Dimitrowa
* Bjala Slatina bei Wraza (Nordostbulgarien) 2. Januar 1922, † Sofia 2. Mai 2003, bulgarische Schriftstellerin

Hauptberuflich arbeitete Dimitrowa als Übersetzerin vor allem aus dem Russischen und als Lektorin für Jugendbücher. Daneben schrieb sie Gedichte, die in Auswahlausgaben auch übersetzt vorliegen, und Romane wie „Liebe auf Umwegen" (1969) oder „Die Lawine" (1981). Kurz vor Ende des kommunistischen Systems gehörte sie zu den Gründern des „Klubs für Demokratie".

Renata Tebaldi
* Pesaro (Marken)
1. Februar 1922,
† San Marino
19. Dezember 2004,
italienische Sängerin

Schon vor Kriegsende trat Tebaldi auf, ihr leuchtender Sopran aber wurde erst nach 1945 vom Dirigenten Toscanini entdeckt. Sie sang bei der Wiedereröffnung der Mailänder Scala 1946. Dort wäre sie wohl danach mit Maria Callas kollidiert und ging daher an die Met nach New York, der sie bis 1973 angehörte. Besonders bewundert wurde sie für ihre Verdi- und Puccini-Partien.

Judy Garland (eigentlich Frances Gumm)
* Grand Rapids (Minnesota) 10. Juni 1922, † London 22. Juni 1969, amerikanische Schauspielerin und Sängerin

Zusammen mit ihrem späteren Mann Paul Falk dominierte Baran die Szene des Paarlaufs seit 1947, als die beiden erstmals deutsche Meister wurden. Das war damals sogar noch ohne Trainer möglich. Zweimal (1951 und 1952) waren sie Weltmeister und holten 1952 sogar olympisches Gold in Oslo. Nach der Amateur-Karriere wechselten sie zur Revue Holiday on Ice.

Ria Baran
* Dortmund 2. November 1922, † 12. November 1986, deutsche Eiskunstläuferin

„Acht Leben in einem" habe ihre Mutter gelebt, sagte Liza Minelli über Garland, die schon mit sieben Jahren in ihrem ersten Film auftrat, fünfmal verheiratet war und ihre große Energie noch durch Drogen zu steigern suchte. Neben ihren umjubelten Show-Tourneen spielte sie in Filmen wie „Broadway Melody" (1938), „Ein neuer Stern am Himmel" (1954), „Ein Kind wartet" (1963).

Ingeborg Drewitz
* Berlin 10. Januar 1923, † ebendort 26. November 1986, deutsche Schriftstellerin

Die Germanistin Drewitz engagierte sich gewerkschaftlich und trat in ihren Werken für Frauenrechte ein. Neben Dramen („Unio mystica", 1949) und Hörspielen („Der Mann im Eis", 1976) schrieb sie Romane wie „Oktoberlicht" (1969), „Das Hochhaus" (1975), „Eis auf der Elbe" (1982), „Eingeschlossen" (1988), in denen es um Einsamkeit und bedrohte Individualität geht.

Alice Miller
* Polen 12. Januar
1923, polnisch-
schweizerische
Psychoanalytikerin

Bis 1980 hatte Miller eine Praxis für Psychoanalyse in Zürich, stand der reinen Lehre aber zunehmend skeptisch gegenüber und wandte sich mit ihren Erkenntnissen aus der Kindheitsforschung in Büchern gegen die herkömmliche („schwarze") Pädagogik: „Das Drama des begabten Kindes" (1979, erweitert 1996), „Evas Erwachen" (2001), „Dein gerettetes Leben" (2007).

Bis 1956 lebte Zeller in der DDR, ging dann für sechs Jahre nach Südwestafrika und lebte seitdem in Westdeutschland. Sie schrieb Jugendbücher (z.T. über ihr Aufwachsen während des Dritten Reichs), Lyrik, psychologisch fein gezeichnete Romane wie „Die Hauptfrau" (1977), „Nein und Amen" (1986), „Heidelberger Novelle" (1988) und Erzählungen („Das Sprungtuch", 1991).

Eva Zeller
* Eberswalde
25. Januar 1923,
deutsche Schrift-
stellerin

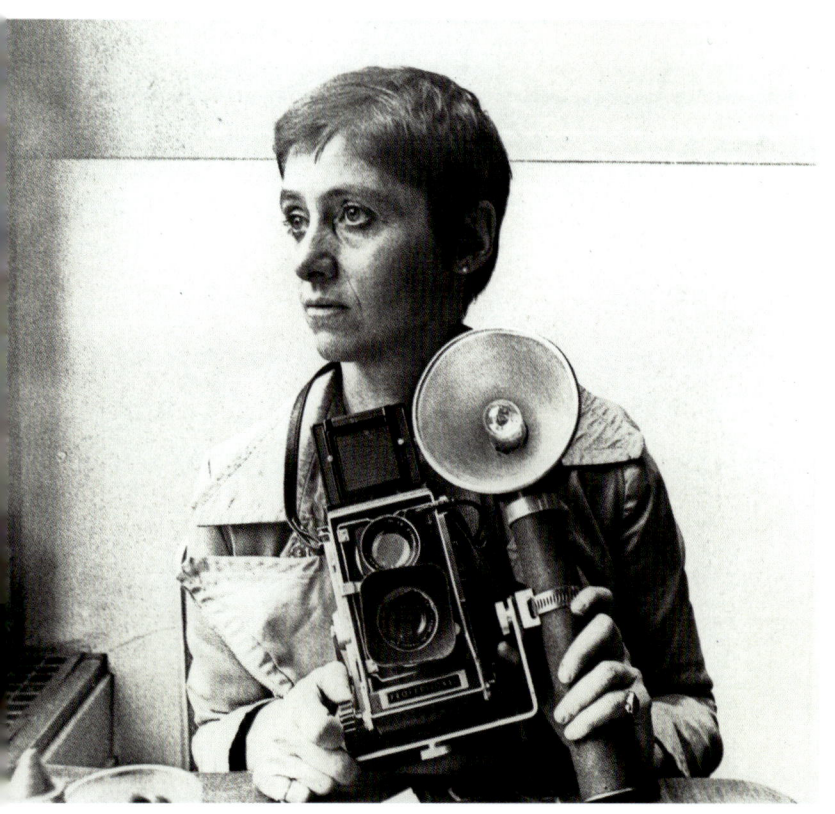

Diane Arbus
* New York 14. März
1923, † ebendort
26. Juli 1971 (Frei-
tod), amerikanische
Fotografin

Gegen den Willen der Eltern heiratete Diane mit 18 den berufslosen Allan Arbus, der sich mit Jobs wie Fotografieren über Wasser hielt. So kam auch sie zur Lichtbildkunst und arbeitete bald auf eigene Rechnung. Sie machte Foto-Reportagen für diverse Magazine und Bildserien von Randexistenzen: Behinderte, Transvestiten, Dirnen. Ihre letzten Jahre verdunkelten Depressionen.

Bettie Page
* Nashville (Tennessee) 22. April 1923,
amerikanisches
Fotomodell

Eine umwerfende Figur und ein von Hemmungen wenig getrübtes Temperament bestimmten Pages Laufbahn. Sie wurde von Fotografen entdeckt, die Männerfantasien bedienten und Page in Posen zwischen Erotik und Porno ablichteten. Ihr Prinz-Eisenherz-Pony wurde zum frisürlichen Markenzeichen. Sie zierte zahllose Illustrierten-Titel, schaffte den Sprung zum Film aber nicht.

Wislawa Szymborska
* Bnin bei Posen
2. Juli 1923, polnische Lyrikerin

Als sie 1945 Gedichte zu schreiben begann, stand sie noch im Bann des verordneten sozialistischen Realismus. Später löste sie sich von dieser Vorgabe und fand ihre Stoffe im eigenen Erleben. Ihre in freien Rhythmen gefassten Verse sind in Sammlungen erschienen wie „Salz" (1973), „Hundert Freuden" (1986). 1996 erhielt sie den Nobelpreis für Literatur

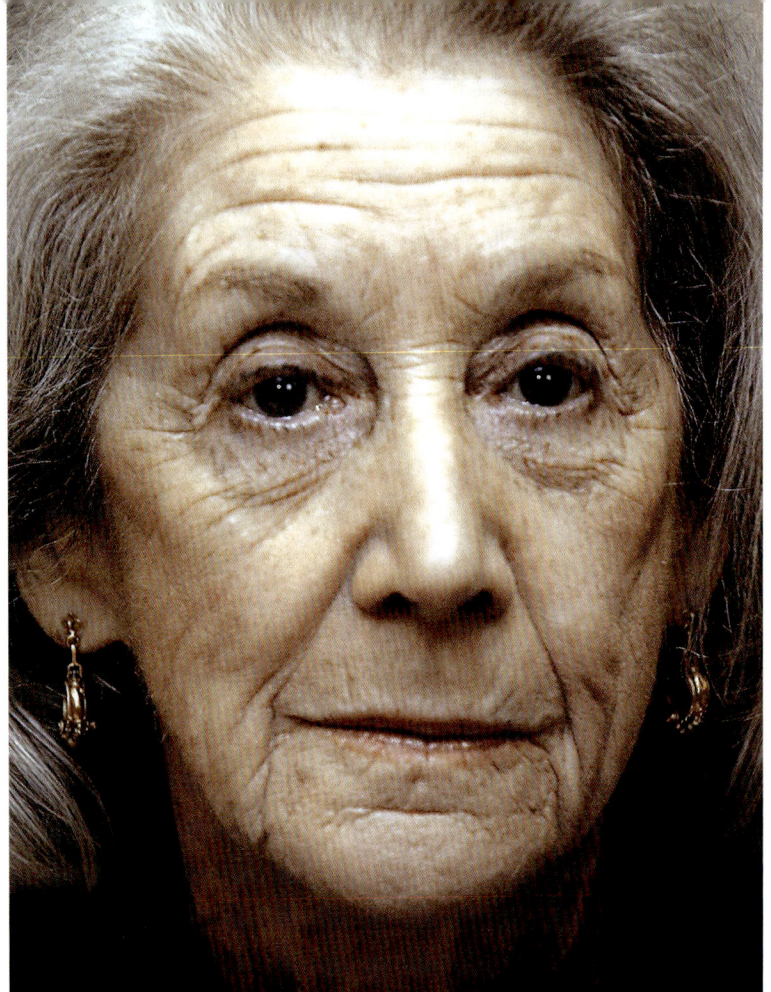

Nadine Gordimer
* Springs bei
Johannesburg
20. November 1923,
südafrikanische
Schriftstellerin

Die jüdisch-englische Herkunft machte Gordimer besonders sensibel für die Probleme der Rassentrennung (Apartheid) in ihrer Heimat. Mit ihren großen Erzählwerken kämpfte sie dagegen an: „Sechs Fuß Erde" (1956), „Der Besitzer" (1974), „Burgers Tochter" (1979), „Ein Spiel der Natur" (1987), „Fang an zu leben"(2005). 1991 erhielt sie den Nobelpreis für Literatur.

In Athen studierte Callas Gesang. Bei ihrem großen Auftritt 1951 als „Aida" in Mexiko riss sie das Publikum zu Beifallsstürmen hin mit ihrer noch in höchsten Höhen kristallklaren Stimme. Ihre Neugier auf frische Rollen führte zur Wiederentdeckung von Opern Donizettis, Rossinis und Bellinis. Ins Gerede geriet sie durch ihre Affäre mit dem Milliardär Onassis.

**Doris Day
(eigentlich Doris
von Kappelhoff)**
* Cincinnati (Ohio)
3. April 1924, ameri-
kanische Schau-
spielerin

**Maria Callas
(eigentlich Maria
Kalogeropoulos)**
* New York
3. Dezember 1923,
† Paris 16. Septem-
ber 1977, griechische
Sängerin

Nach Anfängen als Sängerin gelang Day der Durchbruch mit dem Nr.-1-Hit „Sentimental Journey". Damit wurde sie auch für den Film interessant, der ihr komödiantisches Talent für seichte Unterhaltung nutzte; Höhepunkt: „Bettgeflüster" (1959) und „Schick mir keine Blumen" (1963) mit Rock Hudson. Ernstere Rollen bekam sie seltener: „Tyrannische Liebe" (1955).

Tatjana Nikolajewna
* Beschiza bei Brjansk 4. Mai 1924,
† San Francisco 23. November 1993,
russische Pianistin

Am Moskauer Tschaikowski-Konservatorium erhielt Nikolajewna ihre Ausbildung und übernahm dort 1965 selbst eine Professur für Klavier. Ihr eigenes Repertoire, das sie auf Konzertreisen in aller Welt vorstellte, reichte vom Barock bis ins 20. Jahrhundert. Besonders aber hatte es ihr Bach angetan, dessen Klangreichtum sie wie kaum jemand sonst zur Geltung brachte.

Lauren Bacall
* New York 16. September 1924, amerikanische Schauspielerin

Ein unübertreffliches Paar: Bacall und Humphrey Bogart, die 1944 in einem ersten Film gemeinsam auftraten („Haben und Nichthaben") und 1945 heirateten. Weitere große Erfolge errang Bacall in Streifen wie „Tote schlafen fest" (1946), „In den Wind geschrieben" (1957) und später „Rendez-vous mit einer Leiche" (1987), „Prêt-à-Porter", „Liebe hat zwei Gesichter" (beide 1995).

Friederike Mayröcker
* Wien 20. Dezember 1924, österreichische Schriftstellerin

Das Leben in zwei Sprachen – Mayröcker war bis 1969 Englischlehrerin – wirkte auf ihr Schreiben ein. Sie begann mit surrealistisch geprägten experimentellen Texten zwischen Lyrik und Prosa. Später nahm sie traditionelle Elemente hinein („Magische Blätter I–V", 2001). Einfluss hatte das Schaffen des Dichters Ernst Jandl, dessen Lebensgefährtin Mayröcker seit 1954 war.

Flannery O'Connor
* Savannah (Georgia) 25. März 1925, † Milledgeville (Georgia) 3. August 1964, amerikanische Erzählerin

Ob Muhr Psychologie studierte, weil sie sich Aufschlüsse über sich selbst und über ihre Schwermut erhoffte? Wenn ja, dann waren es keine aufbauenden. Ihr erster autobiografischer Roman „Depressionen. Tagebuch einer Krankheit" (1970) zeigt das so schonungslos wie die beiden noch folgenden: „Freundinnen" (1974) und „Huberts Reise" (1978). Muhr schrieb auch Lyrik.

Caroline Muhr
* Essen 20. Mai 1925, † Bad Godesberg 13. Januar 1978 (Freitod), deutsche Schriftstellerin

Eine Erbkrankheit, 1951 diagnostiziert, schränkte O'Connor zwar ein, schärfte aber angesichts der begrenzten Lebenserwartung ihre Beobachtungsgabe und ironische Sicht auf die Welt. In ihren von tiefer katholischer Religiosität geprägten Kurzgeschichten („Ein Kreis im Feuer", Auswahl 1961) und Romanen („Die Gewalt tun", 1960) geht es um schwierige Charaktere.

Es begann als Hobby: Ashley entwarf in der Freizeit Muster für Tischtücher und Servietten. Als ihr Mann Bernard eine Maschine zum Drucken der Entwürfe konstruierte, wurde aus dem Spiel geschäftlicher Ernst. 1954 gründete Ashley ein Unternehmen für Innendekor und hatte großen Erfolg mit fantasievollen Kopftüchern, Kleidern und Bezugsstoffen. Als sie starb, gab es bereits mehrere Filialen.

Laura Ashley
* Merthyr Tydfil (Wales) 7. September 1925, † Coventry 17. September 1985, englische Modedesignerin

Erika Köth
* Darmstadt 15. September 1925, † Speyer 20. Februar 1989, deutsche Sängerin (Sopran)

Mit ihrer Paradearie der Königin der Nacht in Mozarts „Zauberflöte" gewann schon die 20-jährige Köth einen Gesangswettbewerb dank der „besonderen Leuchtkraft" ihrer Stimme selbst „in den höchsten Lagen", wie ein Kritiker schwärmte. An den Staatsopern in Hamburg und Wien feierte sie Erfolge und sang sich auf Tourneen ins Herz der weltweiten Operngemeinde.

Margaret Thatcher
* Grantham (Lincolnshire) 13. Oktober 1925, englische Politikerin

Die 1959–1992 für die Konservativen ins Unterhaus gewählte Thatcher war 1979–1990 als erste Frau Premierministerin. Wegen ihrer energischen Politik galt sie als „Eiserne Lady", die auch vor militärischen Konflikten nicht zurückscheute: 1982 besiegte die Royal Navy Argentinien im Falklandkrieg. Ungerührt von Streiks dämmte sie den Einfluss der Gewerkschaften ein.

Melina Mercouri
* Athen 18. Oktober
1925, † New York
6. März 1994, grie-
chische Schauspiele-
rin und Politikerin

Von Haus aus jiddisch sprechend, schrieb
Lispector jedoch portugiesisch. Bereits 1944
erschien ihr erster Roman „Nahe dem wilden
Herzen". Es folgten vom Existenzialismus
geprägte Erzählwerke wie „Die Nachahmung
der Rose" (1952), „Der Apfel im Dunkeln"
(1961), „Eine Lehre oder das Buch der Lust"
(1969), „Lebendiges Wasser" (1973), „Die
Sternstunde" (1977).

Clarice Lispector
* Tschetschelnik
(Ukraine) 10. Dezem-
ber 1925, † Rio de
Janeiro 9. Dezember
1977, russisch-bra-
silianische Schrift-
stellerin

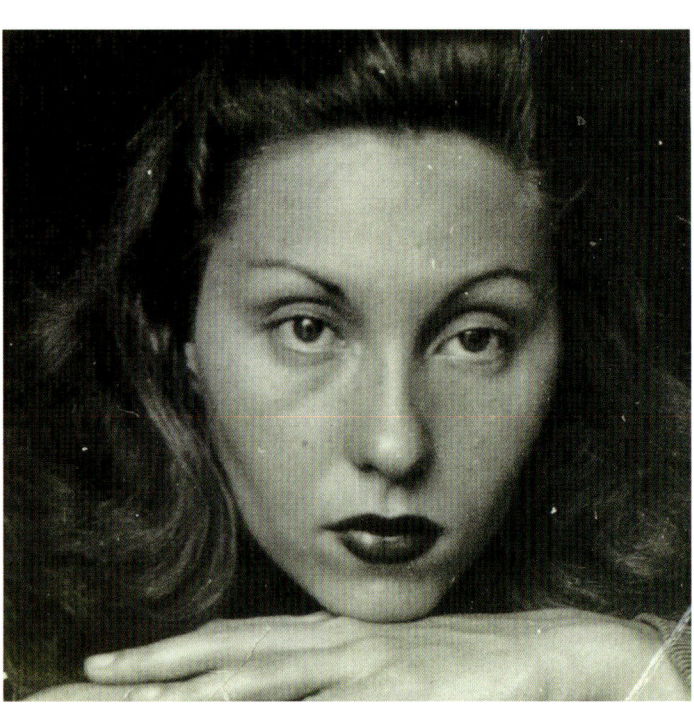

Nach holprigen Anfängen fasste Mercouri 1955
beim Film Fuß und schaffte 1959 den Durchbruch zum Weltstar als vitale Dirne Ilya in
„Sonntags nie" unter der Regie ihres späteren
Mannes Jules Dassin. Gegen die 1967 etablierte
Militärdiktatur machte sie scharf Front und
wurde ausgebürgert. 1974 konnte sie zurückkehren und war 198–1989 und 1993/94 griechische Kulturministerin.

Hildegard Knef
* Ulm 28. Dezember
1925, † Berlin 1. Feb-
ruar 2002, deutsche
Schauspielerin

Schlagartig berühmt wurde Knef, die
schon 1946 im Film „Die Mörder sind unter
uns" ihr früh ausgereiftes Können gezeigt
hatte, mit dem Film „Die Sünderin" (1950)
durch eine kurze Nacktszene. Es folgte
eine steile Karriere auf der Bühne (Broadway 1954–1956) und im Kino. Unvergessen
ihre mit tiefer Stimme vorgetragenen
Chansons („Für mich soll's rote Rosen reg-
nen", 1968). Auch als Schriftstellerin reüs-
sierte sie mit der Autobiografie „Der
geschenkte Gaul" (1970).

Maria Schell
* Wien 15. Januar 1926, † Preitenegg (Kärnten) 26. April 2005, österreichische Schauspielerin

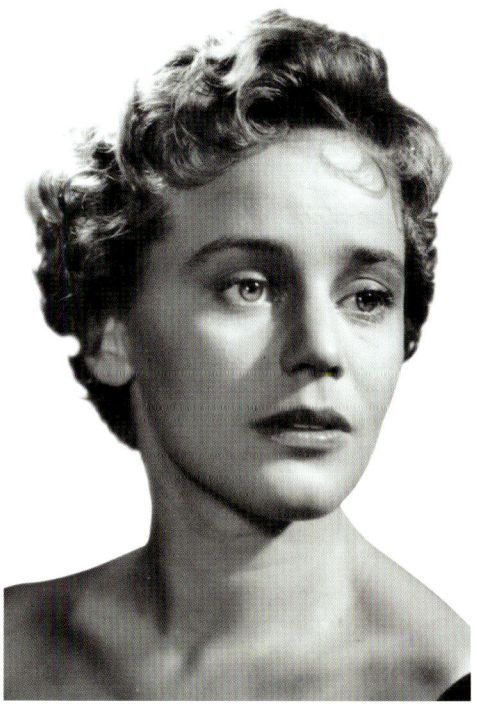

Nach dem Tod des Vaters 1952 kam Elisabeth II. auf den Thron. Seit 1947 mit Philip, Herzog von Edinburgh, verheiratet, wurde sie Mutter von vier Kindern. Zunächst bezauberte sie mit jugendlicher Frische, später überzeugte sie durch Festigkeit und Würde, wenn sie auch stets eine gewisse Steife ausstrahlte. Ihr Goldenes Thronjubiläum 2002 zeigte, dass die britische Monarchie durch sie entscheidend gefestigt worden ist.

Elisabeth II.
* London 21. April 1926, Königin von Großbritannien und Nordirland

Die Kino- und Fernsehfilme, in denen Schell auftrat, sind kaum zu zählen. Sie zog sich anfangs in Liebesschnulzen (v.a. mit O.W. Fischer) den Ruf des „Seelchens" zu („Der träumende Mund", 1952), korrigierte das aber rasch etwa im Hauptmann-Stück „Rose Bernd" (1956) oder durch den temperamentvollen Part im Film „Die Brüder Karamasoff" (1957) mit Yul Brynner.

Marilyn Monroe (eigentlich Norma Jean Mortenson)
* Los Angeles 1. Juni 1926, † ebendort 5. August 1962 (Freitod), amerikanische Schauspielerin

Als Fotomodell 1944 entdeckt, erhielt Monroe kleine und bald auch größere Filmrollen als sexy Blondine („Wie angelt man sich einen Millionär", 1953). Dass sie auch das Zeug zu Anspruchsvollerem hatte, bewies sie unter anderem in „Manche mögen's heiß" (1959). Sie ging drei Ehen ein; 1956–1961 war sie mit dem Autor Arthur Miller verheiratet. Sie soll ein Verhältnis mit US-Präsident Kennedy gehabt haben. Monroe litt stets unter ihrem öffentlichen Image als „blondes Dummchen".

Anneliese Rothenberger
* Mannheim 19. Juni 1926, deutsche Sängerin (lyrischer Sopran)

An der Hamburger Staatsoper begann die Nachkriegskarriere von Rothenberger, die in wenigen Jahren die Opernbühnen von der Scala bis zur Met eroberte und bei den bedeutenden Festspielen von Salzburg bis Edinburgh sang. Später widmete sie sich der Nachwuchsförderung, trat in Musikfilmen auf und hatte eigene Fernsehsendungen. Ihre großen Liederabende sind unvergessen.

Ihr erstes Musikstück schrieb Zechlin 1933, studierte 1943–1949 in Leipzig und wurde 1950 Dozentin an der Deutschen Hochschule für Musik in Ost-Berlin, wo sie seit 1969 die Meisterklasse für Komposition leitete. Neben Orchesterstücken, Kammermusik, Sinfonien und Vokalwerken schuf sie Opern wie „Reinecke Fuchs" (1968) und „Die Salamandrin und die Bildsäule" (1989).

Ruth Zechlin
* Großhartmannsdorf bei Freiberg (Sachsen) 22. Juni 1926, † München 4. August 2007, deutsche Komponistin

Ingeborg Bachmann
* Klagenfurt 25. Juni 1926, † Rom 17. Oktober 1973, österreichische Schriftstellerin

Dass es Bachmann als Verfasserin schwieriger Gedichte („Die gestundete Zeit", 1953) auf den „Spiegel"-Titel schaffte (1954), liegt an der sprachlichen Präzision ihrer Texte. Es folgten eine weitere Gedichtsammlung („Die Anrufung des Großen Bären", 1956) und die Romane „Das dreißigste Jahr" (1961) und „Malina" (1971). Bachmann war einige Jahre mit Max Frisch liiert.

Elisabeth Kübler-Ross
* Zürich 8. Juli 1926,
† Scottsdale (Arizona)
24. August 2004,
schweizerisch-amerikanische Psychiaterin

Gegen den väterlichen Willen setzte Kübler-Ross durch, dass sie Medizinerin werden konnte. Sie spezialisierte sich auf Psychiatrie, wanderte in die USA aus und gründete dort eine Hospizbewegung. Bei Sterbenden lernte sie mit Todkranken umzugehen und schrieb darüber mehrere Bestseller: „Interviews mit Sterbenden" (1972), „Kinder und Tod" (1985).

Ana Maria Matute
* Barcelona 26. Juli 1926, spanische Schriftstellerin

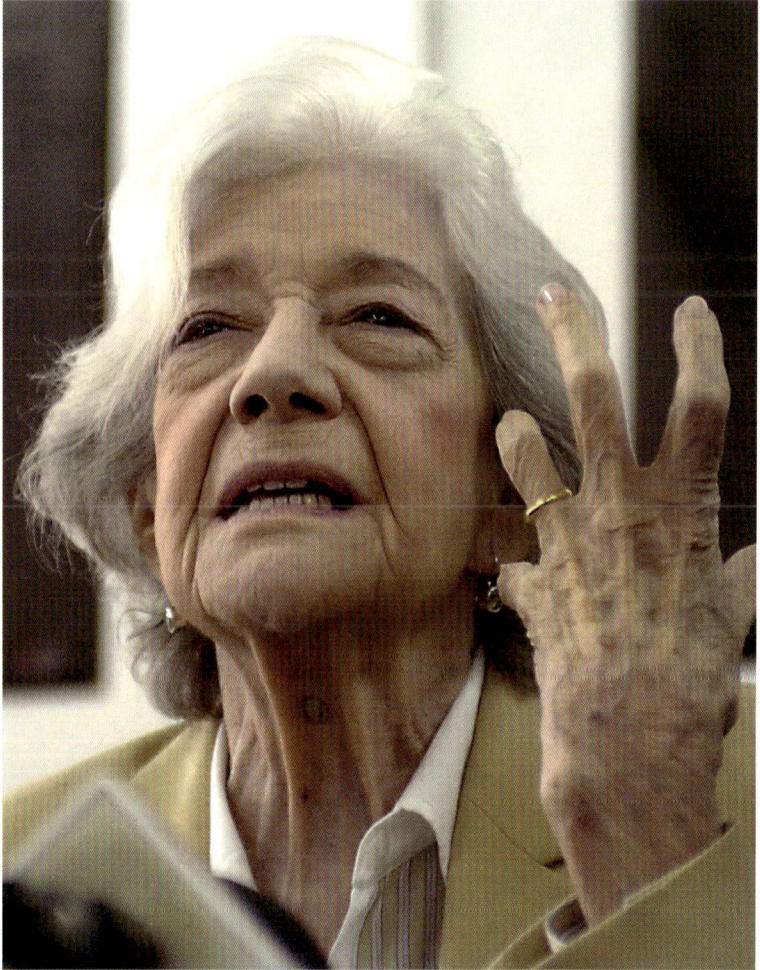

Das Trauma des Bürgerkriegs 1936–1939 in ihrer Heimat diente Matute als Folie für die Probleme in der Romantrilogie „Erste Erinnerung" (1960), „Nachts weinen die Soldaten" (1964) und „Die Zeit verlieren" (1967). Auch in ihren Kinderbüchern scheint dieser Hintergrund auf: „Juju und die fernen Inseln" (1968), „Die Kinder im Zahlenland" (1971), „Paulina" (1972).

Christa Reinig
* Berlin 6. August
1926, † München
30. September 2008,
deutsche Schrift-
stellerin

Nach dem Krieg lebte Reinig in der DDR und begann zu schreiben. Wegen ihrer Unangepasstheit erhielt sie 1951 Publikationsverbot und ging 1964 in den Westen. Sie schrieb balladenhafte Gedichte („Die Steine von Finisterre", 1960), Romane („Entmannung", 1976; „Die Frau im Brunnen", 1984), Erzählungen („Simsalabim", 1999) und das Kinderbuch „Hantipanti" (1972).

36 Jahre lang war Happe einzige Schwimm-Olympionikin der BRD; sie gewann 1956 in Melbourne über 200 Meter Brust – erst 1992 bekam sie mit Dagmar Hase eine Gold-Kollegin. Schon vorher hatte Happe als Europameisterin aufhorchen lassen. Dreimal war sie Sportlerin des Jahres, und 1997 wurde sie in die Ruhmeshalle des internationalen Schwimmsports aufgenommen.

Ursula Happe
* Danzig 20. Oktober
1926, deutsche
Schwimmerin

**Eartha Kitt
(eigentlich
Eartha Mae Keith)**
* North (South
Carolina) 17. Januar
1927, † New York
25. Dezember 2008,
afroamerikanische
Sängerin und Schau-
spielerin

Wie für manche war auch für Kitt der Kirchenchor das Karriere-Sprungbrett. Als Fabrikarbeiterin finanzierte sie sich die Ausbildung. Der Durchbruch gelang ihr 1952 am Broadway. Welthits wurden ihre Lieder „C'est si bon" und „Santa Baby". Mit Kritik am Vietnamkrieg geriet sie vorübergehend ins Abseits. In den 1980er-Jahren aber ging ihr Stern erneut auf.

Mit dem Studium des Ausdruckstanzes bei Gret Palucca begann die Bühnenlaufbahn von Berghaus, die zunächst als Choreografin arbeitete. 1954 heiratete sie den Komponisten Paul Dessau und übernahm 1970 die Intendanz des Berliner Ensembles. Seit 1980 inszenierte sie auch im Westen und in Prag eine Reihe von Opern. Für den Nachwuchs hielt sie „Meisterkurse für Opernregie".

Ruth Berghaus
* Dresden 2. Juli 1927, † Zeuthen bei Berlin 25. Januar 1996, deutsche Theater- und Opernregisseurin

Juliette Gréco
* Montpellier 7. Februar 1927, französische Chansonsängerin und Schauspielerin

Im Krieg vorübergehend in deutscher Haft, wurde Gréco 1946 von Sartre als Chansontalent entdeckt und sang Gedichte von ihm. Dem hohen Anspruch blieb sie treu und wurde mit Texten von Camus, Mauriac und Sagan eine feste Größe in der französischen Musikszene. Ihre erste Kinorolle spielte sie in Cocteaus „Orphée" 1949 und sang 1958 im Film „Bonjour Tristesse".

Gina Lollobrigida
* Subiaco 4. Juli 1927, italienische Schauspielerin

Ob sie zu ihrer Zeit „Die schönste Frau der Welt" war, wie einer ihrer Filmtitel 1955 hieß – da scheiden sich die Geister. Eine der schönsten war sie gewiss und begeisterte das Publikum in Streifen wie „Der Glöckner von Notre Dame" (1956), „Salomon und die Königin von Saba" (1959) und „Fremde Bettgesellen" (1965). Sie arbeitete später als Fotojournalistin.

Simone Veil
* Nizza 13. Juli 1927,
französische Poli-
tikerin

Vater Gustav Heinemann, der spätere Bundes-
präsident, war sicher nicht erbaut davon, dass
seine älteste Tochter Uta 1953 katholisch
wurde. Stolz erlebte er jedoch, dass sie sich
1969 als weltweit erste Frau in katholischer
Theologie habilitierte. 1987 wurde ihr wegen
Kritik an der Lehre von der Jungfrauengeburt
Jesu die kirchliche Lehrerlaubnis entzogen.

**Uta Ranke-
Heinemann**
* Essen 2. Oktober
1927, deutsche
katholische Theo-
login

Aus jüdischer Familie stammend, wurde Veil
1944 nach Auschwitz deportiert und im April
1945 befreit. Sie studierte Jura, ging in die Politik und bekleidete mehrmals Ministerposten.
1979 ins Europäische Parlament gewählt, war
sie bis 1982 dessen Vorsitzende. 1981 erhielt sie
den Karlspreis der Stadt Aachen für ihre Ver-
dienste um ein demokratisches Europa.

Jeanne Moreau
* Paris 23. Januar
1928, französische
Schauspielerin

An der Comédie Française lernte Moreau
die klassische Schauspielkunst, Grundlage
ihres Aufstiegs zur führenden Charakterdarstellerin in Frankreich. In Filmen wie
„Jules und Jim" (1961), „Tagebuch einer
Kammerzofe" (1964), „Querelle" (1982),
„Flucht aus dem Eis" (1992), „Die Zeit die
bleibt" (2005) spielte sie auf höchstem
Niveau. Sie überzeugte auch als Sängerin.

Gudrun Pausewang (eigentlich Gudrun Wilcke)
* Wichstadtl (Ostböhmen) 3. März 1928, deutsche Schriftstellerin

Von 1956–1972 lebte Pausewang vorwiegend in Südamerika, wo ihre Romane „Rio Amargo" (1959), „Bolivianische Hochzeit" (1968) und „Guadeloupe" (1970) spielen. Weitere für Kinder und Jugendliche geeignete Erzählwerke der bekennenden Atomkraft-Gegnerin sind „Die Not der Familie Caldera" (1977), „Die letzten Kinder von Schewenborn" (1983) und „Die Wolke" (1987, verfilmt 2006).

Sie war die erste afroamerikanische Schaffnerin in San Francisco und außerdem Universitäts-Dozentin, Vergewaltigungsopfer und Prostituierte, Tänzerin und Bürgerrechtlerin: Angelou schrieb sich ihre Erfahrungen als Frau und Schwarze in einer rassistischen Gesellschaft vom Leib in Büchern wie „Ich weiß, warum der gefangene Vogel singt" (1970). Sie verfasste auch Drehbücher.

Shirley Temple
* Santa Monica (Kalifornien) 23. April 1928, amerikanische Schauspielerin und Diplomatin

Maya Angelou
* St. Louis (Missouri) 4. April 1928, amerikanische Schriftstellerin

Der berühmteste Kinderstar der Kinogeschichte durfte die eigenen frühen Filme nicht sehen – Shirley war noch zu jung. Sie verlor vor der Kamera nie die Natürlichkeit und Spontaneität. Scheu vor großen Namen war ihr unbekannt. 1934 war sie in „Mandalay", 1937 als „Heidi", 1941 als „Kathleen" zu sehen. Später ging Temple in die Politik und war als Botschafterin tätig.

Ein kurzes Leben und ein entsprechend schmales Werk: In der Schulzeit begann Kräftner Gedichte zu schreiben, die ganz traditionell Natur und Sehnsüchte thematisierten. Das Erlebnis der Gewalt beim Einmarsch der Roten Armee 1945 machte ihre Verse spröder. Das Thema Tod drängte sich vor. In ihm sah sie die einzige Rettung aus ihrer Verlassenheit auf Erden.

Agnès Varda
* Brüssel 30. Mai 1928, französische Filmemacherin

Hertha Kräftner
* Wien 26. April 1928, † ebendort 13. November 1951 (Freitod), österreichische Schriftstellerin

Sie beherrscht die seltene Kunst, dokumentarischen Realismus mit poetischer Fiktion zu paaren: Varda präsentierte 1954 ihren ersten Film, ließ 1965 im Werk „Das Glück aus dem Blickwinkel des Mannes" ein Bekenntnis zum Feminismus folgen und erntete 1985 internationales Lob für den Streifen „Vogelfrei" mit Sandrine Bonnaire. 2008 brachte sie „Agnes' Strände" heraus.

Fabiola, ursprünglich Fabiola de Mora y Aragón
* Madrid 11. Juni 1928, belgische Königin

Die spanische Grafentochter Fabiola wurde 1960 mit König Baudouin I. von Belgien getraut und repräsentierte den Staat mit ihm bis zu seinem Tod 1993. Da sie nach fünf Fehlgeburten kinderlos war, trat ihr Schwager Albert die Thronfolge an. Fabiola nennt sich seitdem „Königin von Belgien", Alberts Frau Paola dagegen wird als „Königin der Belgier" bezeichnet.

Vom Theater kam Wertmüller 1964 zum Film, wo Fellini ihr Lehrmeister war. Bald löste sie sich aus der Abhängigkeit und drehte zeitkritische Filme mit „linker" und feministischer Tendenz: „Alles auf seinem Posten und nichts in Ordnung" (1974), „In einer Regennacht" (1978), „Camorra" (1986), „Heimlich, still und leise" (1989), „Sperelli setzt sich durch" (1993).

Mary Daly
* Schenectady (New York) 16. Oktober 1928, amerikanische Philosophin und Theologin

Lina Wertmüller
* Rom 14. August 1928, italienische Regisseurin

Eine streitbarere Feministin als Daly lässt sich nicht leicht finden. Sie hat katholische Theologie studiert und in der Männerkirche die patriarchalischen Mechanismen der Gesellschaft durchschauen gelernt. Zu Standardwerken wurden ihre Bücher „Kirche, Frau und Sexus" (1970) und „Jenseits von Gottvater, Sohn & Co." (1986), die zu ihrem Kirchenausschluss führten.

Die Richtertochter Frankenthaler lernte beim mexikanischen Maler Rufino Tamaro, dessen Mixografien ihr die stilistische Richtung wiesen hin zu einem abstrakten Expressionismus, wie ihn auch Jackson Pollock vertrat. Sein Einfluss ist spürbar in Gemälden wie „Gebirge und See" (1952) oder „Robinsons Mantel" (1974). Frankenthaler heiratete den Malerkollegen Robert Motherwell.

Helen Frankenthaler
* New York 12. Dezember 1928, amerikanische Malerin

Als Siebenjährige nahm Haendel an einem ersten großen Wettbewerb in Warschau teil; ihr Agent gab ihr Alter allerdings mit zwölf an, weil man sie sonst womöglich nicht zugelassen hätte. 1937 nach England emigriert, entwickelte sich die zierliche Frau zu einer Herrscherin im Reich der Violine, bewundert für ihre Vielseitigkeit, ihre Strenge und ihr Temperament.

Ida Haendel
* Chelm bei Lublin 15. Dezember 1928, polnisch-englische Violinvirtuosin

Vera Chytilová
* Ostrau (Böhmen)
2. Februar 1929,
tschechische Regis-
seurin

Auf Umwegen kam Chytilová an die Prager Filmhochschule. Mit ihrem Kollegen Milos Forman wurde sie zur führenden Vertreterin der Neuen Welle. Wegen feministischer Agitation erhielt sie zeitweilig Arbeitsverbot. Für manche ihrer Filme schrieb sie auch die Drehbücher: „Tausendschönchen" (1966), „Ein bisschen schwanger" (1976), „Große Fallen, kleine Fallen" (1998).

Christa Wolf
* Landsberg an der
Warthe 18. März
1929, deutsche
Schriftstellerin

Ehe Wolf Schreiben zu ihrem Beruf machte, war sie bis 1962 Lektorin in einem DDR-Verlag. Dass es zwei Deutschlands gab, war eines der Kernthemen ihres erzählerischen Werks („Der geteilte Himmel", 1963), ein anderes das Los der Frau in der Männergesellschaft („Kassandra", 1983) und ein drittes die Lage der Intellektuellen in der DDR („Leibhaftig", 2002).

Nach dem Philosophie-Studium an der Sorbonne wanderte Cardinal 1960 nach Kanada aus und beschäftigte sich in ihren Romanen besonders mit der Entwicklung weiblicher Charaktere unter dem Druck von Männern gemachter gesellschaftlicher Normen. Wichtige Titel: „Schattenmund, Roman einer Analyse" (1975), „So als wäre nichts gewesen" (1990), „Amours ... amours" (1998).

Marie Cardinal
* Algier 9. März 1929,
† Valréas (Provence)
9. Mai 2001, franzö-
sische Schriftstellerin

„Ein süßer Fratz" (1957) hieß einer ihrer Filme, und als solcher gewann die junge Hepburn die Herzen der Kinofreunde. „Ein Herz und eine Krone" (1953) war Höhepunkt dieser Phase. Dann kamen anspruchsvollere Rollen, in denen die großäugige, schlanke Frau ihr ganzes Können ausspielte: „Frühstück bei Tiffany" (1961), „My fair Lady" (1964), „Robin und Marian" (1976).

Audrey Hepburn
* Brüssel 4. Mai
1929, † Tolochenaz
bei Lausanne
20. Januar 1993,
englisch-amerika-
nische Schau-
spielerin

Antonine Maillet
* Bouctouche (New Brunswick) 10. Mai 1929, kanadische Schriftstellerin

Als erste Kanadierin erhielt Maillet als Repräsentantin des frankophonen Akadiens an der Atlantikküste für ihren Roman „Mit der Hälfte des Herzens" (1979) den begehrten Prix Goncourt. Auch ihre weiteren Erzählwerke fanden Anklang: „Bären leben gefährlich" (1990), „Madame Perfecta" (2002). Sie schrieb auch eine Abhandlung über den Humanisten Rabelais (1980).

Zunächst wollte Heller Naturforscherin werden, hörte dann aber den Philosophen G. Lukács, wechselte das Fach und machte bei ihm ihren Doktor. Den realen Sozialismus hielt sie 1977 nicht mehr aus, ging nach Australien und lehrte schließlich in New York. In ihren Büchern behandelt sie Freiheit und Leben als höchste Werte: „Ist die Moderne lebensfähig?" (1995).

Ágnes Heller
* Budapest 12. Mai 1929, ungarische Philosophin

Anne Frank
* Frankfurt am Main 12. Juni 1929, † KZ Bergen-Belsen Mitte März 1945, deutsch-niederländisches Nazi-Opfer

Die musikbegeisterten Eltern förderten früh die Freude von Haebler am Klavierspiel: Mit elf Jahren begann sie am Salzburger Mozarteum zu studieren, 1969 kehrte sie als Professorin an das Institut zurück. Dazwischen lag eine glänzende Karriere vor allem als Mozart-Interpretin, die wie Wenige der raffinierten Schlichtheit des genialen Landsmanns gewachsen war.

Ingrid Haebler
* Wien 20. Juni 1929, österreichische Pianistin

Obwohl Frank nicht einmal das Erwachsenenalter erreichen durfte, hinterließ sie ein Werk von ungeheurer Wirkung: ihr Tagebuch, das sie 1942–1944 im engen Hinterhaus-Versteck ihrer jüdischen Familie in der Amsterdamer Prinsengracht geführt hatte. Es ist ein erschütterndes, am Leid gereiftes Zeugnis der Angst der Verfolgten. Nur Vater Frank überlebte den Krieg. Das Haus in der Prinsengracht 263 ist heute ein Museum.

Jacqueline ("Jackie") Kennedy
* Southampton (New York) 28. Juli 1929,
† New York 19. Mai 1994, amerikanische First Lady

Die aparte Bankierstochter Jacqueline heiratete 1953 den Politiker John F. Kennedy, der 1960 US-Präsident wurde. Sie bekam vier Kinder, von denen nur zwei überlebten. 1963 wurde ihr Mann ermordet. Fünf Jahre später heiratete Jackie den 23 Jahre älteren griechischen Reeder und Milliardär Onassis. 1975 war sie erneut Witwe und lebte danach vornehmlich in New York.

Trotz Habilitation gab es für Sölle in Deutschland keine Dozentenstelle – aber in New York, wo sie 1975–1987 systematische Theologie lehrte. Ihre Religiosität war eine entschieden politische, geprägt von Feminismus, Pazifismus und Befreiungstheologie. Von ihrem reichen Schrifttum zu nennen sind: „Aufrüstung tötet auch ohne Krieg" (1982), „Gott denken" (1990).

Violeta de Chamorro
* Rivas (Süd-Nicaragua) 18. Oktober 1929, nicaraguanische Politikerin

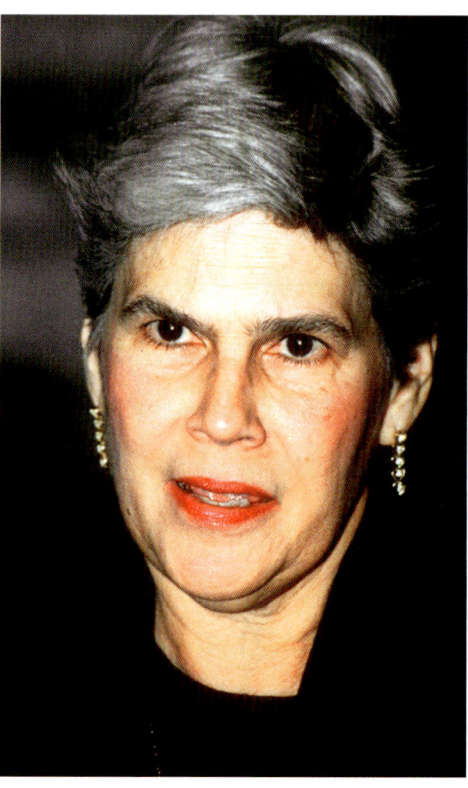

Dorothee Sölle
* Köln 30. September 1929, † Göppingen 27. April 2003, deutsche evangelische Theologin

Verheiratet mit dem Verleger Pedro Chamorro, schloss sich Violeta 1978 nach seiner Ermordung durch Milizen des Diktators Somoza den Sandinisten an, brach aber nach deren Sieg wieder mit ihnen wegen ihrer despotischen Politik. 1990 wurde sie zur Staatspräsidentin gewählt und konnte in ihrer Amtszeit bis 1996 das erschütterte Land vor allem wirtschaftlich stabilisieren.

Gracia Patricia, (eigentlich Grace Kelly)
* Philadelphia 12. November 1929, † Monte Carlo 14. September 1982, amerikanische Schauspielerin und Fürstin von Monaco

Die blonde Schönheit Grace machte als Fotomodell Hollywood auf sich aufmerksam und schnell Karriere. Neben Gary Cooper spielte sie im Film „Zwölf Uhr mittags" (1952), bestach in einigen Hitchcock-Krimis und zähmte die „Katze" im Film „Über den Dächern von Nizza" (1955). 1956 heiratete sie den Fürsten Rainier III. von Monaco und wurde Mutter dreier Kinder. Sie starb nach einem Autounfall.

Die polnische Revolution, die zum Sturz des Kommunismus führte, trug nicht nur das schnauzbärtige Gesicht Walesas, sondern auch das von Walentynowicz, die Kranführerin der Danziger Leninwerft war. Sie gehörte zu den Mitgründern der Gewerkschaft Solidarnosc, ging aber später auf Distanz zu ihr. Walentynowicz galt 2007 der deutsch-polnische Film „Strajk – Die Heldin von Danzig".

Anna Walentynowicz
* Równe (Ostpolen) 1929, polnische Gewerkschafterin

Eva Strittmatter
* Neuruppin 8. Februar 1930, deutsche Schriftstellerin

Mit der Kulturpolitik der SED arrangierte sich Strittmatter, war Verlagslektorin und Mitglied des Schriftstellerverbands der DDR. Ihre Gedichte stehen dem Volkslied nahe: „Die eine Rose überwältigt alles" (1977), „Unter wechselndem Licht"(1990), „Landschaft" (2005). Bemerkenswert auch ihre Prosa in den „Briefen aus Schulzenhof" (drei Bände, 1977, 1990 und 1995).

Als zeitweilig journalistisch tätige Hausfrau wusste Rendell, dass sie schreiben konnte, aber nicht recht was. Ein Verleger gab ihr den Tipp: Krimis. 1964 erschien der erste von 21 ungemein erfolgreichen Romanen um Inspector Wexford; zwei Dutzend andere kamen dazu. Die vielfach ausgezeichnete „Queen of Crime" wurde von der Queen in den Adelsstand erhoben.

Ruth Rendell (auch unter dem Pseudonym Barbara Vine bekannt)
* London 17. Februar 1930, englische Schriftstellerin

Erica Pedretti
* Sternberg bei Olmütz 25. Februar 1930, deutsch-schweizerische Schriftstellerin

Die in Frankreich ausgebildete Theaterwissenschaftlerin Finnbogadóttir leitete in Reykjavik zunächst eine Schauspieltruppe, dann seit 1976 das Stadttheater. Als Parteilose gewann sie 1980 die Präsidentenwahl. Damit war sie das erste direkt gewählte weibliche Staatsoberhaupt der Welt. Nach dreimaliger Wiederwahl verzichtete sie 1996 auf eine erneute Kandidatur.

Aus der mährischen Heimat 1945 vertrieben, fand Pedretti in der Schweiz eine neue. Zwischen beiden siedelte sie ihr Erzählwerk an, das von versöhnender Erinnerung geprägt ist: „Harmloses bitte" (1970), „Heiliger Sebastian" (1973), „Veränderung" (1977), „Mal laut und falsch singen" (1986), „Kuckuckskind oder Was ich ihr unbedingt noch sagen wollte" (1998).

Vigdís Finnbogadóttir
* Reykjavik 15. April 1930, isländische Politikerin

Silvana Mangano
* Rom 23. April 1930, † Madrid 16. Dezember 1989, italienische Schauspielerin

Die Familie Hansberry zog 1938 in ein Viertel Chicagos, das fast nur von Weißen bewohnt war. Diese wehrten sich gegen den Zuzug und wollten ein Verbot des Hauskaufs durch Schwarze durchsetzen. Der Oberste Gerichtshof verwarf ein solches Verbot. Hansberry schrieb darüber das Stück „Ein Fleck in der Sonne" (1959), das mit Sidney Poitier verfilmt wurde. Hansberry starb früh an Krebs.

Lorraine Hansberry
* Chicago 19. Mai 1930, † New York 12. Januar 1965, afroamerikanische Dramatikerin

Den Wettbewerb zur Miss Italia 1947 gewann Mangano nicht, aber die Aufmerksamkeit der Filmbosse: 1949 schaffte sie den Durchbruch in „Bitterer Reis", heiratete den Regisseur De Laurentiis und übernahm trotz mehrfacher Mutterschaft immer neue Rollen: „Die Fahrten des Odysseus" (1955), „Tod in Venedig" (1971), „Ludwig II." (1972), „Schwarze Augen" (1987).

Sonia Rykiel
* Paris 25. Mai 1930,
französische Mode-
schöpferin

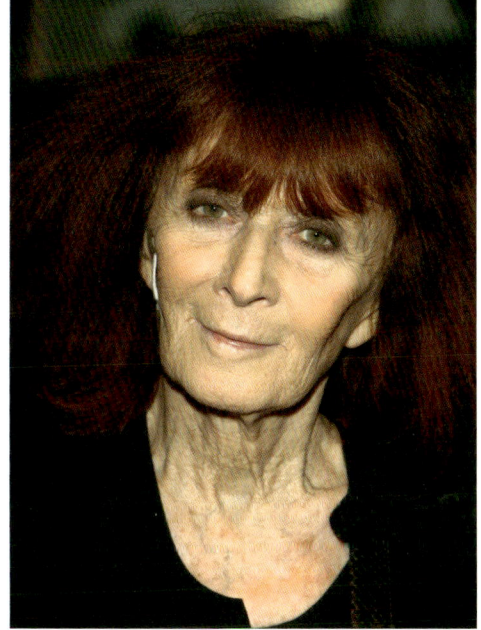

Inspirierende Schwangerschaft: 1962 erwartete Rykiel ein Kind und ärgerte sich, dass es keine hinreichend elastischen Pullover gab. Sie entwarf daher ein eigenes Stricksortiment, das soviel Anklang fand, dass sie 1968 ihren ersten Laden aufmachen konnte. Andere Linien kamen hinzu, und die Firma verzweigte sich rasch. 1978 brachte Rykiel das erste Parfum heraus.

Mit dem Roman „Die Nebel von Avalon" (1983) stellte Zimmer Bradley ihre anderen Werke in den Schatten. Es handelt sich um eine moderne Version der Artus-Sage, dargestellt aus der Sicht einer Frau am Hof des legendären Königs. 1997 ließ Zimmer Bradley eine Fortsetzung erscheinen unter dem Titel „Die Herrin von Avalon". Weitere Romane aus ihrem reichen Werk: „Tochter der Nacht" (1985), „Dämonenlicht" (1997)

Marion Zimmer Bradley
* Albany (New York) 3. Juni 1930,
† Berkeley (Kalifornien) 25. September 1999, amerikanische Schriftstellerin

Der besondere Druck, der auf Frauen in den männerdominierten Gesellschaften lastet, sozial und emotional, sexuell und religiös, beschäftigt O'Brien in ihren Romanen. Erfolg hatte sie gleich mit der Trilogie „Die Fünfzehnjährigen" (1960), „Das Mädchen mit den grünen Augen" (1962) und „Mädchen im Eheglück" (1964). 1996 erschien „Das einsame Haus", 2002 „Im Wald".

Edna O'Brien
* Tuamgraney (Grafschaft Clare) 15. Dezember 1930,
irische Schriftstellerin

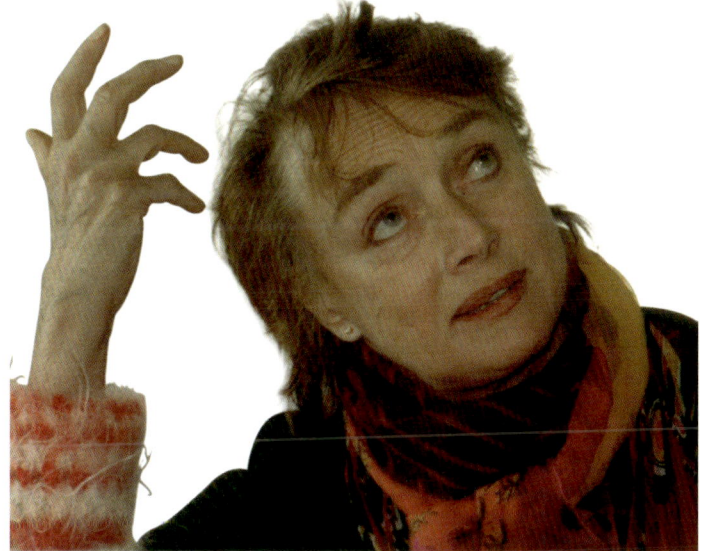

Niki de Saint Phalle
* Neuilly-sur-Seine bei Paris 29. Oktober 1930, † San Diego (Kalifornien) 21. Mai 2002, französische Künstlerin

Die in den USA aufgewachsene Saint Phalle erregte in den 1950er-Jahren Aufsehen mit „Schießbildern": Reliefs mit Farbbeuteln, auf die sie bei der Präsentation schoss. Weltweit bekannt machten sie die „Nana"-Figuren, üppige kolossale, manchmal begehbare Frauenplastiken aus farbenprächtig bemaltem Polyester. Auch zusammen mit ihrem Mann Jean Tinguely schuf sie einige Werke.

Zur ersten Ehe gezwungen, verweigerte sich Rifaat ihrem Mann, bis er sich scheiden ließ. Ihr zweiter Mann stellte sie vor die Wahl: er oder ihre Schriftstellerei. Sie wählte ihre Berufung und schrieb über Schicksale von Mädchen und Frauen in der ägyptischen Männer-Gesellschaft: „Die zweite Nacht nach tausend Nächten" (1991), „Das Mädchen von Burdain" (1995).

Alifa Rifaat
* Kairo 1930, † ebendort 6. Januar 1996, ägyptische Schriftstellerin

„Ganz Paris träumt von der Liebe", „Tipitipitipso", „Quando Quando" – was Valente sang, wurde zum Ohrwurm. Ihre wohl größte Gemeinde fand sie in Deutschland, nicht nur mit ihren Schlagern, sondern auch mit Jazz-Gesang und mit TV-Shows. Aber auch in Frankreich und den USA feierte sie Riesenerfolge. 2002 trat sie letztmals auf; 2005 erhielt sie den Ehren-Bambi.

Caterina Valente
* Paris 14. Januar 1931, italienische Sängerin

Sehr liberal erzogen, setzte sich Ariyoshi nach dem Anglistikstudium kritisch mit der japanischen Tradition und Gesellschaft auseinander. Sie reiste viel und gewann die nötige Distanz für ihr erzählerisches Werk: „Eine Braut zieht flussabwärts" (1959), „Die drei Alten" (1961). In „Kae und ihre Rivalin" (1966) behandelte Ariyoshi die schwierige Beziehung zweier Frauen.

Toni Morrison (eigentlich Chloe Anthony Wofford)
* Lorain (Ohio) 18. Februar 1931, afroamerikanische Schriftstellerin

Sawako Ariyoshi
* Wakayama 20. Januar 1931, † Tokio 30. August 1984, japanische Schriftstellerin

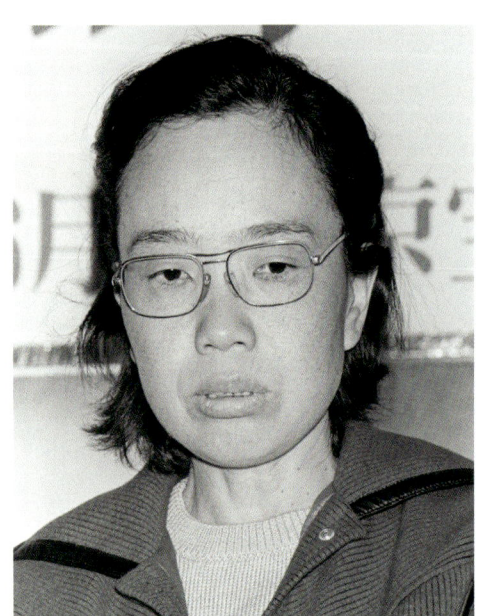

Die farbige Lehrerin und Lektorin Morrison entwickelt in ihrem erzählerischen Werk einen weiten epischen Atem etwa in „Salomons Lied" (1977), dem Roman einer afroamerikanischen Familie. Für „Teerbaby" (1981) erhielt Morrison den Pulitzerpreis. Um die seelischen Verheerungen durch die Sklaverei geht es in „Menschenkind" (1987). 1993 erhielt sie den Literaturnobelpreis.

Die Karriere von Bancroft begann am Broadway und wurde zunächst nur ab und an durch Filmrollen unterbrochen. Auch als ihr in der Rolle der Mrs. Robinson in der Gesellschaftssatire „Die Reifeprüfung" (1967) der Aufstieg zum Kino-Weltstar gelungen war, kehrte sie gelegentlich zum Theater zurück. Mit ihrem Ehemann (seit 1964) Mel Brooks stand sie mehrmals vor der Kamera.

Anne Bancroft (eigentlich Anna Maria Italiano)
* New York 17. September 1931,
† ebendort 6. Juni 2005, amerikanische Schauspielerin

Anita Ekberg
* Malmö 29. September 1931, schwedische Schauspielerin

Mit 19 wurde Ekberg zur Miss Schweden gewählt und wenig später für erste Filme engagiert. Die wohlproportionierte junge Frau avancierte zum Sexsymbol und machte Streifen wie „Der gelbe Strom" (1953) oder „Bocaccio 70" (1962) zu Kino-Ereignissen. Kult wurde die Szene in „La dolce Vita" (Das süße Leben, 1960), in der Ekberg ein Bad in der Fontana di Trevi nimmt.

Sofia Asgatowna Gubaidulina
* Tschistopol (Tatarische Republik) 24. Oktober 1931, russische Komponistin

Klavier und Komposition wählte Gubaidulina als Fächer am Konservatorium von Kasan. Ihre Musikstücke für Streicher, Klavier und Orchester wurden von den Kulturbehörden negativ beurteilt. Förderung hingegen erfuhr Gubaidulina durch Schostakowitsch und später durch Geigenvirtuosen wie Gidon Kremer. Seit 1992 lebt sie in Deutschland und erhielt 2007 den Hamburger Bach-Preis.

Dian Fossey
* San Francisco 16. Januar 1932,
† Karisoke Research Center (Ruanda) 27. Dezember 1985 (ermordet), amerikanische Zoologin

Als Fossey 1963 nach Afrika reiste, erlebte sie in Ruanda die Liebe auf den ersten Blick, die zu den Berggorillas. Diese Riesenaffen zeigten ein auffälliges Sozialverhalten, und sie beschloss, eine Langzeitstudie zu unternehmen. Sie gliederte sich in den Verband der Affen ein und wurde akzeptiert. Ihre Erfolge und ihr Kampf zum Schutz der Tiere riefen Neider auf den Plan. 1988 wurde ihr Leben als „Gorillas im Nebel" mit Sigourney Weaver in der Hauptrolle verfilmt.

Mit drei Jahren tanzte Taylor mit einer Ballettgruppe der englischen Königin vor, mit zehn hatte sie die erste Filmrolle. Aus dem Kinderstar wurde rasch eine bewunderte Leinwandschönheit; für die Rolle der „Cleopatra" (1963) erhielt sie bereits 2 Millionen Dollar. Weitere Auftritte in: „Die Katze auf dem heißen Blechdach" (1958), „Wer hat Angst vor Virginia Woolf" (1966). Berühmt ist sie auch für ihre acht Ehen, davon gleich zwei mit Richard Burton.

Der Anti-Apartheids-Film „Come back Africa" (1959) machte Makeba bekannt, handelte ihr aber auch das Rückreiseverbot in die Heimat ein. Mithilfe von Harry Belafonte gelangte sie in die USA und wurde hier zum Star mit Liedern wie „Pata Pata" und „Country Girl". 1963 rief sie vor der UNO zum Boykott Südafrikas auf. 1990 kehrte „Mama Africa" auf Bitten Mandelas heim.

Aus Frankreich floh die Familie Poniatowska 1941 in die mexikanische Heimat der Mutter, wo Elena Journalistin wurde und erste Erzählungen schrieb. In ihren Reportage-Romanen engagierte sie sich für die Zukurzgekommenen der Gesellschaft: „Die Nacht von Tlatelolco" (1971) über das Studentenmassaker von 1968, „Lieber Diego" (1978), „Stark ist das Schweigen" (1980).

Die Probleme des Miteinanders in Paarbeziehungen und Familien, die quälende Distanz zum Anderen grundieren die Romane von Wohmann, die nach kurzer Zeit als Lehrerin zu schreiben begann und sich der Gruppe 47 anschloss. Wichtige Werke sind: „Abschied für länger" (1965), „Paulinchen war allein zu Haus" (1973), „Bitte nicht sterben" (1993), „Schön und gut" (2002).

Soraya (eigentlich Soraya Esfandiary Bakhtiari)
* Isfahan 22. Juni 1932, † Paris 25. Oktober 2001, Kaiserin von Persien

Gabriele Wohmann
* Darmstadt 21. Mai 1932, deutsche Schriftstellerin

Die Fürstentochter Soraya heiratete 1951 den Schah (Kaiser) Reza Pahlewi. Da sie aber keine Kinder gebar, wurde die Ehe 1958 geschieden. Dieses Schicksal sorgte in Deutschland für Aufsehen, wo Soraya wegen ihrer deutschen Mutter ein beliebtes Thema der Klatschpresse war. Gegen Auswüchse der Berichterstattung musste eine Lex Soraya erlassen werden. Sie war auch als Filmschauspielerin tätig.

Anna Moffo
* Wayne (Pennsylvania) 27. Juni 1932, † New York 9. März 2006, amerikanische Sängerin (lyrischer Sopran)

Der Weg von Moffo war vorgezeichnet, als sie ein Stipendium für ein Gesangsstudium in Rom gewann: Ihre Familie kam ursprünglich aus Italien, und mit einem italienischen Opernpart schaffte Anna 1956 den Durchbruch als „Madame Butterfly". Bald war sie an der Mailänder Scala ebenso zu Hause wie in Wien und an der Met. Sie wirkte auch in Filmen mit („Die Czardasfürstin", 1971).

**Fay Weldon
(eigentlich Franklin
Birkinshaw)**

* Alvechurch
(Worcestershire)
22. September 1931,
englische Schrift-
stellerin

Obwohl die Mutter und der Ehemann Ted Hughes den Nachlass von Plath reinigten, blieben erschütternde Tagebücher und Briefe erhalten, die das Seelendrama einer großen Begabung spiegeln. Auch das schmale Werk aus dem Lyrikband „Ariel" (postum 1965 herausgegeben) und dem wenige Tage vor ihrem Tod erschienenen autobiografischen Roman „Die Glasglocke" belegen das.

Sylvia Plath

* Jamaica Plain bei
Boston 27. Oktober
1932, † London
11. Februar 1963
(Freitod), amerikani-
sche Schriftstellerin

Wegen unehelicher Schwangerschaft brach Weldon ihr Studium ab und erlebte das, was Gegenstand ihrer 20 Romane wurde: die Probleme der Frau in der patriarchalischen Gesellschaft: „Trio in Twinsets" (1975), „Das Kind des Präsidenten" (1982), „Teufels Weib" (1992), „Spaltungen" (1995), „Vier starke Frauen" (1997). Sie schreibt auch TV-Drehbücher und Essays.

**Stéphane Audran
(eigentlich Colette
Dacheville)**

* Versailles
2. November 1932,
französische
Schauspielerin

Als eine der führenden intellektuellen Frauen in den USA übte Sontag Kritik an gesellschaftlichen und politischen Verhältnissen. Zunächst Hochschullehrerin, machte sie sich einen Namen als Autorin von Romanen („In Amerika" 1999), Essays („Über Fotografie" 1977), Theaterstücken („Alice im Bett" 1991) und Drehbüchern. Sie lebte mit der Fotografin Annie Leibovitz zusammen.

Susan Sontag

* New York
16. Januar 1933,
ebendort 28. Dezem-
ber 2004, amerika-
nische Publizistin

„Schrei, wenn du kannst" (1959) – in diesem Film ihres späteren Ehemannes (1964–1980) Claude Chabrol hatte Audran ihren ersten Auftritt, und sie wurde bald zur Charakterdarstellerin der „Neuen Welle" (Nouvelle Vague) wie in „Die untreue Frau" (1969). Weitere Filme: „Der diskrete Charme der Bougeoisie" (1972), „Der Fall Serrano" (1977), „Babettes Fest" (1987).

Auf Corazon, die Ehefrau des gegen den Diktator Marcos kämpfenden Benigno Aquino, richteten sich nach dessen Ermordung 1983 die Hoffnungen der Opposition. Ihren Sieg bei der Präsidentenwahl 1986 musste Marcos auf Druck der USA und der Straße anerkennen. Ihre sechsjährige Amtszeit als Staatschefin stabilisierte die Demokratie in ihrem unruhigen Land.

**Corazon („Cory")
Aquino**
* Manila 25. Januar
1933, philippinische
Politikerin

Yoko Ono
* Tokio 18. Februar
1933, japanisch-
amerikanische
Künstlerin und
Sängerin

Kunstkennern war Ono durch ihre Rolle in der Fluxus-Bewegung schon vor 1969 ein Begriff. Über diese Kreise hinaus bekannt aber machte sie erst die Heirat mit John Lennon. Sie traten in der Folge oft gemeinsam bei Performances auf, sangen und engagierten sich für den Frieden und für Menschenrechte. Seit der Ermordung ihres Mannes 1980 kümmert sich Ono um seinen Nachlass.

Nina Simone
* Tryon (Georgia)
21. Februar 1933,
† Carry-le-Rouet
(Côte d'Azur) 21. April
2003, afroamerika-
nische Jazzsängerin
und Songschreiberin

Als Farbige hatte Simone manche Probleme in Ausbildung und Karriere. Umso höher zu bewerten ist ihr musikalisches Schaffen, das sich auch aus ihrem Engagement für die Bürgerrechtsbewegung speiste. Sie spielte eigene Improvisationen, begeisterte bei Tourneen und landete mit „My Baby Just Cares for Me" mit jahrzehntelanger Verzögerung 1987 einen Welthit.

Montserrat Caballé
* Barcelona 12. April
1933, spanische
Sängerin (lyrischer
Sopran)

Nach ersten Erfolgen an deutschen Opern gelang Caballé 1965 in der New Yorker Carnegie Hall der internationale Durchbruch in Donizettis „Lucrezia Borgia". Sie bevorzugte auch später Rollen in italienischen Opern (Bellini, Rossini, Verdi, Puccini). Bei den Olympischen Spielen in ihrer Heimatstadt sang sie 1992 zusammen mit Freddie Mercury den Hit „Barcelona".

Alison Knowles
* New York 1933,
amerikanische
Künstlerin

Mit ihrem Mann Dick Higgins gehörte Knowles zu den Begründern der sogenannten Fluxus-Bewegung. Bei dieser Kunstrichtung geht es darum, agierend Veränderungsprozesse in der Welt verständlich zu machen und die Konfrontation Künstlerpublikum aufzuheben durch Teilhabe an der Aktion und/oder deren Beeinflussung. Elemente aus Musik und Theater werden dabei genutzt.

Kerstin Ekman
* Risinge (Södermanland) 27. August 1933, schwedische Schriftstellerin

Zeitweilig als Lehrerin tätig, veröffentlichte Ekman seit 1959 einige Krimis, wandte sich dann gesellschaftlichen Fragen zu und wurde durch die Roman-Tetralogie „Sara und ihre Schwestern" (1974–1983) über Frauen aus ihrer Heimat weithin bekannt: „Hexenringe", „Die Springquelle", „Das Engelhaus", „Stadt aus Licht". 2003 vollendete sie die Trilogie „Der Wolfspelz".

Mariuccia Mandelli
* Bergamo 1933,
italienische Modeschöpferin

Ursprünglich Volksschullehrerin, begann Mandelli, modische Kleidung zu entwerfen, und gründete 1950 mit einer Freundin in Mailand die Firma Krizia; den Namen wählte sie nach einem Dialog des Philosophen Platon mit Passagen über die weibliche Eitelkeit, die sie eher als Tugend sieht. Raffinierte Schlichtheit und Funktionalität zeichnen ihre Kreationen aus.

Mary Quant
* Blackheath (Kent)
11. Februar 1934,
englische Mode-
schöpferin

Als Violetta Valéry in „La Traviata" debütierte Scotto 1954 und entwickelte sich zur gefeiertsten Sopranistin ihres Landes seit Renata Tebaldi. Ihre Lieblingskomponisten waren Donizetti, Verdi und Puccini, dessen „Madame Butterfly" sie in Perfektion verkörperte. 2002 trat sie von der Opernbühne ab und wandte sich Regieaufgaben und der Nachwuchsförderung zu.

Renata Scotto
* Savona 24. Februar
1934, italienische
Sängerin (Sopran)

Kaum hatte Quant das College of Art absolviert, machte sie 1955 in der Londoner King's Road ihre erste Boutique auf. 1959 schuf sie extrem kurze Hängekleidchen, die Vorläufer des Minirocks, als deren Erfinderin sie gilt. Pelze, Stiefel aus PVC, Parfüm, Kosmetik kamen hinzu. Sich selbst inszenierte sie durch eine Art Prinz-Eisenherz-Frisur lange als Kindfrau.

Gloria Steinem
* Toledo (Ohio)
25. März 1934,
amerikanische
Feministin

SPD-Mitglied Limbach wurde zur akademischen Vorzeigefrau: 1966 Dr. jur., 1972 Professorin an der FU Berlin, 1989–1994 Berliner Justizsenatorin, danach Präsidentin des Bundesverfassungsgerichts und 2002–2008 des Goethe-Instituts – mehr erreichen kann auch der ehrgeizigste Mann nicht. Ob das in der Familie liegt? Schon ihre Großmutter war Reichstagsabgeordnete.

Jutta Limbach
* Berlin 27. März
1934, deutsche Juristin und Politikerin

Als Mittzwanzigerin verdingte sich Steinem als Bunny bei einem Playboy-Klub. Die gewonnenen Erfahrungen über den männlichen Sexismus führten zum Entschluss, sich für Frauenrechte einzusetzen. Mit Artikeln und seit 1972 mit dem von ihr gegründeten feministischen Blatt „Ms.", das bald auf eine Auflage von 500 000 kam, wurde sie zu einer Wortführerin der Frauenbewegung.

Afrika wurde für Goodall zum Schicksal. Vom ersten Besuch 1957 an fesselte sie vor allem das Leben der Schimpansen im Gombe-Stream-Reservat am Tanganjikasee. Jahrzehnte verbrachte sie dort und gewann unschätzbare Erkenntnisse über Sozial- und Individualverhalten der Menschenaffen, ihre Werkzeugnutzung, ihre Ernährung und ihre Strategien der Konfliktlösung.

Man braucht nur zwei ihrer kaum noch zu zählenden Filmrollen zu nennen, und die Kinofreunde strahlen: Fran Kubelik im „Appartement" (1960) und „Das Mädchen Irma la Douce" (1963), beide von Billy Wilder und beide mit Jack Lemmon. Das komödiantische Talent von MacLaine kommt darin ebenso zur Geltung wie ihre Fähigkeit, zum Herzen der Zuschauer zu sprechen.

Die Frauenfrage bewegte bereits die Studentin Millett, die mit einer entsprechenden Arbeit ihren Doktor machte. Sie arbeitete danach als Bildhauerin, ging 1979 in den Iran, um für Frauenrechte zu kämpfen, wurde aber des Landes verwiesen. Zum Klassiker des Feminismus war inzwischen ihr Buch „Sexus und Herrschaft" (1970) über die „Tyrannei des Mannes" geworden.

Eine der schönsten und temperamentvollsten Frauen der Welt und doch stabile Familienverhältnisse – Loren war 50 Jahre mit dem Filmproduzenten C. Ponti († 2007) verheiratet, der sie zum Weltstar aufbaute. Wichtige Rollen spielte sie in: „Die Stadt der Verlorenen" (1957), „Hausboot" (1958), „Gestern, heute und morgen" (1963), „Treffpunkt Todesbrücke" (1976).

Brigitte Bardot
* Paris 28. September 1934, französische Schauspielerin

Die Studentin Meinhof wurde von der Studentenrevolte geprägt. Als Journalistin lernte sie Ende der 1960er-Jahre Andreas Baader kennen und entschloss sich, das „Schweinesystem" gewaltsam zu stürzen. Sie wurde Chefideologin der Terrorgruppe RAF, war an Anschlägen mit Todesopfern beteiligt, wurde 1972 verhaftet und vor Gericht gestellt; ihr Tod vereitelte ein Urteil.

Ulrike Meinhof
* Oldenburg 7. Oktober 1934, † Stuttgart 9. Mai 1976 (Freitod), deutsche Journalistin und RAF-Mitglied

„Und immer lockt das Weib" (1956) – treffender als ihr damaliger Mann und Regisseur des Films Roger Vadim kann man die Wirkung von Bardot auf das männliche Publikum nicht ausdrücken. Ihre vollendete Figur machte „BB", so die Presse, zum Sexsymbol und zur begehrten Darstellerin in Filmen wie „Die Wahrheit" (1960), „Die Verachtung" (1963), „Viva Maria" (1965).

Joan Didion
* Sacramento (Kalifornien) 5. Dezember 1934, amerikanische Schriftstellerin

Als eine der überragenden Gestalten in der Landschaft der amerikanischen Intellektuellen ist Didion eine gefürchtete Kommentatorin politischer Prozesse. Schon lange lebt Didion in New York, doch die kalifornische Heimat mit ihrem Genuss-Lebensstil und ihren davon um den Halt gebrachten Menschen scheint in ihrem Werk immer wieder auf. Sie schrieb Romane, Essays und Drehbücher.

Mit dem zum feministischen Standardwerk gewordenen Buch „Gegen unseren Willen. Vergewaltigung und Männerherrschaft" (1975) wurde Brownmiller international bekannt. Schon seit den 1960er-Jahren hatte sie sich in der radikalen Frauen- und in der Bürgerrechtsbewegung engagiert und sich dem Kampf gegen Pornografie verschrieben. 1984 erschien ihr Buch „Weiblichkeit".

Susan Brownmiller
* New York 15. Februar 1935, amerikanische Publizistin

Forugh Farrokhsad
* Teheran 5. Januar 1935, † ebendort 14. Februar 1967 (Autounfall), persische Lyrikerin

Farrokhsad begann früh zu schreiben, und sie heiratete früh. Beim Schreiben blieb sie, die Ehe scheiterte daran. Ihre ersten Gedichte, erschienen 1955 in der Sammlung „Gefangen", provozierten die islamische Männerwelt durch die offene Darstellung weiblicher Wünsche, auch erotischer. Um Liebesfreud und -leid geht es in den späteren Bänden „Jene Tage" und „Wiedergeburt".

Françoise Sagan
* Cajarc (Midi-Pyrénées) 21. Juni 1935, † Honfleur (Normandie) 24. September 2004, französische Schriftstellerin

Eine existenzialistische Grundhaltung angesichts des nicht auszumachenden Sinns des Lebens kennzeichnet die Romane von Sagan, die gleich mit dem ersten berühmt wurde: „Bonjour tristesse" (1954). Es folgten 40 weitere, darunter „Lieben Sie Brahms?" (1959), „Der Wächter des Herzens" (1968), „Brennender Sommer" (1986), „Und mitten ins Herz" (1994).

Die Journalistin Sjöwall heiratete 1962 den Schriftsteller Per Wahlöö und verfasste mit ihm den Krimizyklus „Roman über ein Verbrechen" (zehn Bände bis zu Wahlöös Tod 1975) um Kommissar Martin Beck. Das Krimi-Genre dicntc als Transportmittel für verdeckte marxistische Kritik an der schwedischen Gesellschaft. Allein schrieb Sjöwall „Eine Frau wie Greta Garbo" (1990).

E. Annie Proulx
* Norwich (Connecticut) 22. August 1935, amerikanische Schriftstellerin

Maj Sjöwall
* Stockholm 25. September 1935, schwedische Schriftstellerin

Die als Journalistin arbeitende Proulx beleuchtet mit Humor und Sinn für Details Schicksale von Einwanderern in den USA und ihren Umgang mit den amerikanischen Traditionen. Von ihren Romanen sind besonders bekannt geworden: „Postkarten" (1992), „Schiffsmeldungen" (1993, Pulitzerpreis, 2001 verfilmt), „Das grüne Akkordeon" (1996) „Mitten in Amerika" (2002), außerdem ihre 2005 verfilmte Kurzgeschichte „Brokeback Mountain".

Als Eliza Doolittle stand Andrews 1956 am Broadway in „My Fair Lady" erstmals auf der Bühne. Es folgte eine Filmkarriere, wobei sie gern Rollen mit Gesangseinlagen übernahm. Zu ihren wichtigsten Filmen gehören „Mary Poppins" (1964), „Meine Lieder – meine Träume" (1965), „Zehn – Die Traumfrau" (1979), „Victor/Victoria" (1982), „Plötzlich Prinzessin" (2001).

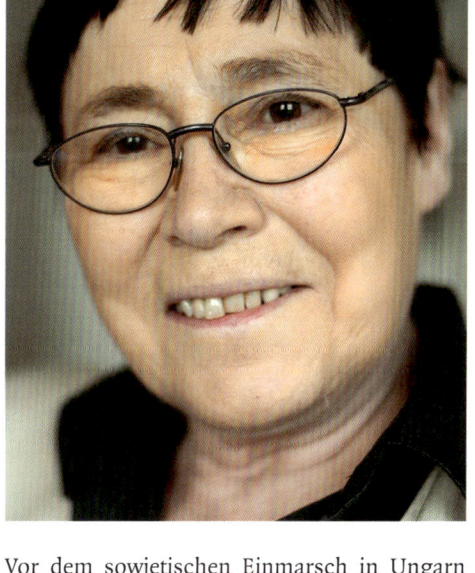

Agota Kristof
* Csikvánd (Ungarn) 30. Oktober 1935, ungarisch-schweizerische Schriftstellerin

Julie Andrews (eigentlich Julia Elizabeth Wells)
* Walton-on-Thames (Surrey) 1. Oktober 1935, englische Schauspielerin und Sängerin

Vor dem sowjetischen Einmarsch in Ungarn floh Kristof in die Schweiz. Der Heimatverlust wurde Kernthema ihres auf Französisch abgefassten Erzählwerkes: „Das große Heft" (1986), „Der Beweis" (1988), „Die dritte Lüge" (1991), „Gestern" (1995), „Irgendwo" (2005). Sie schrieb auch Hörspiele wie „Dic Epidcmic" (1996) und Theaterstücke auf der Basis ihrer Romane.

Als Eva kaum drei Jahre alt war, musste ihre jüdische Familie aus Deutschland fliehen. Hesse studierte Malerei und hatte als angehende Skulpturen-Schöpferin (Objektkünstlerin) mit den Vorurteilen der männerdominierten Kunstszene zu kämpfen. Sie starb, als ihre Arbeiten aus Latex, Plastik und Polyester endlich akzeptiert wurden; heute werden sie hoch gehandelt.

Adelheid Duvanel
* Basel 23. April 1936, † ebendort 8. Juli 1996 (Freitod), schweizerische Schriftstellerin

Eva Hesse
* Hamburg 11. Januar 1936, † New York 29. Mai 1970, deutsch-amerikanische Künstlerin

Sie lebte wie viele der Figuren in ihrem erzählenden Werk: Ermutigender Beginn, katastrophales Ende. Insofern spiegeln ihre Geschichten die eigene tiefe Einsamkeit, die nur um den Preis des Lebens zu durchbrechen war. „Windgeschichten" (1980), „Anna und ich" (1985), „Gnadenfrist" (1991), „Die Brieffreundin" (1995), „Der letzte Frühlingstag" (postum 1997).

Ingeborg Hallstein
* München 23. Mai 1936, deutsche Sängerin (Koloratursopran)

Neidlos erkannte Mutter Elisabeth Hallstein das größere Talent Ingeborgs und förderte es als Gesangspädagogin nach Kräften. 1961–1973 Mitglied des Ensembles der Bayerischen Staatsoper, wurde Hallstein auf Tourneen begeistert gefeiert. Ihre kristallene Stimme bewältigte auch höchste Lagen, Paraderolle „Königin der Nacht" in der „Zauberflöte". Hallstein trat auch in Film und TV auf.

Assia Djebar (eigentlich Fatima-Zohra Imalayène)
* Cherchell bei Algier 30. Juni 1936, algerische Schriftstellerin

Obwohl tief traumatisiert vom französischen Krieg gegen ihr Heimatland, lebt Djebar seit 1969 in Paris und schreibt auf Französisch. Ihre Romane spiegeln den inneren Konflikt und thematisieren Unterdrückung und Ausbeutung der Frau: „Durst" (1957), „Die Frauen von Algier" (1980), „Fantasia" (1985), „Weit ist mein Gefängnis" (1995), „Frau ohne Begräbnis" (2002).

Antonia Susan Byatt
* Sheffield
24. August 1936,
englische Schrift-
stellerin

Nach dem Studium in Cambridge und einigen Jahren als Dozentin in London verschrieb sich Byatt ganz dem Schreiben. Die Geschichte Englands seit 1952 bildet die Folie ihrer Romane „Die Jungfrau im Garten" (1978) und „Besessen" (1990). Es folgten „Morpho Eugenia und die Geisterbeschwörung" (1992), „Erzählungen um Matisse" (1993), „Frauen, die pfeifen" (2002).

Die gelernte Grafikerin Nöstlinger gestaltete viele ihrer hoch populären Kinder- und Jugendbücher selbst und behauptet dennoch, sie habe zu schreiben begonnen, weil sie eine „schlechte Zeichnerin" sei. Von ihren über 100 Büchern seien genannt: „Wir pfeifen auf den Gurkenkönig" (1972), „Maikäfer flieg" (1973), „Gretchen Sackmeier" (1981), „Bonsai" (1997).

Dacia Maraini
* Fiesole bei Florenz
13. November 1936,
italienische Schrift-
stellerin

Christine Nöstlinger
* Wien 13. Oktober
1936, österreichische
Schriftstellerin

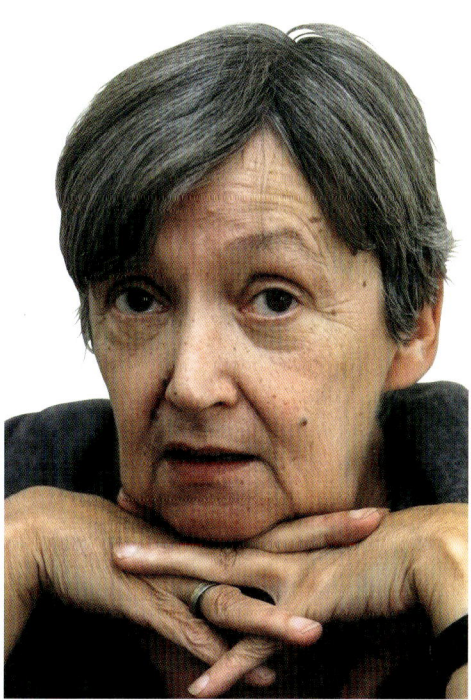

Dass sie in den 1960er-/70er-Jahren Lebenspartnerin des Autors Alberto Moravia war, hat ihre eigene Leistung verdunkelt. Heute gilt Maraini als engagierte Vertreterin der feministischen Literatur, deren Romane auch lesbische Liebe oder Inzest offen behandeln: „Memoiren einer Diebin" (1972), „Die stumme Herzogin" (1990), „Stimmen" (1994). Sie schrieb auch Dramen.

Bezauberte sie anfangs durch Jugendfrische, so entwickelte sich Redgrave auf der Bühne und im Kino zur Charakterdarstellerin. Neben Filmerfolgen in „Blow Up" (1967), „Julia" (1977), „Wiedersehen in Howards End" (1992), „Das Versprechen" (2001) ist die erschütternde Rolle in der TV-Produktion „Spiel um Zeit – Das Mädchenorchester in Auschwitz" (1980) zu nennen. Redgrave war und ist stets politisch engagiert.

Vanessa Redgrave
* London 30. Januar 1937, englische Schauspielerin

Grace Bumbry
* St. Louis (Missouri) 4. Januar 1937, afroamerikanische Sängerin (Sopran und Mezzosopran)

Bei den Bayreuther Festspielen 1961 erntete Bumbry als „schwarze Venus" im „Tannhäuser" Ovationen; 1965 trat sie erstmals an der Met auf. Mit ihrer „schwarzen" Stimme erzielte sie in den großen klassischen Opernrollen auf allen Bühnen der Welt fesselnde Effekte und konnte mit ihrem Stimmvolumen und ihrer Akzentuierung des Rhythmus auch dramatisch überzeugen.

Walentina Tereschkowa
* Maslennikowo bei Jaroslawl 6. März 1937, russische Kosmonautin

Mit zähem Fleiß erwarb Tereschkowa in Abendkursen neben ihrer Arbeit als Büglerin das Technikerdiplom und lernte 1955 Fallschirmspringen. Nach mehreren Bewerbungen wurde sie 1962 von der Kosmonauten-Schule angenommen. Als erste und bis 1982 einzige Frau startete sie am 16.Juni 1963 in Baikonur mit Wostok 6 zu einem Raumflug und umkreiste in drei Tagen 49 Mal die Erde.

Bella Achatowna Achmadulina
* Moskau 10. April 1937, russische Lyrikerin

Bereits die Schülerin Achmadulina schrieb Gedichte, studierte dann in Moskau und brachte 1962 den ersten Sammelband „Die Saite" heraus. Von ihrem späteren Mann Jewtuschenko gefördert, wuchs die Popularität ihrer gefühlsbetonten Lyrik: „Schüttelfrost" (1968), „Die Kerze" (1977), „Das Geräusch des Verlusts" (1995). Sie war auch als Übersetzerin aus dem Georgischen tätig.

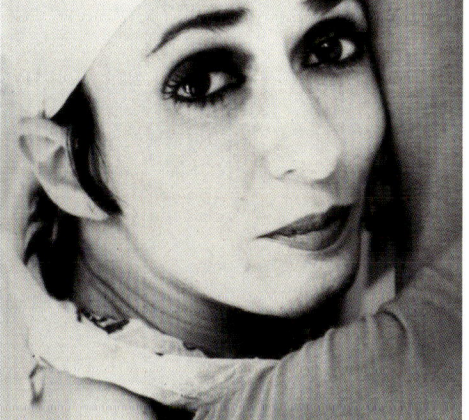

Marcia Haydée
* Niterói bei Rio de Janeiro 18. April 1937, brasilianische Tänzerin und Choreografin

Das Bewegungswunder Haydée erhielt 1961 ein Engagement am Stuttgarter Ballett von John Cranko, wurde 1962 Primaballerina und leitete das Ensemble 1976–1996. Tanzgeschichte schrieb sie mit Choreografien wie „Dornröschen" (1987), „Herbst" (1988), „Giselle und die Wilis" (1989), „Die Planeten" (1991). Seit 2002 ist sie Leiterin des Balletts von Santiago de Chile.

Madeleine Albright
* Prag 15. Mai 1937, amerikanische Politikerin

Aus einer tschechischen Diplomatenfamilie stammend, die 1939 vor den Deutschen floh und sich 1948 erneut vor den Kommunisten in den USA in Sicherheit brachte, engagierte sich Albright für die Demokraten, arbeitete im Stab von Präsident Carter und war 1997–2001 unter Clinton erste Außenministerin der USA. 2008 machte sie Wahlkampf für seine Frau Hillary Clinton.

Als Journalistin war Krall für verschiedene polnische Blätter tätig und arbeitete mehrere Jahre als Auslandskorrespondentin in Moskau. Jüdisch-polnische Schicksale sind Thema ihrer Erzählwerke: „Schneller als der liebe Gott" (1980), „Die Untermieterin" (1986), „Legoland" (1990), „Existenzbeweise" (1995), „Da ist kein Fluss mehr"(1999), „Herzkönig" (2007)

Hanna Krall
* Warschau 20. Mai 1937, polnische Schriftstellerin

Ausgesorgt hatte McCollough mit ihrem zweiten Roman „Die Dornenvögel" (1977). Er verkaufte sich nicht nur rasant, sondern brachte weltweit auch das TV-Publikum zum Schmachten, als 1983 die Fernsehserie mit Richard Chamberlain und Rachel Ward anlief. Die Liebesgeschichte rührte ebenso wie die Familiensaga, die herrlichen Landschaften bedienten das Fernweh.

Colleen McCullough
* Wellington (Neusüdwales) 1. Juni 1937, australische Schriftstellerin

Hélène Cixous
* Oran (Algerien) 5. Juni 1937, französische Schriftstellerin

Seit 1959 studierte Cixous in Frankreich und machte 1968 ihren Doktor mit einer Arbeit über James Joyce. 1974 gehörte sie zu den Gründerinnen eines Zentrums für „Études feminines". Um Weiblichkeit, Mythen, Körper sowie weibliches Schreiben geht es auch in ihren Romanen und theoretischen Schriften „Innen" (1971), „Die unendliche Zirkulation des Begehrens" (1977), „Schleier und Segel" (2007).

Viktoria Tokarewa
* Leningrad (heute
St. Petersburg)
20. November 1937,
russische Schrift-
stellerin

Die ausgebildete Pianistin Tokarewa verdiente ihren Lebensunterhalt als Klavierlehrerin, wurde dann aber Drehbuchautorin; 15 Filme wurden nach ihren Skripts gedreht. Es kamen bald feinsinnige, das Absurde streifende Erzählbände hinzu: „Lief ein Hund übers Klavier" (1977), „Die Filmschönheit" (1990), „Sag ich's oder sag ich's nicht" (1993), „Glücksvogel" (2005).

Vaira Vike-Freiberga
* Riga 1. Dezember
1937, lettische
Politikerin

Vor der Roten Armee floh die Familie 1944. Vike-Freiberga studierte in Kanada, war seit 1965 Professorin für Psychologie, engagierte sich in der lettischen Exilgemeinschaft und kehrte 1998 in die Heimat zurück. 1999 zur Staatspräsidentin gewählt, setzte sie sich für den EU-Beitritt ihres Landes ein und wurde 2003 für eine zweite Amtszeit wiedergewählt, die 2007 endete.

Dem Vater ähnlich zu sehen, kann für Frauen ein zweifelhaftes Kompliment sein. Bei Fonda, die früh mit Vater Henry auf der Bühne und später auch vor der Kamera stand, war es großes Lob. Seit ihrem Auftritt im Film „Wie Raubkatzen" (1964) gehörte sie zu den Superstars. Einen Namen machte sie sich auch als Fitness-Unternehmerin (Aerobic) und als Kriegsgegnerin.

Claudia Cardinale
* Tunis 15. April
1938, italienische
Schauspielerin

Jane Fonda
* New York
21. Dezember 1937,
amerikanische
Schauspielerin

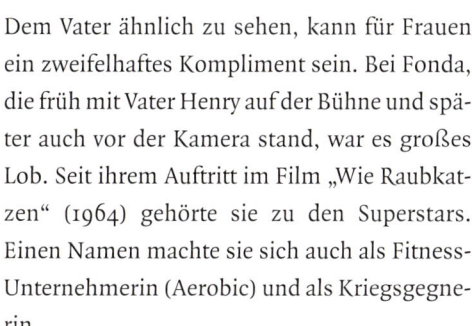

Am „schönsten Mädchen Italiens", so durfte sich Cardinale 1957 nach einem Wettbewerb nennen, kam der Film nicht vorbei: 1958 gab es erste kleinere Rollen, ehe sie die wirklich großen in „Rocco und seine Brüder" (1960) und „Der Leopard" (1963) spielte. Es folgten „Spiel mir das Lied vom Tod" (1968), „Fitzcarraldo" (1981), „And Now ... Ladies & Gentlemen" (2002).

**Marina Vlady
(eigentlich Marina
de Poliakoff-
Baidaroff)**
* Clichy-la-Garenne
(Île-de-France)
10. Mai 1938, franzö-
sische Schauspielerin

Sie hat etwas Wunderkindliches behalten,
natürlich höchst reflektiert: Bley, die schon mit
vier Jahren Kirchenmusik machte, gründete
1964 die „Jazz Composers", brachte 1971 „Esca-
lator over the Hill", eine der wenigen Jazz-
Opern, heraus und arbeitete vornehmlich mit
eigenen Big Bands in der Nachfolge von Duke
Ellington. Sie war auch als Arrangeurin tätig.

Carla Bley
* Oakland (Kalifor-
nien) 11. Mai 1938,
amerikanische Jazz-
Musikerin

Als Vamp hatte V. erste Filmerfolge („Die
blonde Hexe", 1955). 1969 heiratete sie den russischen Kollegen Wyssozki und lebte mit ihm
lange in der Sowjetunion. Darüber schrieb sie
die Memoiren „Eine Liebe zwischen zwei Welten" (1991). Weitere Rollen in „Zwei oder drei
Dinge, die ich von ihr weiß" (1967), „Plötzli-
ches Verlangen" (1970), „Follow me" (1989).

**Ljudmila
Petruschewskaja**
* Moskau 26. Mai
1938, russische
Schriftstellerin

Hätten nicht Kenner ihr Talent erkannt, wäre
Stratas vielleicht geendet wie Violetta aus „La
Traviata", ihre Glanzrolle, auch im 1983 ent-
standenen Film mit Plácido Domingo. Teresa
sang in Nachtklubs, ehe ihr Klassisches zu
Ohren kam und sie sich der Oper zuwandte. Ob
als „Lulu" oder „Lustige Witwe" – wenn sie
sang, waren alle Häuser voll und der Beifall frenetisch.

**Teresa Stratas
(eigentlich
Anastasia Strataki)**
* Toronto 26. Mai
1938, kanadische
Sängerin (lyrischer
Sopran)

Lange hatte Petruschewskaja in der Sowjetunion Publikationsverbot. Das hat ihr aber
nicht den Blick verstellt für die Probleme und
Verwerfungen in der Gesellschaft, die sich ja
nicht schlagartig 1990/91 verändert hatten. Ihr
dramatisches und erzählerisches Werk berichtet vom harten Alltag: „Meine Zeit ist die
Nacht" (1991), „Der schwarze Mantel" (deutsche Auswahl 1999).

Joyce Carol Oates
* Lockport (New York) 16. Juni 1938, amerikanische Schriftstellerin

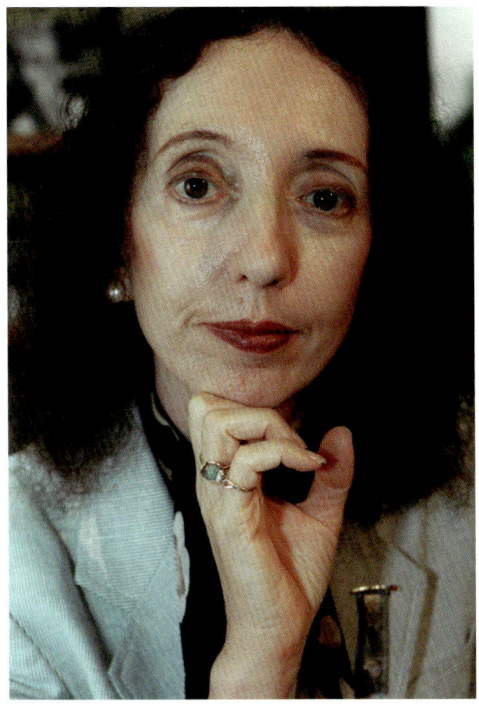

Die großäugige Wood wurde schon als Jugendliche zum Idol ihrer Generation durch Filme wie „Denn sie wissen nicht, was sie tun" (1955 mit James Dean). Noch berühmter, wenn das überhaupt möglich war, machte sie die Rolle der Maria in der Verfilmung der „West Side Story" (1961). Zweimal war sie mit dem Kollegen Robert Wagner verheiratet (1957–1962 und seit 1972).

Natalie Wood (eigentlich Natalia Gurdin)
* San Francisco 20. Juli 1938, † Los Angeles 29. November 1981 (Segelunfall), amerikanische Schauspielerin

Oates, Professorin für Anglistik und kreatives Schreiben, setzt selber um, was sie lehrt: Ihrem kritischen Blick auf die amerikanische Gesellschaft entgeht nichts, ihre Romane benennen es: „Ein Garten irdischer Freuden" (1967), „Im Dickicht der Kindheit" (1976), „Die unsichtbaren Narben" (1982), „Schwarzes Wasser" (1992), „Zombie" (1995), „Im Wald" (2002).

Romy Schneider (eigentlich Rosemarie Magdalena Albach)
* Wien 23. September 1938, † Paris 29. Mai 1982, deutsch-österreichische Schauspielerin

Strahlend ging ihr Stern 1955–1957 auf als süße „Sissi" in drei Filmen. Es gelang Schneider aber, das herzige Image abzustreifen und zu einer international bewunderten Charakterdarstellerin zu werden. Wichtige Rollen spielte sie in „Das Mädchen und der Kommissar" (1971), „Gruppenbild mit Dame" (1977), „Das Verhör" (1981), „Die Spaziergängerin von Sans-Souci" (1982). Ihre letzten Jahre waren von Schicksalsschlägen überschattet.

Soraya konnte keine Kinder bekommen, weswegen sich Schah (Kaiser) Reza Pahlewi 1958 scheiden ließ und die sportliche Architektin Farah Diba heiratete, die ihm vier Kinder gebar. Das nützte der Dynastie aber auch nichts, denn 1979 musste die Familie vor Khomeini ins Exil fliehen. Hier starb der Schah 1980. Den Anspruch von Farah Diba auf den Thron erkannte kein Staat an.

Vielleicht werden dereinst Außerirdische der reinen Stimme von Moser lauschen: Ihre Interpretation der Rachearie der „Königin der Nacht" aus der „Zauberflöte" befindet sich auf der goldenen Platte, die die Raumsonde Voyager 2 aus dem Sonnensystem ins All hinausträgt. Auf Erden gehört Moser zu den großen Opernstars, Schwerpunkt Mozart und italienische Partien. Sie leitet auch Gesangsklassen.

Wie der Roman die Autorin Françoise Sagan über Nacht berühmt machte, so tat es die Verfilmung mit der Hauptdarstellerin Seberg: „Bonjour Tristesse" (1958). Sie stieg zur Ikone der „Nouvelle Vague" (Neuen Welle) auf und spielte 1959 gleich in zwei Filmen: „Die Maus, die brüllte" und „Außer Atem". Als Black-Panther-Sympathisantin stand sie unter FBI-Beobachtung.

Liv Ullmann
* Tokio 16. Dezember
1938, norwegische
Schauspielerin

An Universitäten in England und in den USA lehrte Greer Literaturgeschichte und arbeitete journalistisch. Mehr und mehr konzentrierte sie sich auf die Frauenfrage und prangerte in ihrem berühmten Buch „Der weibliche Eunuch" (1970) die sexuelle Ausbeutung an. Zum Befremden ihrer Anhänger veröffentlichte sie 2003 den Band „Der Knabe" über Darstellungen pubertierender Jungen.

Ingmar Bergman, mit dem sie liiert war, entdeckte die Bühnenschauspielerin Ullmann für den Film. Ihr erster gemeinsamer Erfolg spiegelte sicher auch etwas aus dieser Zweisamkeit wieder: „Szenen einer Ehe" (1973) – auch wenn die beiden nie verheiratet waren. Weitere große Rollen hatte sie in „Herbstsonate" (1978) und „Sarabande" (2003). Seit 1980 ist sie UNICEF-Sonderbotschafterin.

Germaine Greer
* Melbourne
29. Januar 1939,
australische Publizistin

Politik als Heilen: Die Ärztin Brundtland hat sich in allen Ämtern um Ausgleich bemüht zwischen Arm und Reich, Ökologie und Ökonomie, Nord und Süd. 1974 erstmals Ministerin, war sie 1981–1992 Vorsitzende der Arbeiterpartei sowie 1981, 1986–1989 und 1990–1996 norwegische Regierungschefin. Für die UN erarbeitete sie den Brundtland-Bericht „Unsere gemeinsame Zukunft" (1987).

**Gro Harlem
Brundtland**
* bei Oslo 20. April
1939, norwegische
Politikerin

Ariane Mnouchkine
* Boulogne-Billancourt (Île-de-France)
3. März 1939, französische Regisseurin

Nach studentischen Bühnenversuchen gründete Mnouchkine 1964 das „Théâtre du Soleil", das 1970 in Vincennes in einer alten Munitionsfabrik ein eigenes Haus eröffnen konnte. Die Requisiten aus der Arbeitswelt kamen Mnouchkine für ihre engagierten Inszenierungen entgegen, bei denen sie auch das Publikum einbezieht. Die Truppe versteht sich als Wohn- und Arbeitskollektiv.

Margaret Eleanor Atwood
* Ottawa 18. November 1939, englisch schreibende kanadische Schriftstellerin

Atwood lehrte Literatur an diversen Hochschulen und ging selbst in die Literaturgeschichte ein durch Lyrik („Ein Morgen im verbrannten Haus", deutsche Auswahl 1999) und Romane, die sich oft mit der Frauenfrage beschäftigen: „Die essbare Frau" (1969), „Der Report der Magd" (1985), „Katzenauge" (1988), „Der blinde Mörder" (2000), „Die Penelopiade" (2005).

Tina Turner (eigentlich Anna Mae Bullock)
* Nutbush (Tennessee) 26. November 1939, afroamerikanische Sängerin

Ihr Mann Ike Turner steuerte ihre Karriere in den 1950er-/60er-Jahren, indem er Tina und ihre Stimme in Revuen verkaufte. Als sie sich 1976 vom ihm löste, geriet sie ins Abseits. Mit der Unbändigkeit, die ihre Auftritte kennzeichnet, rappelte sie sich als Rock- und Soul-Künstlerin auf und gewann seit 1984 ihr Publikum zurück (Schlüssel-Album „Private Dancer"). Noch heute wirbelt sie über die Konzertbühnen der Welt.

Margrethe II.
* Kopenhagen 16. April 1940, Königin von Dänemark

Erst eine Verfassungsänderung 1953 ermöglichte die weibliche Thronfolge in Dänemark und damit Margerethe die Krönung 1972. Die seit 1967 mit Graf Henri Laborde de Monpezat (Prinz Henrik) verheiratete Königin illustriert Bücher, entwirft Kirchengewänder und spricht mehrere Sprachen. Sie ist eine leidenschaftliche Raucherin, verzichtet aber seit 2007 in der Öffentlichkeit auf Zigaretten.

Anja Silja
* Berlin 17. April 1940, deutsche Sängerin (Sopran)

Anfangs war Carter Journalistin, veröffentlichte in diversen Blättern und schrieb Sach- und Kinderbücher, Kurzgeschichten und Romane. In den größeren Erzählungen geht es oft um Gewalt und Sexualität, verfremdet zuweilen durch groteske Elemente: „Die infernalischen Traummaschinen des Dr. Hoffman" (1972), „Nächte im Zirkus" (1984), „Wie's uns gefällt" (1991).

Angela Carter
* Eastbourne (Sussex) 7. Mai 1940, † London 16. Februar 1992, englische Schriftstellerin

Auch wenn Silja zuweilen Regie (z.B. 1990 Wagners „Lohengrin") führte, der Gesang blieb immer ihr Hauptfach. Sie hatte schon als 15-Jährige Erfolge und etablierte sich endgültig auf der Opernbühne mit ihren Auftritten in Bayreuth seit 1960 unter Wieland Wagner. Später war sie Mitglied des Württembergischen Staatstheaters und gastierte in Europa und Amerika.

Wilma Rudolph
* Clarksville (Tennessee) 23. Juni 1940, † Nashville (Tennessee) 12. November 1994, afroamerikanische Sprinterin

Als „Schwarze Gazelle" lief Rudolph ihre Gegnerinnen in Grund und Boden. Obwohl mit vier Jahren an Kinderlähmung erkrankt, hatte sie sich mit enormer Energie ins sportliche Leben zurückgekämpft. 1956 holte sie in Melbourne Bronze mit der Staffel, in Rom 1960 siegte sie in allen drei Wettbewerben: 100 und 200 Meter sowie 4-mal-100-Meter-Staffel.

Die Gastwirtstochter Bausch schloss ihr Studium an der Folkwangschule in Essen mit Auszeichnung ab, setzte die Lehre in New York fort und kehrte 1962 zurück. Tourneen führten sie in alle Welt, ehe sie vor allem als Choreografin am Tanztheater Wuppertal arbeitete und sich der Nachwuchsförderung widmete. Ehrendoktortitel und Preise sind kaum noch zu zählen.

Gudrun Ensslin
* Bartholomä (Schwäbische Alb) 15. August 1940, † Stuttgart-Stammheim 18. Oktober 1977 (Freitod), deutsches RAF-Mitglied

Pina Bausch
* Solingen 27. Juli 1940, † Wuppertal 30. Juni 2009, deutsche Tänzerin und Choreografin

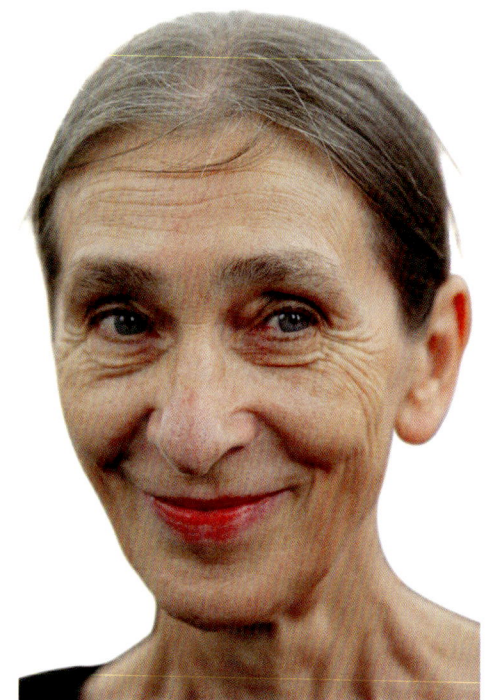

Wie viele akademisch Gebildete ihrer Altersgruppe wurde Ensslin von der Studentenrevolte geprägt. Sie begab sich aber nicht auf den Marsch durch die Institutionen, sondern wollte buchstäblich mit aller Gewalt die Gesellschaft revolutionieren. Sie gehörte zu den Gründern der Terrorgruppe RAF, war an Anschlägen mit Todesopfern beteiligt und wurde 1972 verhaftet.

Zandra Rhodes
* Chatham 19. September 1940, englische Modeschöpferin

Im Verlauf des Studiums an der Londoner Kunsthochschule spezialisierte sich Rhodes auf Textildesign. 1969 gründete sie eine eigene Modefirma und entwarf höchst eigenwillige, manche sagen gewöhnungsbedürftige Damen- und Herrenkleidung. Charakteristisch sind ausgefallener Schnitt und fließende Linien sowie Verzierungen durch Zipfel am Saum oder Federaufputz.

Joan Baez
* New York 9. Januar 1941, amerikanische Sängerin

Weil die Familie Baez aus Gründen des väterlichen Berufs (Physiker) oft umziehen musste, kam Joan in der ganzen Welt herum und kennt die Probleme der armen und von Kriegen heimgesuchten Menschen. Hatte sie zunächst mit ihrer klaren Sopranstimme vor allem Volkslieder und Balladen zur Gitarre vorgetragen, so politisierten sich mit der Zeit ihre Texte: für Menschenrechte und Pazifismus. Sie gilt nach wie vor als Ikone der Folkbewegung und wichtige Aktivistin.

Gleich die erste größere Rolle im Film „Bonnie und Clyde" (1967) brachte Dunaway eine Oscar-Nominierung, und für „Chinatown" (1974) folgte die nächste. Dann klappte es: Für „Network" (1976) bekam sie die begehrte Auszeichnung. Sie spielte in zahllosen TV- und in weiteren Kinofilmen wie „Die Geschichte der Dienerin" (1990) oder „Die Regeln des Spiels" (2003).

Vivienne Westwood
* Tintwistle bei Manchester 8. April 1941, englische Modedesignerin

Faye Dunaway
* Bascom (Florida) 14. Januar 1941, amerikanische Schauspielerin

Aus einer Arbeiterfamilie stammend, wurde Westwood Volksschullehrerin. Zum Hobby machte sie das Schneidern und stellte fest, dass ihre manchmal gewagten Kreationen Aufmerksamkeit und vermehrt auch Gefallen fanden. 1971 machte sie ihre erste Boutique in London auf, ließ sich von der Rockszene und zugleich der höfischen Mode früherer Zeiten inspirieren. Heute lehrt sie Modedesign.

Julie Christie
* Chukua (Assam)
14. April 1941, englische Schauspielerin

Seit Christie 1961 erstmals vor der Kamera stand, reihte sie Erfolg an Erfolg: „Dr. Schiwago" (1965), „Fahrenheit 451" (1966), „Wenn die Gondeln Trauer tragen" (1973), „Nashville" (1974), „Memoiren einer Überlebenden" (1981), „Narren des Schicksals" (1989/90), „Hamlet" (1996), „Liebesflüstern" (1997), „Snapshots" (2002), „Troja" (2004), „An ihrer Seite" (2006).

Wer beim Namen Darboven an Kaffee denkt, liegt richtig: Hanne ist die Cousine des „Kaffeekönigs", der im Vorstand der nach ihr benannten Stiftung zur Förderung zeitgenössischer Kunst sitzt. Ihre eigenen Werke lassen sich als „Schreibe-Kunst" bezeichnen, die der Minimal Art nahesteht. Nach Zahlenfolgen und Kodierungen entstehen Bilder, aber auch Kompositionen.

Hanne Darboven
* München 29. April 1941, † Rönneburg bei Hamburg 9. März 2009, deutsche Künstlerin

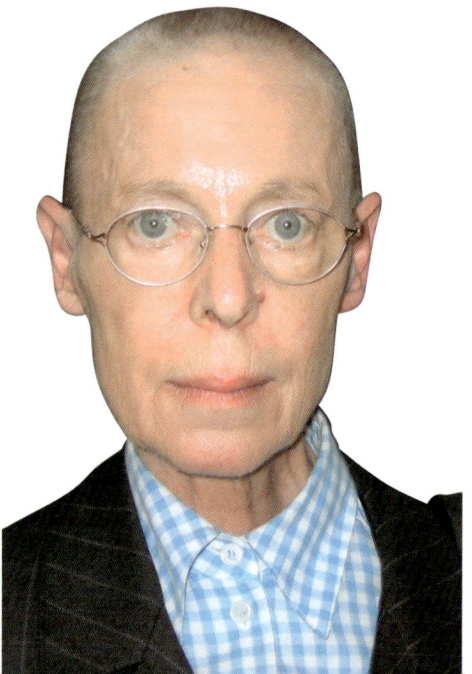

Mit neun Jahren gab Argerich ihr erstes Konzert. Dann ging es nach Europa, wo sie in Wien den besten Lehrer fand, den es gab: Friedrich Gulda. Wie so viele Frühreife musste auch sie eine Krise durchstehen, ehe sie wieder auftreten und 1965 den Chopin-Wettbewerb gewinnen konnte. Sie begeistert vor allem durch virtuos-temperamentvollen Vortrag und Leidenschaft.

Martha Argerich
* Buenos Aires 5. Juni 1941, argentinische Pianistin

Die Slawistin Tyler promovierte über Turgenjew, was ihre Romane prägte. Erfolg hatte sie mit „Mrs. Emersons Hausmeisterin" (1972), besonders gelobt wurden „Dinner im Heimweh-Restaurant" (1982) und „Atemübungen" (1988, Pulitzerpreis). Weitere Titel: „Kleine Abschiede" (1995), „Im Krieg und in der Liebe" (2004). „Die Reisen des Mr. Leary" wurde verfilmt (1988).

Anne Tyler
* Minneapolis (Minnesota) 25. Oktober 1941, amerikanische Schriftstellerin

Margriet de Moor
* Noordwijk 21. November 1941, niederländische Schriftstellerin

Ursprünglich wollte Moor Musikerin werden, dann wandte sie sich der Kunstgeschichte zu. Und schließlich fand sie zum Schreiben, das von ihrer künstlerischen Vorbildung sichtlich profitiert: Zu den klangvoll-farbig erzählten Romanen gehören „Erst grau dann weiß dann blau" (1991), „Herzog von Ägypten" (1997), „Kreutzersonate" (2002), „Der Jongleur" (2008).

Selbstentfremdung und die letztlich unüberbrückbare Distanz zwischen den Menschen sind ein wesentliches Thema des Werks von Hill, die zuletzt mit einer Krimi-Trilogie hervorgetreten ist: „Des Menschen dunkles Sehnen", „Des Abends eisige Stille" und „Der Seele schwarzer Grund" (2004– 2006). Frühere Titel: „Luft und Engel" (1991), „Rebeccas Vermächtnis" (1993).

Susan Hill
* Scarborough (North Yorkshire) 5. Februar 1942, englische Schriftstellerin

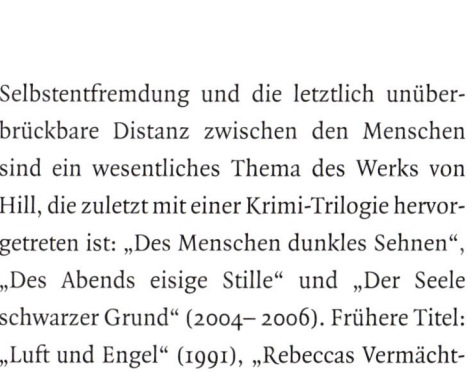

Margarethe von Trotta
* Berlin 21. Februar 1942, deutsche Schauspielerin und Regisseurin

Nach dem Abitur in Düsseldorf stand Trotta in Stuttgart auf der Bühne und spielte in Filmen von Faßbinder. Seit 1977 präsentiert sie eigene Regiearbeiten und bekam den Bundesfilmpreis für „Das Erwachen der Christa Klages". Weitere Trotta-Filme: „Die bleierne Zeit" (1981) über G. Ensslin, „Zeit des Zorns" (1993), „Rosenstraße" (2003).

Aretha Franklin
* Memphis (Tennessee) 25. März 1942, afroamerikanische Sängerin und Pianistin

Ihre Karriere begann im Chor der Baptistengemeinde, die ihr Vater in Detroit leitete und zu der Mahalia Jackson gehörte. Franklin begann daher als Gospelsängerin. Bald war sie auch in Pop und Soul zu Hause; ihre Platten erreichen seit den 1960er-Jahren hohe Verkaufszahlen. Bis 2007 brachte sie es auf 20 Grammys. 2009 sang sie zur Amtseinführung von Präsident Obama.

Erica Jong
* New York 26. März 1942, amerikanische Schriftstellerin

15 Millionen Mal verkaufte sich Jongs autobiografischer Roman „Angst vorm Fliegen" (1973) wegen der unerhört offen angesprochenen sexuellen Wünsche und Fantasien einer Frau. In den späteren Romanen geht es eher um weibliche Selbstverwirklichung: „Der letzte Blues" (1990), „Seliges Angedenken" (1997). Lebensbilanz zog sie in „Keine Angst vor fünfzig" (1994).

Erste Bühnenauftritte hattc Streisand mit 16, erste Plattenaufnahmen mit 19, und mit 20 begann ihre Broadway-Karriere, gipfelnd in den auch verfilmten Musicals „Funny Girl" (1967, Oscar) und „Hello Dolly" (1969). Der Star mit dem Silberblick spielte in Filmen wie „Is was, Doc" (1972), „Yentl" (1983, auch Regie), „Herr der Gezeiten" (1991, auch Regie), „Meine Frau, ihre Schwiegereltern und ich" (2004).

Barbra Streisand
* New York 24. April 1942, amerikanische Sängerin, Schauspielerin und Regisseurin

Als Nichte des 1973 ermordeten Politikers Allende musste Isabel im Exil (Venezuela, USA) leben. 1982 kam ihr Roman „Das Geisterhaus" heraus und wurde ein Weltbestseller. Inzwischen sind ihre Bücher in 35 Millionen Exemplaren und über zwei Dutzend Sprachen verbreitet. Weitere Titel: „Eva Luna" (1987), „Paula" (1994), „Im Bann der Masken" (2004). „Zorro" (2005).

Isabel Allende
* Lima 2. August 1942, chilenische Schriftstellerin

Donna Leon
* Montclair (New Jersey) 28. September 1942, amerikanische Schriftstellerin

Vielleicht hat die Umtriebigkeit, mit der Leon als Texterin, Reiseführerin und Dozentin in aller Welt tätig war, zur Konzentration ihres Erzählens auf Venedig, ihre Wahlheimat, geführt. Sie entwickelte die Krimi-Reihe um Commissario Brunetti, der in der Lagunenstadt bisher 17 Fälle lösen konnte. Als Fernsehfilme genießen die Geschichten große Beliebtheit.

Früh fühlte sich Nüsslein-Volhard zur Erforschung des Lebendigen berufen, studierte Biochemie, war in der mikrobiologischen Virusforschung tätig und wurde 1985 Direktorin des Max-Planck-Instituts für Entwicklungsbiologie in Tübingen. 1995 erhielt sie den Nobelpreis für Physiologie oder Medizin für ihre Erkenntnisse über die genetische Kontrolle der Embryonalentwicklung.

Christiane Nüsslein-Volhard
* Magdeburg
20. Oktober 1942,
deutsche Biologin

Als kunstgattungsüberschreitend ließe sich das Schaffen von Monk bezeichnen. Theater spielt für ihre Musik ebenso eine Rolle wie Literatur. 1978 gründete sie das „Meredith Monk and Vocal Ensemble" und experimentierte mit der menschlichen Stimme. Daneben setzt sie besonders Klavier-Klänge ein. Marksteine waren Opern wie „Vessel" (1971) und „Magic Frequencies" (1998).

Meredith Monk
* Lima 20. November 1942, amerikanische Komponistin und Choreografin

Alice Schwarzer
* Wuppertal
3. Dezember 1942,
deutsche Journalistin
und Feministin

Nach Ansicht von Schwarzer hat die Männergesellschaft den „kleinen Unterschied" (so ihr berühmtestes Buch 1975) zwischen den Geschlechtern zu einem Abgrund gemacht – zur besseren Ausbeutung der Frau. Diese Kluft will sie durch Emanzipation überwinden, kämpfte vehement gegen den § 218 und gründete 1977 als Plattform der Frauenforderungen die Zeitschrift „Emma". Ob gegen Pornografie kämpfend oder als unterhaltsamer und streitbarer Gast in Talkshows – Schwarzer ist oft an vorderster Front dabei.

Große Aufmerksamkeit erregte Wassmo mit einer Romantrilogie über die „Deutschenkinder", Nachkommen von Wehrmachtssoldaten und Norwegerinnen: „Das Haus mit der blinden Glasveranda", „Der stumme Raum" und „Gefühlloser Himmel" (1981–1986). Es folgten die beiden historischen Romane „Das Buch Dina" (1989) und „Dinas Vermächtnis" (1997). Sie verfasste auch Dramen.

Aysel Özakın
* Urfa (Südostanatolien) 1942, türkische Schriftstellerin

Herbjørg Wassmo
* Myre (Vesterålinseln) 6. Dezember 1942, norwegische Schriftstellerin

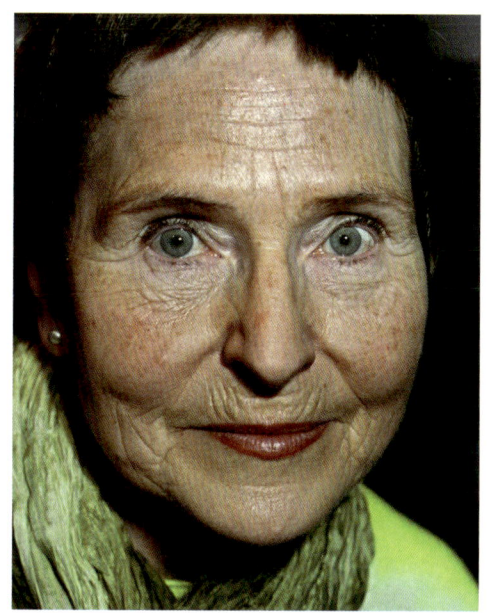

Aus politischen Gründen verließ Özakın 1980 ihre Heimat, lebte zehn Jahre in Deutschland und ging nach England, weil sie sich der Festlegung auf ihre Herkunft entziehen wollte. Bekannt wurde sie durch den autobiografischen Roman „Der fliegende Teppich" (1975). Weitere Titel: „Die Preisvergabe" (1980), „Die blaue Maske" (1988), „Die Zunge der Berge" (1994).

Janis Joplin
* Port Arthur (Texas) 19. Januar 1943, † Los Angeles 4. Oktober 1970, amerikanische Sängerin

In Folk-Klubs und Kneipen begann die Karriere von Joplin als Bluesrock-Sängerin. Ihr wilder, enthemmter Stil faszinierte, weil für eine weiße Sängerin höchst ungewöhnlich. 1966 und 1968 kamen ihre ersten Alben heraus, und ebenfalls 1968 gründete sie eine Band. Mit ihr trat sie 1969 beim legendären Festival in Woodstock auf und wurde selbst zur Hippie-Legende. Ihre Alkohol und Heroinsucht beendete ihr Leben vorzeitig.

Ljudmila Jewgenjewna Ulizkaja
* Dawlekanowo (Baschkirien) 23. Februar 1943, russische Schriftstellerin

Mit Dramen, Drehbüchern und Hörspielen begann die Karriere von Ulizkaja als Autorin. Seit den 1990er-Jahren publiziert sie lockeramüsant erzählte Geschichten („Sonetschka", 1992; „Olgas Haus", 1999) und vor allem Romane: „Medea und ihre Kinder" (1996), „Reise in den siebenten Himmel" (2001), „Die Lügen der Frauen" (2003), „Ergebenst, euer Schurik" (2005).

Marika Kilius
* Frankfurt am Main
24. März 1943,
deutsche Eiskunst-
läuferin

Von Rollen auf Kufen wechselte Jung-Paarläu-ferin Kilius und 1957 auch vom Partner Franz Ningel zu Hans-Jürgen Bäumler. Mit ihm wurde sie bis 1964 viermal nationale Meisterin, sechsmal Europa- und zweimal Weltmeisterin. Nur bei den Olympischen Spielen klappte es nicht mit Gold. 1960 musste sich das Traumpaar den Kanadiern und 1964 dem russischen Duo geschlagen geben.

Als Augenzeugin eines durch eine Schießerei ausgelösten Unfalls, der drei Kinder das Leben kostete, beschloss Williams 1976 gegen den Bürgerkrieg in ihrer Heimat Front zu machen. Mit Mairead Corrigan gründete sie die „Peace People", die zu einer regelrechten Volksbewegung für den Frieden wurden. Dafür wurden die beiden Frauen 1977 mit dem Nobelpreis ausgezeichnet.

Betty Williams
* Belfast 22. Mai
1943, nordirische
Friedensaktivistin

Laura Biagiotti
* Rom 4. August
1943, italienische
Modeschöpferin

Gern wäre Biagiotti Archäologin geworden, doch brauchte ihre Mutter Hilfe in ihrem Mode-atelier. Laura brach das Studium ab, stieg in das Geschäft ein und machte es mit eigenen Kollek-tionen zu einem der führenden Unternehmen der Branche. Weltberühmt wurden ihre Kasch-mir-Kreationen. Sie rundete das Sortiment durch Kinder-, Jugend- und Sportmode sowie Parfums ab.

Schreiben half Mechtel beim vorübergehenden Sieg über die 1987 diagnostizierte Krebserkran-kung: „Leben will ich jeden Tag" (1990). Der Tumor aber kam wieder und beendete früh ein wichtiges literarisches Werk aus Gedichten („Himmelsvögel", 1986), Romanen („Friss, Vogel", 1972; „Gott und die Liedermacherin", 1983) und Kinderbüchern („Maxi Möchtegern", 1980).

Angelika Mechtel
* Dresden 26. August
1943, † Köln 8. Feb-
ruar 2000, deutsche
Schriftstellerin

„Sie ist so schön, dass ein Film mit ihr auch ohne Handlung auskommt", sagte ein Regisseur und untertrieb dabei noch. Viele Besucher kamen nur wegen des Gesichts von Deneuve ins Kino: „Belle de Jour" (1967), „Ein Hauch von Zärtlichkeit" (1976), „Die letzte Metro" (1980), „Indochine" (1992). Wunderbar agierte sie 2002 im großartig besetzten Film „8 Frauen".

Catherine Deneuve (eigentlich Catherine Dorleac)
* Paris 22. Oktober 1943, französische Schauspielerin

Billie Jean King
* Long Beach (Kalifornien) 22. November 1943, amerikanische Tennisspielerin

Wenn es um die besten Tennisspielerinnen aller Zeiten geht, steht King ganz oben. Sie gewann alle vier Grand-Slam-Turniere, holte bei den US-Open Siege in allen drei Wettbewerben – Einzel, Doppel und Mixed – und in Wimbledon brachte sie es auf 20 Final-Erfolge. In einem „Battle of the Sexes" schlug sie 1973 den 55-jährigen Bobby Riggs in drei Gewinnsätzen.

Jil Sander (eigentlich Heidemarie Jiline Sander)
* Wesselburen 27. November 1943, deutsche Modeschöpferin

In ihrer 1973 gegründeten Hamburger Boutique lernte Sander, was das gehobene Publikum wünscht, trug dem bei der ersten eigenen Kollektion 1978 Rechnung und flankierte ihr Angebot 1979 durch Kosmetika, für die sie mit ihrem aparten Gesicht warb. Ihre wohltuend zurückhaltenden Kollektionen erfreuen sich großer Beliebtheit. 1999 verkaufte sie an den Prada-Konzern.

Silvia, ursprünglich Silvia Renate Sommerlath
* Heidelberg
23. Dezember 1943,
schwedische Königin

Die Anwältin Halonen vertrat seit 1970 die Gewerkschaften und trat 1979 für die Sozialdemokraten erfolgreich bei den Parlamentswahlen an. 1987–1990 leitete sie das Gesundheits- und Sozialressort, war 1990/91 Justizministerin und 1995–2000 Chefin des Außenamtes. Im Februar 2000 wurde sie zum ersten weiblichen Staatsoberhaupt Finnlands gewählt und 2005 im Amt bestätigt.

Tarja Kaarin Halonen
* Helsinki
24. Dezember 1943,
finnische Politikerin

In Brasilien aufgewachsen, ließ sich Silvia in München zur Dolmetscherin ausbilden und war Hostess während der dortigen Olympischen Spiele 1972. Sie lernte den schwedischen Kronprinzen Carl Gustaf kennen und heiratete ihn 1976 nach seiner Thronbesteigung. Das Paar bekam zwei Töchter und einen Sohn. Die überaus beliebte Regentin Silvia setzt sich insbesondere für benachteiligte Kinder ein.

Hanna Schygulla
* Kattowitz
25. Dezember 1943,
deutsche Schauspielerin

Regisseur Faßbinder holte Schygulla ans Theater und nahm sie mit zum Film. In fast allen seinen Kinoerfolgen spielte sie Hauptrollen: „Liebe ist kälter als der Tod" (1969), „Effi Briest" (1974), „Die Ehe der Maria Braun" (1978), „Lili Marleen" (1980). Seit 1978 arbeitete sie auch mit anderen Regisseuren („Schatten der Vergangenheit", 1991; „Winterreise", 2006).

Angela Davis
* Birmingham (Alabama) 26. Januar 1944, afroamerikanische Bürgerrechtlerin und Publizistin

Dass der Afrolook bei den Bürgerrechtlern in den USA und dann auch bei den Linken in Europa zum Modetrend der 1970er-Jahre wurde, daran hatte Davis maßgeblichen Anteil. Ihr Kampf gegen rassistische Vorurteile und für die Frauenrechte machte sie zur Ikone der Gesellschaftskritik. Als bekennende Kommunistin geriet sie mehrmals ins Visier des FBI und der CIA.

Mairead Corrigan
* Belfast 27. Januar 1944, nordirische Friedensaktivistin

Aus einfachen Verhältnissen stammend, absolvierte Corrigan eine Ausbildung zur Sekretärin und engagierte sich in der katholischen Kirche. Als der Bürgerkrieg in ihrer Familie Opfer forderte, begründete sie mit Betty Williams die nordirische Friedensbewegung „Peace People", für die beide 1977 den Friedensnobelpreis erhielten. Sie ist Mitglied des Weltfriedensrats.

Ihre schwere Kindheit schärfte den Blick von Walker für Benachteiligte, besonders für die afroamerikanischen Frauen, die mehr noch als die Männer unter Vorurteilen zu leiden hatten und haben. Die Probleme verarbeitete sie literarisch und wurde schlagartig mit ihrem Roman „Die Farbe Lila" (1982, 1986 verfilmt) berühmt. 1998 erschien „Das Lächeln der Vergebung".

Alice Walker
* Eatonton (Georgia) 9. Februar 1944, afroamerikanische Schriftstellerin

Rebecca Horn
* Michelstadt (Oden-
wald) 24. März 1944,
deutsche Künstlerin
und Filmemacherin

Der Druck, die elterliche Textilfirma zu übernehmen, muss schwer auf Horn
gelastet haben. Ihre ersten künstlerischen Versuche mit Installationen und
Performances wirkten wie Gegenentwürfe zum Bürgerleben. Als jüngste
Künstlerin konnte sie auf der Documenta 5 ausstellen. In Münster schuf sie ein
Mahnmal für Nazi-Opfer. Sie drehte zehn Filme.

Im katholischen Irland eine besondere Sensa-
tion: 1990 wählte das Volk Robinson zum ersten weiblichen Staatsoberhaupt. Die Juristin
und zeitweilige Labour-Abgeordnete bekleidete
das Amt sieben Jahre lang, dann wurde sie bis
2002 zur UN-Hochkommissarin für Menschenrechte berufen. Seitdem kämpft sie mit
der Organisation Oxfam gegen Hunger und
Armut in der Welt.

Mary Robinson
* Ballina (Irland)
21. Mai 1944, irische
Politikerin

Elisabeth Trissenaar
* Wien 13. April
1944, österreichische
Schauspielerin

Nach vielen Stationen an deutschen Theatern
wurde sie 1972 Mitglied des Frankfurter Schau-
spielhauses und profilierte sich als Ibsen-Dar-
stellerin. Nun begann auch ihre Film- und Fern-
sehkarriere: Unter der Regie von Fassbinder
spielte sie in „Die Ehe der Maria Braun" (1979)
und in „Berlin Alexanderplatz" (1979/80);
ebenso in „Kalt ist der Abendhauch" (2000).

Susanne Linke
* Lüneburg 19. Juni 1944, deutsche Tänzerin und Choreografin

1975–1985 leitete Linke das Folkwang-Tanzstudio in Essen, machte Karriere als Solotänzerin und arbeitete später als freie Choreografin, wobei sie sich vom deutschen Ausdruckstanz und vom Modern Dance abzugrenzen bemühte. 1994 übernahm sie das Bremer Tanztheater. Zu ihren Inszenierungen gehören „Wir können nicht alle nur Schwäne sein" (1982), „Ruhr-Ort" (1991).

Maria João Pires
* Lissabon 23. Juli 1944, portugiesische Pianistin

Die Hürde vom Wunderkind zur reifen Interpretin nahm Pires sicher nicht ohne Zagen, aber mit Bravour. Sie gab schon als Siebenjährige öffentliche Konzerte und studierte später in der Heimat und in Deutschland. 1970 gewann sie den Wettbewerb zum 200. Geburtstag Beethovens und trägt seitdem seine Werke und gern auch die Mozarts oder Chopins in aller Welt vor.

Geraldine Chaplin
* Santa Monica (Kalifornien) 31. Juli 1944, amerikanische Schauspielerin

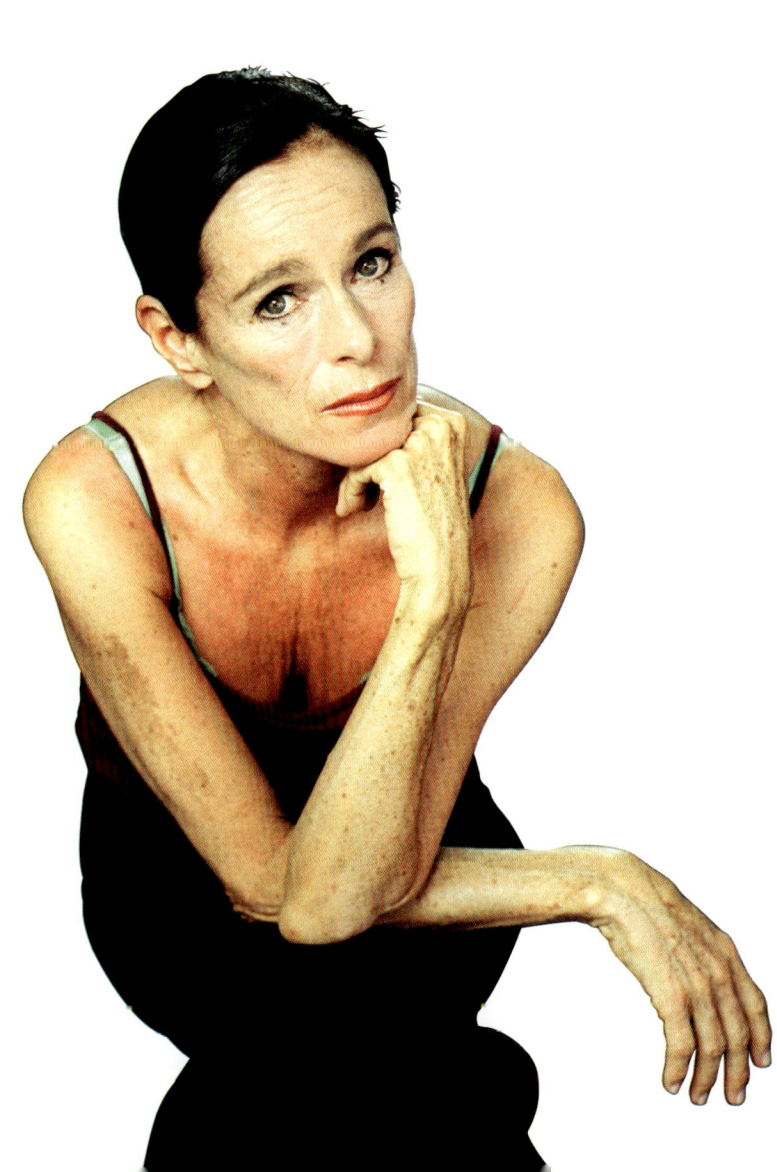

Für die Tochter des großen Charlie Chaplin war der väterliche Sog zu stark: Sie gab Ballett-Pläne auf und verschrieb sich der Schauspielerei. Mit acht Jahren trat sie in dem Film „Rampenlicht" auf, löste sich dann aus des Vaters Schatten in „Dr. Schiwago" (1965), „Nashville" (1975), „Mord im Spiegel" (1980), „Chaplin" (1992) und „Jenseits der Erinnerung" (2002).

Maria Jepsen
* Bad Segeberg
19. Januar 1945,
deutsche Theologin

Nach dem Staatsexamen war Jepsen zunächst Gemeindepastorin in Meldorf und Leck, wurde 1991 Pröpstin in Hamburg-Harburg und im Jahr darauf im Sprengel Hamburg erste lutherische Bischöfin der Welt, wobei sie Helge Adolphsen, dem populären Hauptpastor, vorgezogen wurde. 2002 kam es zur Wiederwahl. Jepsen arbeitet in vielen Ausschüssen und Hilfsorganisationen mit.

Jacqueline du Pré
* Oxford 26. Januar
1945, † London
19. Oktober 1987,
englische Cellistin

Was für eine Frau, was für eine Musikerin und was für eine Tragödie: Pré, seit 1967 verheiratet mit dem Pianisten und Dirigenten D. Barenboim, verzauberte schon als Wunderkind das Publikum. Nach Lehre bei Casals und Rostropowitsch war ihr Talent ausgereift, und ihr Cello sang unwiderstehlich. Dann die Katastrophe: Diagnose MS. Der magische Klang verwehte.

Wegen einer ihrer Adoptivtöchter verließ ihr Lebensgefährte Woody Allen Farrow, die – nachdem sie u.a. in „Rosemaries Baby" (1968) spielte – vielen seiner Tragikomödien das Gesicht gegeben hat: „Zelig" (1983), „The Purple Rose of Cairo" (1985), „Hannah und ihre Schwestern" (1986), „Alice" (1990), „Ehemänner und Ehefrauen" (1992). Spätere Rollen in „Miami Rhapsody" (1995), „Das Omen" (2006), „Abgedreht" (2008).

Die Tochter des populären ermordeten Generals Aung San wuchs in Indien auf, studierte in England und kehrte 1989 in die Heimat zurück. Sie wurde Führerin der Oppositionspartei, doch ihr überwältigender Wahlsieg von 1990 wurde von der Militärjunta annulliert. Über sie wurde mit Unterbrechungen Hausarrest verhängt. 1991 erhielt sie den Friedensnobelpreis.

Aung San Suu Kyi
* Rangun 19. Juni 1945, birmanische Politikerin

Bärbel Bohley
* Berlin 24. Mai 1945, deutsche Bürgerrechtlerin

Die Malerin Bohley wurde 1983 aus dem Künstlerverband der DDR ausgeschlossen, nachdem sie eine Initiativgruppe „Frauen für den Frieden" ins Leben gerufen hatte. Im Herbst 1989 beteiligte sie sich an der Gründung des Neuen Forums und war maßgeblich am Sturz der SED-Herrschaft beteiligt. Seit den 1990er-Jahren engagiert sie sich für den Wiederaufbau in Bosnien.

Helen Mirren
* London 26. Juli
1945, englische
Schauspielerin

Die beliebte britische Schauspielerin ist auf der Theaterbühne, im Fernsehen und im Kino zu bewundern. Besonders ihre Königinnen haben es ihr angetan: 2005 spielte sie „Elisabeth I" (TV) und 2006 dann Elisabeth II in „Die Queen", wofür sie 2007 den Oscar für die weibliche Hauptrolle erhielt. Weitere Filme: „Cal" (1984), „Tötet Mrs. Tingle!" (1999), „Tintenherz" (2008).

Carmen Maura
* Madrid 15. September 1945, spanische Schauspielerin

Von der Bühne ging es zum Fernsehen und dann zum Film. Der Erfolg stellte sich ein mit der Zusammenarbeit mit Regisseur Almodóvar und Rollen in seinen Komödien „Das Kloster zum heiligen Wahnsinn" (1983), „Womit hab ich das verdient" (1984), „Das Gesetz der Begierde" (1987), „Frauen am Rande des Nervenzusammenbruchs" (1988). 2006 spielte sie in „Volver".

Nachdem die Warschauer-Pakt-Truppen den Prager Frühling erstickt hatten, zog die Germanistin Moníková nach Deutschland und schrieb fortan in deutscher Sprache. Ihr Erzählen orientiert sich an Kafka und Arno Schmidt, wechselt Zeiten und Welten (Traum und Wirklichkeit): „Eine Schädigung" (1981), „Die Fassade" (1987), „Treibeis" (1992), „Verklärte Nacht" (1996).

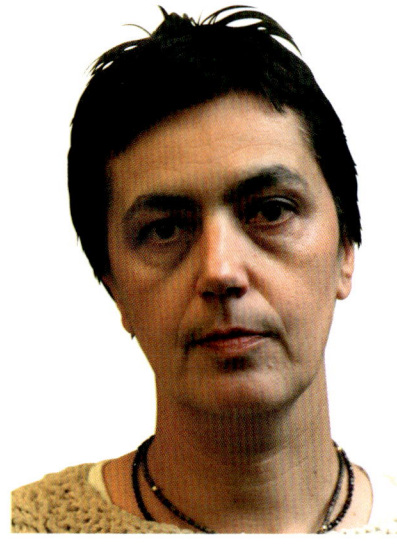

Libuše Moníková
* Prag 30. August
1945, † Berlin
12. Januar 1998,
deutsch-tschechische Schriftstellerin

Nachdem Hawn 1970 den Oscar für die beste Nebenrolle („Die Kaktusblüte") erhalten hatte, fielen der lebhaften Blondine die Hauptrollen nur so zu, etwa in den Komödien „Sugarland Express" (1974), „Schütze Benjamin" (1980), „Ein Vogel auf dem Drahtseil" (1989), „Stadt, Land, Kuss" (2001); weitere Rollen übernahm sie in „Der Tod steht ihr gut" (1992), „Der Club der Teufelinnen" (1996).

Goldie Hawn
* Silver Spring (Maryland) 21. November 1945, amerikanische Schauspielerin

Das Talent von Leonskaja wurde früh erkannt und gefördert. Nach ersten Konzerten 1957 konnte sie am Moskauer Konservatorium Klavier studieren und von ihrem Vorbild Swjatoslaw Richter lernen. 1978 verließ sie die UdSSR und lebt seitdem in Österreich, wo sie ihre ersten internationalen Erfolge bei den Salzburger Festspielen feierte. Sie tritt mit den besten Orchestern auf.

Betty Mahmoody
* 1945, amerikanische Autorin

Elisabeth Leonskaja
* Tiflis 23. November 1945, russisch-georgische Pianistin

Die Amerikanerin Betty heiratete einen iranischen Arzt und reiste mit ihm und ihrer Tochter 1984 in seine Heimat. Dort verweigerte der Mann Frau und Kind die Rückkehr. Mahmoody floh und berichtete darüber in ihrem Buch „Nicht ohne meine Tochter" (1988), das über acht Millionen Mal verkauft und 1991 verfilmt wurde; Fortsetzung „Aus Liebe zu meiner Tochter" (1993).

Diane Keaton
* Los Angeles 5. Januar 1946, amerikanische Schauspielerin

Zeitweilig liiert mit Woody Allen, trat die sympathisch überdrehte Keaton in seinen Filmen „Der Stadtneurotiker" (1977) und „Manhattan" (1979) auf und wurde weithin bekannt. Für Ihre Rolle in „Der Stadtneurotiker" erhielt sie einen Oscar. Weitere Rollen: „Die Libelle" (1984), „Der Vater der Braut" (1991), „Was das Herz begehrt" (2003). Seit 1987 führte sie auch Regie: „Das Geheimnis von Twin Peaks" (1991).

Die Tochter von Regisseur Vicente Minnelli und Judy Garland – das verpflichtet. Liza trat in Shows der Mutter auf und später in deren Fußstapfen mit der furiosen Leistung im Film „Cabaret" (1971) und später mit Alkoholproblemen. Sie überwand solche Krisen und spielte wieder am Broadway und in Filmen wie „Tödliches Klassentreffen" (1994) und nahm Platten auf.

Liza Minnelli
* Los Angeles
12. März 1946,
amerikanische
Schauspielerin
und Sängerin

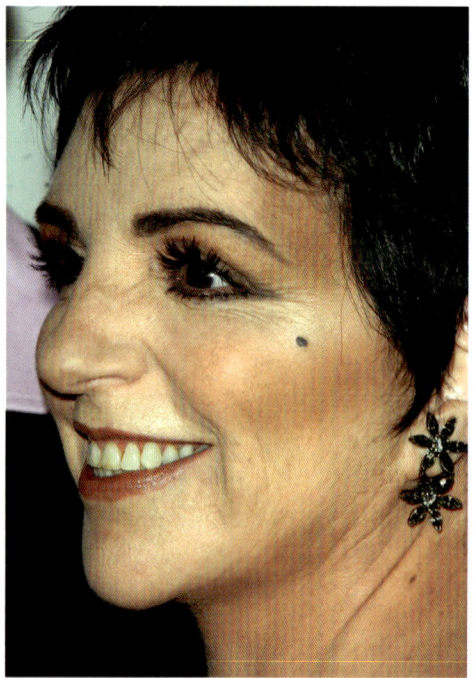

Hanna Suchocka
* Pleszew bei Posen
3. April 1946, polnische Politikerin

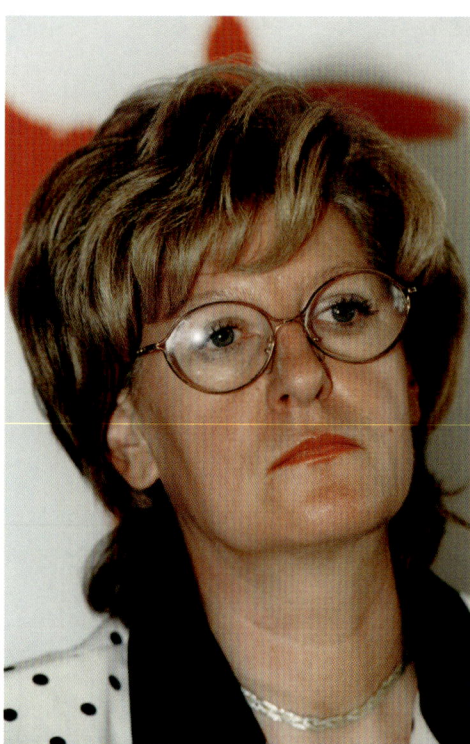

Die Juristin Suchocka lehrte in Posen und war bis 1993 Professorin an der Katholischen Universität Lublin. Sie forschte ein Jahr lang in Heidelberg, wurde 1989 Abgeordnete im ersten frei gewählten Parlament Polens und war 1992/93 erste Ministerpräsidentin ihres Landes. 1997–2000 amtierte sie als Justizministerin; seit 2001 ist sie Botschafterin beim Vatikan.

Den Umbruch von der Salazar-Diktatur zur Demokratie und die blutigen Kämpfe in den Kolonien erlebte Jorge hautnah mit und verarbeitete den damit einhergehenden gesellschaftlichen Wandel daheim in ihren Romanen „Der Tag der Wunder" (1979), „Die Küste des Raunens" (1988), „Paradies ohne Grenzen" (1997), „Eine Liebe" (1998), „Die Decke des Soldaten" (1999).

Lídia Jorge
* Boliqueime (Distrikt Faro) 18. Juni 1946, portugiesische Schriftstellerin

Emine Sevgi Özdamar
* Malatya (Ostanatolien) 10. August 1946, türkische Schauspielerin und Schriftstellerin

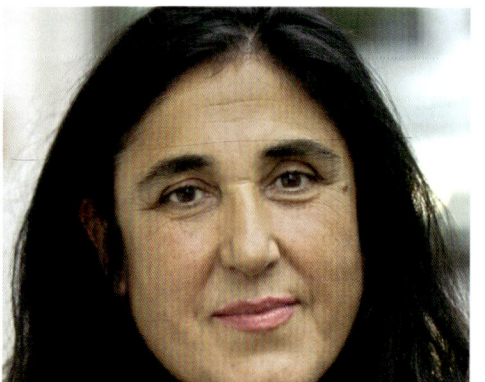

Nach einer Theaterausbildung in Istanbul ging Özdamar 1976 nach Deutschland, arbeitete für diverse Bühnen und trat auch in Filmen auf („Happy Birthday, Türke", 1991). In deutscher Sprache schrieb sie Romane („Das Leben ist eine Karawanserei", 1992; „Die Brücke vom Goldenen Horn", 1998; „Seltsame Sterne starren zur Erde", 2003) und Erzählungen („Mutterzunge", 1990).

Susan Sarandon
* New York 4. Oktober 1946, amerikanische Schauspielerin

Sarandon ließ sich 1979 zwar von Chris Sarandon scheiden, doch vergessen wird sie ihm nie, dass nur sein Beharren darauf, sie müsse zum Film, die große Karriere begründete. Im Streifen „The Rocky Horror Picture Show" (1975) gelang ihr der Durchbruch. Weitere Glanzlichter: „Thelma und Louise" (1991), „Dead Man Walking" (1995, Oscar), „Verwünscht" (2007). Sie ist bekannt für ihr politisches Engagement.

Jane Birkin
* London 14. Dezember 1946, englische Sängerin und Schauspielerin

Drei Töchter von drei Kollegen – das Leben der jungen Birkin war bewegt wie ihre musikalische und filmische Karriere. Ihre Stimme wusste sich Gehör zu verschaffen, und mit ihren Reizen reifte sie vom Sexsymbol zur Charakterdarstellerin in Filmen wie „Das wilde Schaf" (1973), „Die schöne Querulantin" (1991), „Das Leben ist ein Chanson" (1998), „Boxes" (2007). Auch tritt sie erfolgreich mit Chansons auf.

„Bescheidenes litcrarisches Talent" bescheinigte ein Großkritiker Jelinek, als sie 2004 den Nobelpreis erhielt. Und der Vatikan sah eine Fahnenträgerin des „absoluten Nihilismus" prämiert. Jelinek schreibt ohne Rücksicht auf Verluste und mit großer Sprachbrillanz gegen Patriarchat und Heuchelei an. Romane: „Die Klavierspielerin" (1983). „Lust" (1989), „Gier" (2000). Sie schrieb auch Theaterstücke.

Elfriede Jelinek
* Mürzzuschlag (Steiermark) 20. November 1946, österreichische Schriftstellerin

Wie manche Sopranistin konnte Gruberová, seit 1971 in Wien lebend, ihr Koloratur-Talent als „Königin der Nacht" 1974 in der „Zauberflöte" eindrucksvoll demonstrieren. Nun riss man sich um sie von Salzburg bis Mailand, New York bis München. Außer in Mozart-Opern glänzte sie als Violetta in Verdis „La Traviata". Kenner schätzen sie auch als Interpretin von Liedern.

Edita Gruberová
* Bratislava 23. Dezember 1946, slowakisch-österreichische Sängerin (Sopran)

Patti Smith
* Chicago
30. Dezember 1946,
amerikanische Rock-
musikerin

Nach einer bewegten Jugend, die sie mit Fabrik-
arbeit finanzierte und in der sie ein Kind zur
Adoption freigab, begann Smith 1969 Gedichte
in Rockzeitschriften zu veröffentlichen. 1974
erschien die erste Single „Hey Joe", 1975 das
erste Album „Horses". 2004 veröffentlichte sie
ihr letztes Album „Trampin". Smith wird für
ihre aufrührerischen und zugleich poetischen
Texte geliebt.

Seit 1975 führte Del Ponte ein Anwaltsbüro,
wurde 1981 zur Staatsanwältin des Kantons
Tessin und 1994 zur Bundesanwältin der
Schweiz ernannt. Ihre Erfolge im Kampf gegen
Geldwäsche und organisierte Kriminalität
brachten ihr 1999 die Berufung zur Chefanklä-
gerin am Haager Kriegsverbrechertribunal ein.
Sie amtierte bis 2007. Seither ist sie Schweizer
Botschafterin in Argentinien.

Carla Del Ponte
* Lugano 9. Februar
1947, schweizerische
Juristin

**Heidemarie
(„Heide") Ecker-
Rosendahl**
* Hückeswagen
(Oberbergischer
Kreis) 14. Februar
1947, deutsche
Leichtathletin

Sie wurde zum deutschen „Gesicht der Olympi-
schen Spiele 1972" in München: Rosendahl
errang im Weitsprung, in dem sie mit 6,84
Metern den Weltrekord hielt, die Goldmedaille.
Es folgten Silber im Fünfkampf und erneut
Gold als Schlussläuferin der 4-mal-100-Meter-
Staffel gegen das hoch favorisierte Quartett der
DDR in der neuen Weltrekordzeit von 42,81
Sekunden.

Ihr Vater war 1961–1965 Staatschef. Macapagal-
Arroyo arbeitete als Dozentin, wurde unter Präsidentin Aquino Handelsministerin und war
unter Präsident Estrada seit 1998 Sozialministe-
rin. Als er über angebliche Verwicklungen in
Korruptionsfälle stürzte, wurde sie 2001 zur
Staatspräsidentin gewählt. Bei der Wiederwahl
2004 kam es zu Unregelmäßigkeiten und
anhaltenden Unruhen.

**Gloria Macapagal-
Arroyo**
* San Juan (Luzón)
5. April 1947, philip-
pinische Politikerin

Die aus armer katholischer Familie stammende Devlin konnte dennoch studieren, kam mit sozialistischem Gedankengut in Berührung und wurde 1969 ins Unterhaus gewählt. Wegen angeblicher Gewaltakte bei Demonstrationen wurde sie 1970 zu kurzer Freiheitsstrafe verurteilt. Nach der Heirat 1973 gab sie 1974 das Parlamentsmandat auf und kämpfte publizistisch weiter.

Bernadette Devlin
* Cookstown (Tyrone) 23. April 1947, nordirische Bürgerrechtlerin

Laurie Anderson
* Chicago 5. Juni 1947, amerikanische Künstlerin und Komponistin

Eine Ahnung von dem, was Anderson mit ihren Performances bezweckt, vermittelt ihr Viophonograph: Sie montierte auf eine Geige eine Schallplatte und erzeugte darauf mit dem Bogen Geräusche. Nicht das Objekt aber steht für die Aussage, sondern der Prozess der Nutzung: Handgemachtes und Konserve im Zusammenspiel. Damit wurde Anderson zu einer führenden Aktionskünstlerin.

Hillary Rodham Clinton
* Chicago 26. Oktober 1947, amerikanische Politikerin

Schon während der Präsidentschaft ihres Mannes Bill Clinton munkelte man, dass die Juristin Hillary weit mehr war als bloß First Lady. Das zeigte sich 2000, als sie den Sprung in den Senat schaffte, und zur Gänze 2008, als sie sich bei der Bewerbung um das Weiße Haus nur knapp dem Wahlsieger Obama geschlagen geben musste. Der neue Präsident berief sie zur Außenministerin.

Petra Kelly
* Günzburg
29. November 1947,
† Bonn 1. Oktober
1992, deutsche
Politikerin

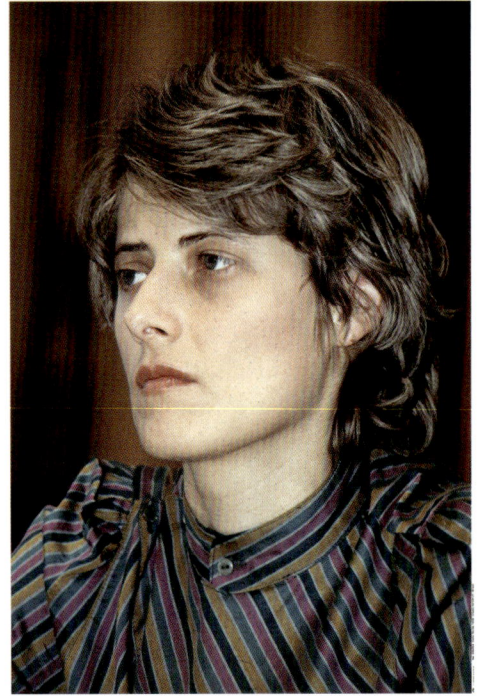

Atom- und Rüstungspolitik der SPD stießen Kelly ab, sodass sie 1979 austrat, zur Mitbegründerin der Grünen wurde und die Partei bis 1982 leitete. 1983–1990 saß sie für sie im Bundestag. Die innerlich zu glühen scheinende Kelly gewann viele Menschen für die ökologische Bewegung. Sie fiel einer Beziehungstat ihres Partners, des Ex-Generals Gert Bastian, zum Opfer.

Ihre kritische Haltung gegenüber dem SED-Regime zeigte sich, als Birthler seit 1976 in der evangelischen Kirche aktiv wurde. In der letzten Volkskammer war sie 1990 Sprecherin von Bündnis 90. 1990–1992 leitete sie das brandenburgische Bildungs- und Jugendministerium, und 2000 übernahm sie von Joachim Gauck die Stasiunterlagenbehörde; 2006 wurde sie im Amt bestätigt.

Marianne Birthler
* Berlin 22. Januar
1948, deutsche
Politikerin

Barbara Honigmann
* Berlin 12. Februar
1949, deutsche
Schriftstellerin
und Malerin

Die jüdische Familie Honigmann war aus dem englischen Exil in die DDR zurückgekehrt, wo Barbara studierte und als Dramaturgin und Regisseurin arbeitete. 1984 zog sie nach Straßburg und beschäftigte sich intensiv mit dem Judentum, was ihr literarisches Schaffen prägt; Romane: „Eine Liebe aus nichts" (1991), „Soharas Reise" (1996), „Alles, alles Liebe" (2000).

Julia Migenes
* New York 13. März 1949, amerikanische Sängerin (Sopran)

Migenes hat griechische und puertoricanische Wurzeln. Sie erhielt in den 1960er-Jahren kleinere Rollen am Broadway und überzeugte in der „West Side Story" ebenso wie in „Fiddler on the Roof". Kino-Regisseur Francesco Rosi meldete sich und verpflichtete Migenes in der Opern-Verfilmung „Carmen" (1984) an der Seite von Placido Domingo – ein Bild- und Klang-Erlebnis.

Dubravka Ugresic
* Kutina (Kroatien) 27. März 1949, kroatische Schriftstellerin

20 Jahre Beschäftigung mit Literaturtheorie an der Uni Zagreb blieben nicht ohne Folgen für das eigene literarische Schaffen von Ugresic, die in ihren Romanen Frauenschicksale darstellt. Sie greift dabei gern zum Mittel der Verfremdung und zu ironischer Beleuchtung: „Des Alleinseins müde" (1981), „Der goldene Finger" (1988), „Keiner zu Hause" (2007).

Meryl Streep
* Summit (New Jersey) 22. Juni 1949, amerikanische Schauspielerin

Die für großes Kino schwärmen, werden Streep immer anhimmeln für ihre Rolle in „Jenseits von Afrika" (1985). Ob sie aber im Kammerspiel „Die Brücken am Fluss" (1995) nicht noch eindrucksvoller war? Unter ihren Filmen gibt es auf alle Fälle für jeden etwas: „Kramer gegen Kramer" (1979, Oscar), „Das Geisterhaus" (1993), „The Hours" (2002), „Mamma Mia!" (2008). Keine wurde so häufig für den Oscar nominiert.

Vera Wang
* New York 27. Juni 1949, amerikanische Modedesignerin

Die schönen Kleidchen der Eiskunstläuferinnen zogen Wang zu diesem Sport, doch athletisch reichte es nicht für eine Karriere. Sie arbeitete 1970–1985 bei der „Vogue" und machte 1990 ein eigenes Modestudio auf. Sie entwarf nebenbei Trikots für Eisläuferinnen, in der Hauptsache aber Hochzeitskleider vor allem für Filmstars und für Top-Models, dazu auch Schuhe.

Irina Rodnina
* Moskau 12. September 1949, russische Eiskunstläuferin

Keine Kilius, keine Falk reicht an sie heran. Rodnina ist mit drei olympischen Goldmedaillen (1972, 1976 und 1980) und zehn Weltmeistertiteln in Folge 1969–1978 sowie elf europäischen Meisterschaften die erfolgreichste Eiskunstläuferin, die es je gab. Sie errang alle Titel im Paarlauf, wobei ihr Partner zunächst Alexei Ulanow und seit 1973 Alexander Saizew war.

Twiggy (eigentlich Lesley Hornby)
* London 19. September 1949, englisches Fotomodell und Schauspielerin

Mit 16 wurde Twiggy, so genannt wegen ihrer mageren Figur, durch Bildstrecken in und auf Titeln von Illustrierten über England hinaus bekannt; sie galt als „das Gesicht von 66". Sie trat in der Folgezeit auf Bühnen (z.B. in Shaws „Pygmalion") und in Filmen („Ihr Liebhaber", 1971) auf, nahm eine Vielzahl von Platten auf und war in Fernsehproduktionen zu sehen.

Helen Clark
* Hamilton 26. Februar 1950, neuseeländische Politikerin

Obwohl – oder weil? – sie so ziemlich alles anders machte als ihre Kollegen in den anderen Industriestaaten, führte Premierminsterin Clark Neuseeland seit 1999 zu wirtschaftlicher Blüte. Die Labour-Frau drehte die übereilten Privatisierungen zurück und stärkte die Staatsaufsicht. 2005 wiedergewählt, hielt sie Kurs, verlor aber im November 2008 die Mehrheit.

Mit Blues-, Folk- und Rockinterpretationen trat Raitt seit 1971 auf und trug auch eigene Songs vor. Nach einer Durststrecke stürmte sie 1988 mit der LP „Nick of Time" (Gast: Herbie Hancock) die US-Charts und gewann drei Grammys. Auch das Duett mit John Lee Hooker „I'm in the mood for love" (1989) und das Live-Album „Road tested" (1995, DVD 2001) wurden Erfolge.

Bonnie Raitt
* Burbank (Kalifornien) 8. November 1949, amerikanische Sängerin und Gitarristin

Am Moskauer Konservatorium erwarb Firsowa 1970–1985 das Fundament für ihr musikalisches Werk, das an Arnold Schönberg und seinen Schülern orientiert ist. Es umfasst Orchesterwerke, Solokonzerte, Gesang (oft nach Lyrik von Ossip Mandelstam) und Kammermusik. Sie lieferte auch Auftragskompositionen etwa für die Expo 2000 in Hannover. Seit 1991 lebt sie in England.

Jelena Olegowna Firsowa
* Leningrad 21. März 1950, russische Komponistin

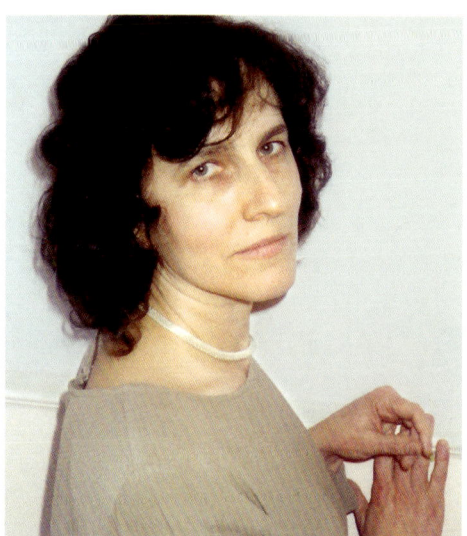

Als abstrakte Malerin begann Holzer ihre Laufbahn, entdeckte dann aber die Wirkung von Text-Objekt-Kombinationen. Sie begann, Aphorismen, Äußerungen historischer Persönlichkeiten und provokante Thesen auf Plakatwänden, an Häusern, auf Autos oder anderswo im öffentlichen Raum zu befestigen. Ein solches Objekt befindet sich zum Beispiel im Modersohn-Becker-Museum in Hamburg.

Jenny Holzer
* Gallipolis (Ohio)
29. Juli 1950, amerikanische Künstlerin

Rosi Mittermaier
* Reit im Winkl
5. August 1950,
deutsche Skiläuferin

Wenn Twiggy das „Gesicht des Jahres 66" war, dann war Mittermaier das des Jahres 1976, jedenfalls in Deutschland. Damals siegte sie bei den Olympischen Winterspielen in Innsbruck im Slalom und in der Abfahrt und wurde Zweite im Riesenslalom. „Gold-Rosi" war im selben Jahr Weltmeisterin in der Alpinen Kombination, Gesamtweltcupsiegerin und Sportlerin des Jahres.

Das philologische Studium sagte Montero nicht zu. Sie wollte ans aktive Schreiben und absolvierte eine journalistische Ausbildung; seit 1976 ist sie Redakteurin bei der Zeitung „El País". Sie veröffentlichte auch Romane wie „Ich werde dich behandeln wie eine Königin" (1983), „Geliebter Gebieter" (1988), „Zittern" (1990), „Geliebte und Feinde" (1998).

Rosa Montero
* Madrid 3. Januar
1951, spanische
Schriftstellerin

Tatjana Tolstaja
* Leningrad 3. Mai
1951, russische
Schriftstellerin

Adel verpflichtet, literarischer Adel noch mehr: Tolstaja ist Urgroßnichte des großen Romanciers L. Tolstoi und hat ihre Karriere als Autorin durch ein Studium der Altphilologie und ihre Lektorentätigkeit vorbereitet. Ihr 1987 erschienener Erzählband „Stelldichein mit einem Vogel" machte sie bekannt. Es folgten „Und es fiel Feuer vom Himmel" (1992), „Kys" (2000).

Eine Frau als Staatsoberhaupt, das gefiel den Iren offenbar sehr gut: Als Mary Robinson 1997 nicht mehr antrat, wurde McAleese Präsidentin der Republik. Wie ihre Vorgängerin ist sie Juristin und hatte von ihr die Professur für Strafrecht am Trinity College in Dublin übernommen. Sie hält engen Kontakt zu ihrer nordirischen Heimat. 2004 wurde sie wiedergewählt.

Mary McAleese
* Belfast 27. Juni 1951, irische Politikerin

Ilona (Elena Anna) Staller
* Budapest 26. November 1951, ungarisch-italienische Pornodarstellerin und Politikerin

Die Reize von Staller machte sich der ungarische Geheimdienst zunutze. Dem entzog sie sich 1972 durch Übersiedlung nach Italien. Als Cicciolina (Schnuckelchen) wurde sie in der Porno-Szene und in der Politik bekannt, wobei sie mit entblößten Brüsten Wahlkampf machte, zunächst für die Grünen. Sie propagiert sexuelle Freiheit nach dem Motto: „Erotik ist der Sinn des Lebens."

Obwohl schon in den USA geboren, kreist das Erzählen von Tan um das Miteinander von chinesischer und amerikanischer Kultur, um die Generationenkonflikte der Einwandererfrauen und um die Werte, die sie ihren Töchtern vermitteln möchte: „Töchter des Himmels" (1992), „Das Tuschezeichen" (2001), „Der Geist der Madame Chen" (2005). Sie schrieb auch Kinderbücher.

Amy Tan
* Oakland (Kalifornien) 19. Februar 1952, chinesisch-amerikanische Schriftstellerin

„Dichten ist auch ein Versuch zu begreifen, wie ich mich verwandeln soll" – die Lyrik von Tafdrup bemüht sich, das Ich auch von außen zu sehen und als Puppe zu betrachten, die den Schmetterling ahnen lässt. Besonders bekannt geworden ist ihre Sammlung „Dronningeporten" (Das Königinnentor, 1998) mit Gedichten über Hoffnungen zum anstehenden Jahrtausendwechsel.

Pia Tafdrup
* Kopenhagen 29. Mai 1952, dänische Lyrikerin

Mit einem Schlag bekannt wurde Phillips 1979 mit dem Buch „Das himmlische Tier", einer Sammlung von Erzählungen in stark komprimierter Sprache, die auch den Folgeband „Überholspur" (1984) kennzeichnet. Daneben entstanden Romane wie „Maschinenträume" (1984) und „Sommercamp" (1994). 2000 erschien „MutterKind", ein Roman über Mutterwerden und Mutterverlust.

Andrea Breth
* Rieden bei Füssen 31. Oktober 1952, deutsche Regisseurin

Jayne Anne Phillips
* Buckhannon (West Virginia) 19. Juli 1952, amerikanische Schriftstellerin

Erstmals selbstständig Regie führte Breth 1975 am Bremer Theater, als sie noch Regieassistentin war. Über diverse Stationen kam sie 1986 an das Schauspielhaus Bochum, wo sie als eine der be- und geachtetsten Regisseurinnen arbeitete. 1902–1997 wirkte sie an der Berliner Schaubühne als künstlerische Leiterin, und seit 1999 führt sie Regie am Burgtheater in Wien.

Cristina Fernández de Kirchner
* La Plata (Buenos Aires) 19. Februar 1953, argentinische Politikerin

Als Cristina 1975 den Mitstudenten Nestor Kirchner heiratete, tat sie damit den entscheidenden Schritt zur politischen Karriere. Als Peronistin wurde sie 1997 Senatorin und führte 2003 erfolgreich den Wahlkampf für ihren Mann um die Präsidentschaft. Als er 2007 nicht mehr antrat, schaffte sie selbst den Wahlsieg und ist seit Ende des Jahres Staatspräsidentin.

Isabelle Huppert
* Paris 16. März
1953, französische
Schauspielerin

Schauspielschule, Theater, Film – typische
Stationen großer Stars. Huppert ist einer
davon, vor allem als ausdrucksvolle Darstellerin scheinbar schwacher Frauen, die
sich als willensstark entpuppen. Filme:
„Die Spitzenklöpplerin" (1977), „Malina"
(1990), „Madame Bovary" (1991), „Schule
des Begehrens" (1998), „8 Frauen" (2002),
„Geheime Staatsaffären" (2006).

Bereits während des Studiums der Visuellen
Kunst an der Universität ihrer Heimatstadt entwickelte Dumas vor allem Interesse an gemal-
ten oder gezeichneten Inszenierungen des
(weiblichen) Körpers. Sie emigrierte 1976 in die
Niederlande und nahm 1982 und 1992 an der
Kasseler documenta teil. Anfang 2009 widmete
ihr das New Yorker MOMA eine große Werk-
schau.

Benazir Bhutto
* Karatschi 21. Juni
1953, † Rawalpindi
27. Dezember 2007,
pakistanische Politi-
kerin

Marlene Dumas
* Kapstadt 1953,
südafrikanische
Künstlerin

Die Hinrichtung des Vaters 1979 schreckte
Bhutto nicht davon ab, 1983 die Führung seiner
Pakistan People's Party (PPP) zu übernehmen.
Trotz Hausarrest und Exil bis 1986 gewann sie
die Wahlen 1988 und war bis 1990, erneut 1993–
1996, als erste Frau in einem islamischen Land
Regierungschefin. 1999–2007 erneut im Exil,
fiel sie nach ihrer Rückkehr während des Wahl-
kampfes einem Anschlag zum Opfer.

Nan Goldin
* Washington
12. September 1953,
amerikanische Foto-
grafin

Mit 14 der Schock des Selbstmords ihrer älteren Schwester, später Drogenkarriere – Goldin kennt das Leben von ganz unten und dieses Leben ist oft Thema ihrer Fotoserien. Besonders bekannt wurde die mehrmals ausgestellte Diashow „Die Ballade von der sexuellen Hörigkeit" mit Bildern von illusionsloser Offenheit, die auch vor Gewalt und Tod nicht Halt macht.

Die promovierte Philosophin Germain arbeitete im Kulturministerium und war 1986–1993 Lehrerin an der französischen Schule in Prag, wo sie den Kollaps der kommunistischen Herrschaft erlebte. Sie schrieb Romane und Erzählungen über Menschen am Rand der Gesellschaft: „Das Medusenkind" (1991), „Der König ist nackt" (1993), „Sara in der Nacht" (1998), „Magnus" (2005).

Sylvie Germain
* Châteauroux
(Champagne)
8. Januar 1954, fran-
zösische Schriftstel-
lerin

Aus der kindlichen Lust an Verkleidung und Schminken entstand bei Sherman die Idee zur Selbstinszenierung vor der Kamera. Schon vor dem Kunststudium nahm sie Fotoserien auf und zog die Bilder großformatig ab. Später suchte sie die Folgen des hypnotisch-voyeuristischen männlichen Blicks für den weiblichen Körper zu ergründen. Sie arbeitet auch als Modefotografin.

Cindy Sherman
* Glen Ridge (New Jersey) 19. Januar 1954, amerikanische Fotografin

Oprah Winfrey
* Kosciusko (Missis-
sippi) 29. Januar
1954, afroamerika-
nische TV-Moderato-
rin

Winfrey schrieb ihren Vornamen rück-
wärts und machte aus „Harpo" eine so
erfolgreiche TV-Produktionsfirma, dass sie
inzwischen Milliardärin ist. Mit der nach
ihr benannten Talkshow ist sie die erfolgreichste Interviewerin der USA; ihre seit
1984 laufenden Sendungen haben stets
mehr als 20 Millionen Zuschauer in aller
Welt. Ihr TV-Buchklub hat großen Einfluss.

Jane Campion
* Wellington
30. April 1954,
neuseeländische
Regisseurin

Aufmerksamkeit erregte Campion mit
ihrem Film „Ein Engel an meiner Tafel"
(1990), in dem sie das Leben einer seelisch
kranken Schriftstellerin schildert. Der
Durchbruch gelang ihr mit dem anrühren-
den Drama „Das Piano" (1993) über eine
Klavierspielerin, die ihre Sprache wieder-
findet. Campion erhielt dafür die Goldene
Palme in Cannes und den Oscar für das
beste Drehbuch.

Angela Merkel
* Hamburg 17. Juli 1954, deutsche Politikerin

Noch im Geburtsjahr von Merkel ging die Pastorenfamilie in die DDR, wo Angela Physik studierte, in diesem Fach auch promovierte und sich in den 1980er-Jahren in der Bürgerrechtsbewegung engagierte. Nach der Wende in die CDU eingetreten, wurde sie in den Bundestag gewählt, war Ministerin und stieg 2000 zur Parteivorsitzenden auf. 2005 wurde sie Bundeskanzlerin (Große Koalition mit der SPD).

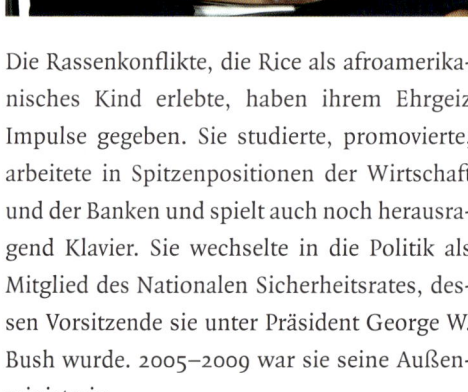

Condoleezza Rice
* Birmingham (Alabama) 14. November 1954, amerikanische Politikerin

Die Rassenkonflikte, die Rice als afroamerikanisches Kind erlebte, haben ihrem Ehrgeiz Impulse gegeben. Sie studierte, promovierte, arbeitete in Spitzenpositionen der Wirtschaft und der Banken und spielt auch noch herausragend Klavier. Sie wechselte in die Politik als Mitglied des Nationalen Sicherheitsrates, dessen Vorsitzende sie unter Präsident George W. Bush wurde. 2005–2009 war sie seine Außenministerin.

Ornella Muti (eigentlich Francesca Rivelli)
* Rom 9. März 1955, italienische Schauspielerin

Sie muss etwas vom Lolita-Typ gehabt haben: Schon mit 14 bekam die katzenäugige Muti einen großen Auftritt in „Recht und Leidenschaft". Seitdem war sie in fast 100 Rollen auf der Leinwand zu sehen: „Die letzte Frau" (1976), „Die gezähmte Widerspenstige" (1980), „Eine Liebe von Swann" (1984), „Chronik eines angekündigten Todes" (1987), „Hotel" (2001).

Das Studium der Wirtschaftswissenschaften war Versace weniger wichtig als die Besuche im Atelier des Bruders Gianni. Nach dem Examen wollte sie eigentlich als PR-Frau in sein Mode-Unternehmen eintreten, übernahm dann aber auf seine Bitte eine Modelinie, sodass ihr bei seinem Tod 1997 die Führung des Hauses zufiel. Ihre Kreationen sind immer wieder Sensationen.

Donatella Versace
* Reggio di Calabria
2. Mai 1955, italienische Modeschöpferin

Isabelle Adjani
* Paris 27. Juni 1955, französische Schauspielerin

Ihre Karriere begann auf der Bühne, zu der Adjani nach vielen Erfolgen auf der Leinwand in den letzten Jahren immer wieder zurückkehrte. Weltweit bekannt aber wurde sie durch Rollen in Filmen wie „Die Geschichte der Adèle H." (1975), „Ein mörderischer Sommer" (1983), „Camille Claudel" (1988), „Diabolisch" (1996), „M. Ibrahim und die Blumen des Koran" (2003).

Ángela Molina (eigentlich Ángela Tejedor)
* Madrid 5. Oktober 1955, spanische Schauspielerin

Mit dem Film „Dieses obskure Objekt der Begierde" (1977) verhalf ihr Regisseur Buñuel zum Durchbruch. Seither gehört Molina zu den beliebtesten Stars in Spanien. Zu sehen war sie in „Die Augen, der Mund" (1982), „Die Braut war wunderschön" (1986), „1492 – Die Eroberung des Paradieses" (1992), „Nero – Die dunkle Seite der Macht" (2004), „Das Haus der Lerchen" (2007).

Anne Geddes
* Queensland (Australien) September 1956, australisch-neuseeländische Fotografin

Sie hat den Niedlichkeitsblick: Geddes glückten ohne Ausbildung mit einfacher Kamera herzige Baby- und Kleinkinderfotos. Die allgemeine Begeisterung darüber ermutigte sie zur Herausgabe von Kalendern, Ansichtskarten und Büchern mit inzwischen hochprofessionell arrangierten Schnappschüssen; deutsche Buchtitel: „Willkommen" (2000), „Drunten im Garten" (2004).

Seit 1973 nahm Navratilova an Profi-Tennisturnieren teil und gewann alle bedeutenden bis zu ihrem Rücktritt 2006. So lange hat wohl keine andere Spitzenspielerin durchgehalten. Mit 55 Grand-Slam-Siegen und 331 Wochen auf Platz 1 der Weltrangliste ist sie eine der erfolgreichsten Spielerinnen der Tennis-Geschichte. Allein in Wimbledon hat sie insgesamt neun Titel gewonnen. In den 1980er-Jahren outete sie sich als lesbisch und nahm die amerikanische Staatsbürgerschaft an.

Eileen Collins
* Elmira (New York) 19. November 1956, amerikanische Astronautin

Martina Navratilova
* Revnice bei Prag 18. Oktober 1956, tschechisch-amerikanische Tennisspielerin

Kaum hatte die US-Luftwaffe 1976 angekündigt, auch Frauen könnten sich nunmehr zu Pilotinnen ausbilden lassen, bewarb sich Collins, wurde angenommen und konnte mit einem Stipendium der Air Force Mathematik studieren. Als geprüfte Testpilotin ging sie 1990 zur NASA und wurde zur Raumfahrerin ausgebildet. 1993, 1997, 1999 und 2002 nahm sie an Shuttle-Flügen teil.

Shirin Neshat
* Qazvin (Nordiran)
26. März 1957, irani-
sche Künstlerin

Der kritische Blick von Neshat galt schon in den Anfängen als Fotografin der Lage der Frauen in der muslimischen Welt. Sie durfte in den USA Kunst studieren und blieb zunächst dort. 1990 kehrte sie in die Heimat zurück, konnte sich ans Klima unter dem Mullah-Regime aber nicht gewöhnen und erarbeitete ihre Videoinstallationen („Rapture", 1999) wieder in New York.

Susanna Tamaro
* Triest 12. Dezember
1957, italienische
Schriftstellerin

Ursprünglich strebte Stone eine Model-Karriere an, wurde aber von Woody Allen entdeckt und hatte 1980 in seinem Film „Stardust Memories" den ersten Kino-Auftritt. Ihr blendendes Aussehen brachte ihr weitere Rollen, wobei sie besonders in Verhoevens Erotikthriller „Basic Instinct" gefeiert wurde. Weniger Erfolg hatte sie in „Beautiful Joe" (2000) oder „Catwoman" (2004).

Sharon Stone
* Meadville (Pennsylvania) 10. März 1958,
amerikanische
Schauspielerin

Dass eine so junge Autorin wie Tamaro 1994 das Brieftagebuch einer alten Frau so einfühlsam schreiben konnte, das wirkt tief anrührend: „Geh, wohin dein Herz dich trägt" wurde zum Bestseller und gab auch weiteren Romanen Schub: „Anima Mundi" (1997), „Antworte mir" (2001), „Draußen" (2003), „Erhöre mein Flehen" (2006), „Luisito – eine Liebesgeschichte" (2008).

Francesca Woodman
* Denver (Colorado) 3. April 1958, † New York 19. Januar 1981, amerikanische Fotografin

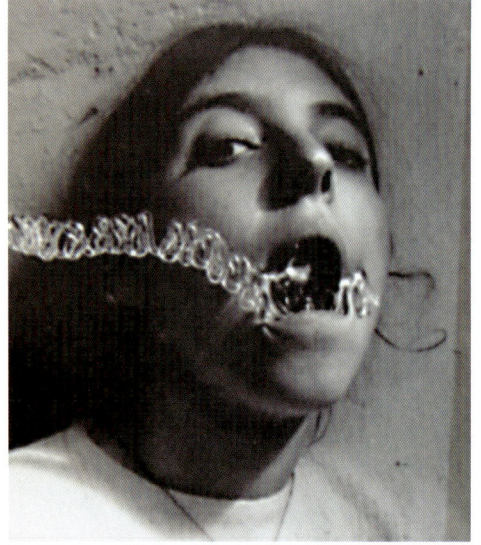

So schmal das Werk, das Woodman in wenigen Lebensjahren schuf, so intensiv sprechen die Bilder zum Betrachter. Es geht meist um sie selbst als Teil des abgelichteten Raums, in dem sie zuweilen fast ganz aufzugehen scheint. Mit Mehrfach- und Dauerbelichtungen erzielte sie fesselnde Effekte, die Ängste ahnen lassen. Sie sprang von einem Hochhaus aus dem Leben.

Madonna (eigentlich Madonna Louise Ciccone)
* Bay City (Michigan) 16. August 1958, amerikanische Popsängerin und Schauspielerin

Ihre Songs sind kaum zu zählen, ihre Auszeichnungen ebenso wenig. Mit einem sicheren Gespür für Öffentlichkeitswirkung inszeniert sich Madonna immer wieder neu als Pop-Ikone und weiß auch ihr Privatleben einzubeziehen. Mit Auftritten als sie selbst im Film „Im Bett mit Madonna" (1991) oder als „Evita" (1996) hat sie auch das Kinopublikum erobert.

Ob sie noch Trauungen vornehmen könne, da doch ihre eigene Ehe 2007 gescheitert sei, wird Käßmann oft gefragt. Sie bekennt sich dann zur Fehlbarkeit manchmal gerade der kirchlichen Amtsträger. Das hat die Glaubwürdigkeit der seit 2002 amtierenden Bischöfin der Landeskirche Hannover gestärkt. Ihre Mahnung zum Umsetzen von Christi Lehre im Alltag findet Gehör.

Margot Käßmann
* Marburg 3. Juni 1958, deutsche evangelische Theologin

In einem Land, in dem die Pressefreiheit staatlich stark eingeschränkt ist, blieb Politkowskaja unabhängig. Ihre Berichte über den Tschetschenien-Krieg standen im Widerspruch zu den Aussagen staatlich kontrollierter Organe und meldeten Verbrechen und Korruption der russischen Armee und den verbündeten tschetschenischen paramilitärischen Gruppen. Sie wurde vor ihrer Wohnung im Hausflur erschossen.

Anna Politkowskaja
* New York 30. August 1958, Moskau 7. Oktober 2006, russische Journalistin

Als Kinderbuchillustratorin bejahte Funke bald die Frage, ob sie nicht auch die Texte verfassen könnte, und schrieb seit 1993 die Reihen „Die Gespensterjäger" und „Die wilden Hühner" sowie die Trilogie „Tintenherz", „Tintenblut", „Tintentod" (2003–2007). Der internationale Durchbruch gelang ihr 2000 mit „Herr der Diebe"; Weltauflage aller Titel über zehn Millionen. „Tintenherz" wurde 2008 von Hollywood verfilmt.

Cornelia Funke
* Dorsten (Westfalen) 10. Dezember 1958, deutsche Schriftstellerin

Rigoberta Menchú Tum
* Chimel 9. Januar 1959, guatemaltekische Politikerin

Penible Forscher wiesen der indianischstämmigen Menchú Tum in ihrer Autobiografie aufgebauschte Gräuelgeschichten nach. Dennoch erhielt sie 1992 für ihren Einsatz für die unterdrückten Indios und für die Bauern den Friedensnobelpreis zu Recht. In ihrem Buch sind tiefe kollektive Traumata verarbeitet. 2007 bewarb sie sich erfolglos um die Präsidentschaft.

Beim Bayerischen Rundfunk begann Meyer ihre Laufbahn. 1983 wurde sie als eine der ersten Frauen Mitglied der Berliner Philharmoniker, worüber es Streit zwischen Orchester und Dirigent Herbert v. Karajan gab. Meyer ging, gründete ein eigenes Trio, war als Solistin freischaffend tätig und rief 1988 ein Bläserensemble ins Leben. Seit 1993 ist sie Professorin an der Musikhochschule Lübeck.

Sabine Meyer
* Crailsheim 30. März 1959, deutsche Klarinettistin

Zeruya Shalev
* Kibbuz Kinneret (Galiläa) 13. April 1959, israelische Schriftstellerin

Autobiografische Züge haben ihre Romane geprägt: Shalev studierte nach ihrer Militärzeit, arbeitete als Lektorin und veröffentlichte 2000–2004 die auch verfilmte Trilogie „Liebesleben", „Mann und Frau" und „Späte Familie" über das Scheitern von Ehen, die nachfolgenden Krisen und die Chancen für einen Neuanfang. 2006 erschien der Roman „Mamas liebster Junge".

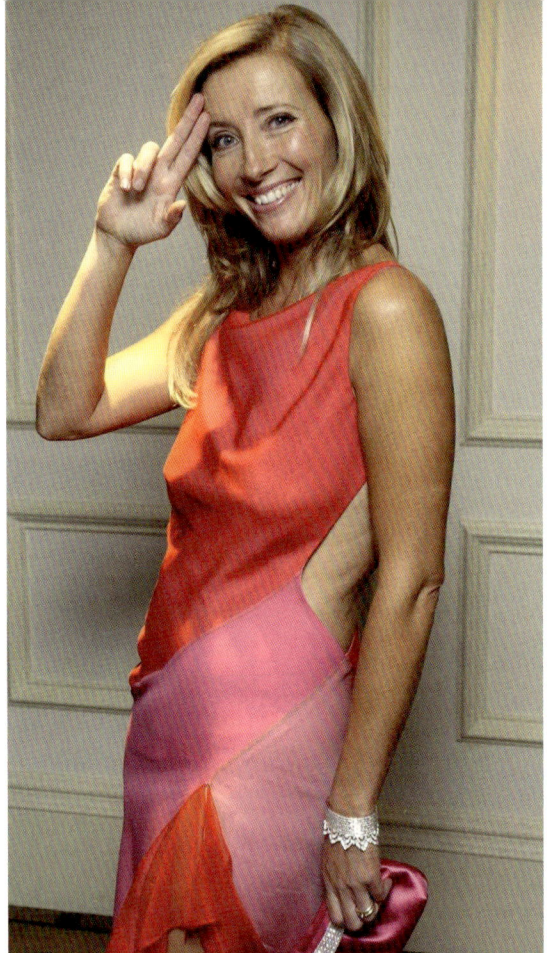

Emma Thompson
* London 15. April
1959, englische
Schauspielerin

Von wegen „kühle Britin" – wer Thompson in der Shakespeare-Verfilmung „Viel Lärm um Nichts" (1993) gesehen hat, der denkt eher an südländisches Temperament. Die Vollblutschauspielerin überzeugt vor allem als reife Schönheit in Filmen wie „Wiedersehen in Howards End" (1991, Oscar), „Was vom Tage übrig blieb" (1993), „Sinn und Sinnlichkeit" (1995, auch Drehbuch, Oscar dafür).

Man warnt gern vor frühem Ruhm; Reza hat er nicht geschadet. Gleich für ihr erstes Stück „Gespräche nach einer Beerdigung" (1987) erhielt sie begeisterten Beifall. Zu internationalen Erfolgen wurden „Kunst" (1994), „Der Mann des Zufalls," (1995), „Dreimal Leben" (2000), „Der Gott des Gemetzels" (2006). Sie schreibt auch Romane („Eine Verzweiflung", 1999).

Julija Tymoschenko
* Dnjepropetrowsk
27. November 1960,
ukrainische Politike-
rin

Yasmina Reza
* Paris 1. Mai 1959,
französische Drama-
tikerin

Die Wirtschaftsingenieurin Tymoschenko gründete mit ihrem Mann 1988 einen Videoverleih, stieg dann ins Ölgeschäft ein und wurde 1995 Chefin der Vereinigten Energiesysteme der Ukraine. 1999 folgte die Ernennung zur Ministerin für Energiefragen. 2004 berief sie Präsident Juschtschenko zur Regierungschefin, entließ sie 2005 wieder und ernannte sie Ende 2007 erneut.

Vom dämonischen Schauspiel-Vater Klaus Kinski hat sie das Talent, den Liebreiz eher von der Mutter, die als „Brigitte Bardot von Berlin" galt. Nastassjas Karriere begann denn auch rasant mit dem gern wiederholten TV-Krimi „Tatort – Reifeprüfung" (1977), dem Polanski-Film „Tess" (1979) und „Paris, Texas" (1984) von Wim Wenders. Später wurde es stiller um sie.

Diana, ursprünglich Diana Frances Spencer, genannt „Lady Di"
* Sandringham (Norfolk) 1. Juli 1961, † Paris 31. August 1997, Princess of Wales

Nastassja Kinski
* Berlin 24. Januar 1961, deutsche Schauspielerin

Die Hochzeit mit Kronprinz Charles von England 1981, die Geburt der Söhne William und Harry, Trennung 1992 und Scheidung 1996 beschäftigten ganze Heere von Klatschreportern. Der Tod aber der extrem populären Diana löste eine weltweite Trauerwelle aus, die sogar die Queen dazu zwang, sich vor der bis dahin eher abgelehnten „Königin der Herzen" zu verneigen.

Arundhati Roy
* Shillong (Assam) 24. November 1961, indische Schriftstellerin

Roy studierte Architektur, wurde Schauspielerin und arbeitete als Journalistin. Die Christin syrischer Abstammung trat 1997 mit dem Roman „Der Gott der kleinen Dinge" hervor, der ein Riesenerfolg, in der Heimat aber als „unmoralisch" angefeindet wurde. In Essays vertiefte sie ihre Kritik an Kastenwesen und Frauenunterdrückung („Wahrheit und Macht", 2004).

Ingrid Betancourt
* Bogotà 25. Dezember 1961, kolumbianische Politikerin

Die Grünen-Politikerin bewarb sich 2002 um die Präsidentschaft, wurde aber noch vor dem Urnengang von marxistischen FARC-Rebellen entführt. Alle Bemühungen um Freilassung waren vergebens. Erst 2008 gelang es einem Armeekommando, Betancourt und 14 weitere Geiseln in einem Handstreich zu befreien. Restzweifel an der Heldenversion ließen sich nicht ganz ausräumen.

Für ihre Ermordung wurden Preisgelder ausgesetzt, die Armee musste zu ihrem Schutz ausrücken: Nach der Veröffentlichung des Romans „Scham" (1993), in dem sie die Unterdrückung der Frauen und der Nichtmuslime in der islamischen Gesellschaft anprangerte, musste Nasrin ins Exil fliehen. 2000 erschien ihre autobiografische Erzählung „Das Mädchen, das ich war".

Taslima Nasrin
* Mymensingh 25. August 1962, bangladeschische Ärztin und Schriftstellerin

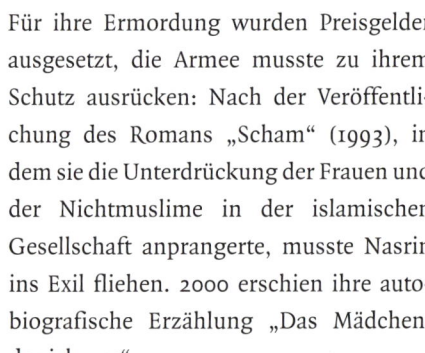

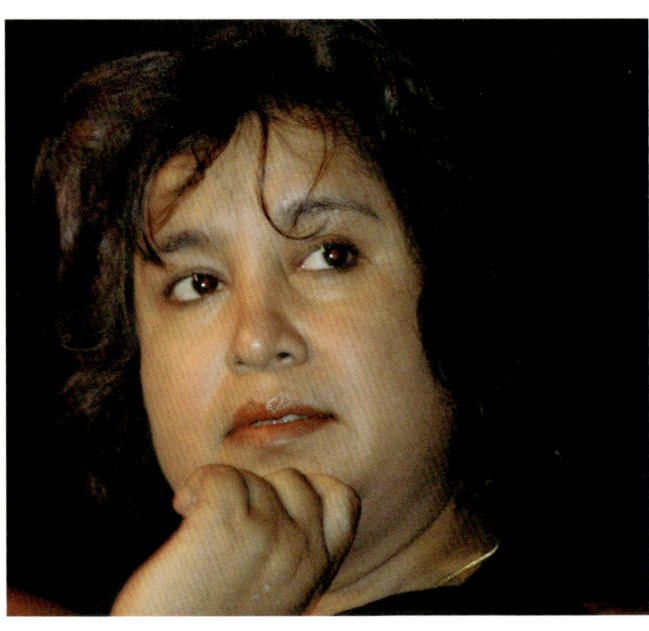

Jodie Foster
* Los Angeles 19. November 1962, amerikanische Schauspielerin und Regisseurin

Bereits die dreijährige Foster wurde zu Werbezwecken abgelichtet. Da war die Karriere natürlich programmiert. Nach einigen TV-Auftritten folgte die Filmlaufbahn als Charakterdarstellerin: „Taxi Driver" (1976), „Das Schweigen der Lämmer" (1991), „Nell" (1994), „Anna und der König" (1999). Regie führte sie unter anderem 1995 im Film „Familienfest und andere Schwierigkeiten".

Helen Hunt
* Los Angeles 15. Juni 1963, Amerikanische Schauspielerin und Regisseurin

Nach Fernsehfilmen und -serien kam das große Kino. Ihr größter Erfolg war der Gewinn des Oscars 1998 für die weibliche Hauptrolle in „Besser geht's nicht" (1997). Hier spielte sie an der Seite von Jack Nicholson eine alleinerziehende Kellnerin, die sich trotz aller Gegenwehr in einen zwangsneurotischen Schriftsteller verliebt.

Herbert v. Karajan entdeckte das Talent der 13-jährigen Mutter, förderte sie und war auch ihr Dirigent beim Salzburger Debüt 1977 mit Mozarts G-Dur-Konzert. Überhaupt Mozart: Sein gesamtes Werk für Geige nahm sie 2005 mit den Londoner Philharmonikern auf. Weitere Schwerpunkte sind Barock, Romantik und zeitgenössische Kompositionen.

Ute Lemper
* Münster 4. Juli 1963, deutsche Tänzerin, Sängerin und Schauspielerin

Anne-Sophie Mutter
* Rheinfelden 29. Juni 1963, deutsche Geigenvirtuosin

Nach dem Bühnentanzstudium in Köln und Wien trat Lemper in diversen Musicals auf: „Cats", „Der blaue Engel", „Cabaret", „Starlight Express". Für die weibliche Hauptrolle im „Glöckner von Notre Dame" (1996) übernahm sie die Gesangsparts. Sie tritt auch mit Solonummern und Sologesang auf, wobei sie gern Brecht-Texte zur Musik von Kurt Weill oder klassische Schlager vorträgt.

Mit über 250 Millionen verkauften Tonträgern ist Houston nach Madonna die zweiterfolgreichste Sängerin der Gegenwart. Die ersten Aufnahmen stammen von 1977, als das Mädchen 14 Jahre alt war, aber bereits als Stimmwunder galt. Auszeichnungen und erste Plätze auf den Hitlisten sind seitdem kaum zu zählen. „Bodyguard" (1992) und „Begegnung mit einem Engel" (1995) sind zwei ihrer Filme.

Whitney Houston
* East Orange (New Jersey) 9. August 1963, amerikanische Sängerin und Schauspielerin

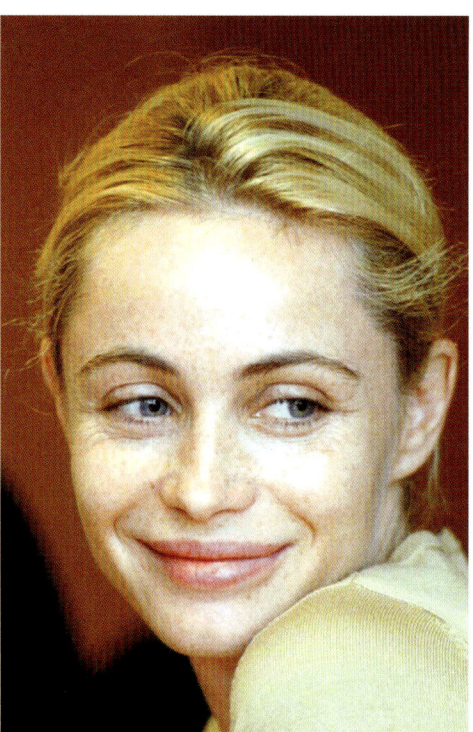

Emmanuelle Béart
* Gassin (Côte d'Azur) 14. August 1963, französische Schauspielerin

Als Au-pair-Mädchen in Montreal wurde Béart 1982 von Regisseur Robert Altman für den Film entdeckt. Bereits 1987 gewann sie in der freizügigen Marcel-Pagnol-Verfilmung „Manons Rache" den französischen Filmpreis. 1991 sorgte sie als „Die schöne Querulantin" international für Furore. Weitere Rollen in „Ein Herz im Winter" (1992), „Die Hölle" (1994), „8 Frauen" (2002).

Aus sehr einfachen Verhältnissen stammend, arbeitete Obama sich nach oben: In der Schule übersprang sie eine Klasse wegen hervorragender Leistung, sie studierte und promovierte in Princeton und Harvard und arbeitete danach in einer Kanzlei, später in verantwortungsvoller Position bei der Stadtverwaltung. Obama ist die erste afroamerikanische First Lady der USA.

Michelle Obama
* Chicago 17. Januar 1964, amerikanische Juristin und First Lady

Juliette Binoche
* Paris 9. März 1964, französische Schauspielerin

Aus einer Künstlerfamilie stammend, begann Binoche früh am Theater. Bis heute drehte sie zahlreiche erfolgreiche Filme, in denen sie durch Natürlichkeit und Offenheit besticht: „Die Liebenden von Pont Neuf" (1991), „Verhängnis" (1992), „Der englische Patient" (1996, Oscar), „Chocolat" (2000).

Tracy Chapman
* Cleveland (Ohio)
30. März 1964,
afroamerikanische
Sängerin

Schlagartig bekannt wurde Chapman 1988 bei der Feier zum 70. Geburtstag von Nelson Mandela im Londoner Wembley-Stadion. Sie sprang spontan für einen ausgefallenen Kollegen ein und begeisterte mit Lied und Gitarrenspiel. Mit gesellschaftskritischen Texten zu Folk-Rock-Musik wurde sie Botschafterin von Amnesty International. Ende 2008 tourte sie durch Europa.

Schon als Schülerin lebte Yoshimoto in „wilder Ehe" und kümmerte sich nicht um Konventionen. Ebenso halten es die Frauen in ihren Erzählungen, die vielleicht gerade deswegen zu Auflagenrennern geworden sind: „Kitchen" (1988), „Vollmond" (1988), „Dornröschenschlaf" (1989), „Lizard" (1993). Yoshimoto schrieb auch die Romane „Tsugumi" (1989, verfilmt) und „N.P." (1990).

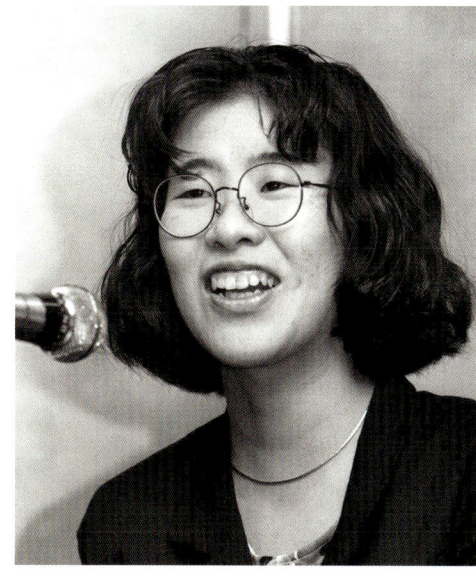

Banana Yoshimoto
* Tokio 24. Juli 1964,
japanische Schrift-
stellerin

Joanne K. (Kathleen) Rowling
* Yate bei Bristol
31. Juli 1965, engli-
sche Schriftstellerin

Viele Verlage lehnten das erste „Harry-Potter"-Manuskript von Rowling ab, und der Verlag, der es schließlich 1998 brachte, riet ihr, sich einen Job zu suchen, weil sie von Kinderbüchern nicht leben könne. Inzwischen hat Rowling von den von vornherein geplanten sieben Romanen über den angehenden Zauberer und seine Abenteuer 325 Millionen Exemplare in 60 Sprachen verkauft und ist Milliardärin.

Kennedy versteht es, alle Register zu ziehen von zart-getuscht bis drastisch-obszön und märchenhaft-fantastisch, wenn sie von Sehnsucht und Liebe, Sterben und Hoffnung erzählt. Von den Romanen seien genannt: „Einladung zum Tanz" (1993), „Gleißendes Glück" (1999), „Alles was du brauchst" (2002), „Also bin ich froh" (2004), „Paradies" (2005), „Day" (2007).

Alison Louise Kennedy
* Dundee 22. Oktober
1965, schottische
Schriftstellerin

**Björk
Gudmundsdóttir**
* Reykjavik
21. November 1965,
isländische Sängerin,
Komponistin und
Schauspielerin

Die nur mit ihrem Vornamen genannte Björk studierte in ihrer Heimatstadt Musik, machte mit zwölf erste Plattenaufnahmen, gründete mehrere Bands und ging auf Tourneen. 1992 begann sie eine Solokarriere, schrieb eigene Texte und eine ganz eigene Art von Musik. 2004 sang sie zur Eröffnung der Olympischen Spiele in Athen. Beachtliche Schauspielkunst zeigte sie im Film „Dancer in the Dark" (2000).

**Katarina („Kati")
Witt**
* Staaken (heute
Berlin-S.) 3. Dezember 1965, deutsche
Eiskunstläuferin

Sie wurde acht Mal DDR-, fünf Mal Europa- und vier Mal Weltmeisterin. 1984 und 1988 holte sie Gold bei Olympia und wurde als „das schönste Gesicht des Sozialismus" gepriesen. Aufgrund der Popularität genoss sie alle Freiheiten und konnte nach ihrer Amateurlaufbahn bei Eisrevuen als Profi auftreten. 1994 erschienen ihre Memoiren „Mein Leben zwischen Pflicht und Kür".

Vor der von der Familie geplanten Verheiratung mit einem uralten Mann floh Dirie nach Mogadischu, wurde von einem Onkel nach London gebracht, arbeitete als Model und erregte mit dem Buch „Wüstenblume" (1998) weltweit Aufmerksamkeit. Darin berichtete sie vom Trauma ihrer Beschneidung 1970. Weitere Titel: „Nomadentochter" (2002), „Schmerzenskinder" (2005).

Waris Dirie
* Somalia 1965, englisch schreibende
somalische Autorin

Cecilia Bartoli
* Rom 4. Juni 1966,
italienische Sängerin
(Mezzosopran)

Beide Eltern Opernsänger, da war die Laufbahn von Bartoli vorgezeichnet, die Flamenco-Tänzerin hatte werden wollen. Sie ließ sich von der Mutter davon überzeugen, dass die Opernbühne ihre wahre Heimat sei. Schon 1988 wurden große Dirigenten wie Karajan oder Barenboim auf sie aufmerksam. Vor allem als Mozart- und Rossini-Interpretin schätzt sie das Publikum.

Als erste Farbige bekam Berry 2002 für ihre Rolle als Leticia in „Monster's Ball" einen Oscar als beste Hauptdarstellerin. Mit ihrem unbändigen Ehrgeiz, angestachelt durch rassistische Anfeindungen in der Jugend, hatte sie den Durchbruch nach einer Modelkarriere geschafft. Weitere Rollen in „Und ihre Augen schauten Gott" (2005), „Eine neue Chance" (2007).

Sinead O'Connor
* Glenageary bei
Dublin 8. Dezember
1966, irische Pop-
sängerin

Halle Berry
* Cleveland (Ohio)
14. August 1966,
amerikanische
Schauspielerin

Schon das erste Album von O'Connor „The Lion and the Cobra" (1987) ließ aufhorchen, denn da meldete sich eine markante Stimme. Das zweite „I do not want what I haven't got" (1990) eroberte die ersten Plätze der Hitlisten weltweit. Dann kam es zu Turbulenzen wegen radikaler politischer und religiöser Äußerungen. Ein überzeugendes Comeback ist ausgeblieben.

Altern wird ihr schwerfallen, denn Roberts bleibt für die meisten „Pretty Woman" (1990). Mit diesem Film wurde sie zum Superstar, und alle eindrucksvollen weiteren Auftritte wie in „Notting Hill" (1999) oder in „Erin Brockovich" (2000, Oscar) ändern am Image wenig. 2003 war sie im Historienfilm „Mona Lisas Lächeln" zu sehen und 2008 im Familiendrama „Zurück im Sommer". Sie ist eine der bestbezahlten Schauspielerinnen der Welt.

Julia Roberts
* Atlanta (Georgia) 28. Oktober 1967, amerikanische Schauspielerin

Schon mit dem zweiten Film „Elizabeth" (1998), in dem Blanchett die junge englische Königin aus dem 16. Jahrhundert spielt, war sie ganz oben angekommen. Und sie begeisterte erneut in der Fortsetzung „Elizabeth – Das goldene Königreich" (2007). Ihre Schönheit zog das Publikum auch ins Kino zu Filmen wie „Die Journalistin" (2003), „Tagebuch eines Skandals" (2006). In der „Der Herr der Ringe"-Trilogie (2001–2003) spielte sie die Elbenfrau Galadriel.

Cate Blanchett
* Melbourne 14. Mai 1969, australische Schauspielerin

Vanessa Beecroft
* Genua 25. April 1969, italienische Künstlerin

Beecroft studierte Architektur und Bühnengestaltung und stellt seit 1994 lebende Rauminstallationen aus, indem sie mehr oder meist weniger bekleidete Frauen, neuerdings auch Männer, in Museen oder Galerien gruppenweise arrangiert. Zum Ordnungsschema gehört, dass die Personen keinen Kontakt aufnehmen dürfen. Sie selbst agiert als Regisseurin im Hintergrund.

Stefanie („Steffi") Graf
* Mannheim 14. Juni 1969, deutsche Tennisspielerin

Das Bild eines Traumpaars: 1989 gewannen Graf und Boris Becker das Top-Turnier in Wimbledon und stellten sich beim Ball den Fotografen. Doch die erfolgreichste deutsche Tennisspielerin heiratete 2001 Andre Agassi, einen der erfolgreichsten amerikanischen Tennisspieler. 22 Grand-Slam-Titel hat sie gewonnen; sie stand 377 Wochen auf Platz 1 der Weltrangliste. Als einzige Spielerin bisher gewann sie – durch ihren Olympiasieg 1988 – den so genannten Golden Slam.

Ali tritt für Frauenrechte im Islam ein und damit für Selbstbestimmung der Frauen, ihr Recht auf Bildung und gegen die Klitorisbeschneidung. Den Film „Submission I" drehte sie mit Theo van Gogh, der daraufhin von militanten Muslimen ermordet wurde. Auch Ali erhält seitdem Morddrohungen und steht unter ständigem Personenschutz. Ihre oft pauschale Islamkritik ist nicht unumstritten. 2003–2006 war sie Mitglied des niederländischen Parlaments.

Ayaan Hirsi Ali
* Mogadischu
13. November 1969,
somalisch-nieder-
ländische Frauen-
rechtlerin

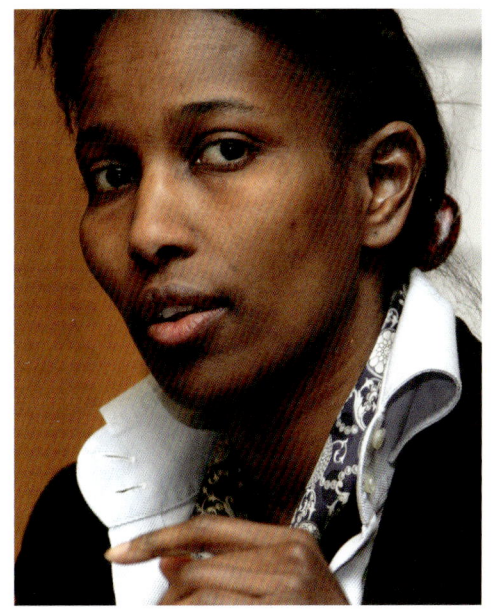

Uma Thurman
* Boston 29. April
1970, amerikanische
Schauspielerin

Die Tochter eines schwedischen Fotomodells und eines amerikanischen Professors für buddhistische Studien entzückte zunächst 1988 in „Gefährliche Liebschaften" an der Seite von John Malkovich und Glenn Close. Ihre stärksten Rollen gab ihr Quentin Tarantino als Gangsterbraut in „Pulp Fiction" (1994) und als kämpferische Rächerin in „Kill Bill I+II" (2003/2004).

Mia Hamm
* Selma (Alabama)
17. März 1972, ame-
rikanische Fußball-
spielerin

Fußball (Soccer) ist in den USA ein Stiefkind, und Frauenfußball hatte es weltweit schwer. Wenn er sich dennoch hat etablieren können, dann auch dank Hamm. Sie holte zwei Goldmedaillen bei Olympia und zwei WM-Titel. Mit 158 Toren für die Nationalmannschaft führt Hamm die Schützenlisten bei Männern wie Frauen weltweit an.

Penelope Cruz
* Alcobendas bei Madrid 28. April 1974, spanische Schauspielerin

Zunächst wollte Cruz Tänzerin werden, erhielt dann aber Rollen in Fernsehfilmen, die in eine Kino-Karriere mündeten. Im Film „Mit Haut und Haar" (1997) arbeitete sie erstmals mit Star-Regisseur Almodóvar. Im Jahr darauf verzauberte sie das Publikum als „Das Mädchen deiner Träume". Es folgten u.a. „Volver – Zurückkehren" (2003) und „Vicky Cristina Barcelona" (2008), für den sie 2009 den Oscar für die beste weibliche Nebenrolle erhielt.

Die begabteste der drei Polgár-Schwestern erreichte den Titel einer Großmeisterin früher als der geniale Bobby Fisher und nimmt nur an Herren-Turnieren teil. Sie lehrte sogar Weltmeister wie Karpow und Kasparow das Fürchten und entlarvte deren Macho-Gerede über weibliche Logik-Defizite. Sie steht auf Platz 27 der Männerrangliste, die der Frauen führt sie an.

Judit Polgár
* Budapest 23. Juli 1976, ungarische Schachspielerin

Kate Winslet
* Reading (Berkshire) 5. Oktober 1975, englische Schauspielerin

Nach Theater- und TV-Auftritten spielte Winslet 1994 erstmals in einem Film mit und wurde als Rose im Melodram „Titanic" (1997) weltberühmt. Die Grundlage hatte sie schon zwei Jahre zuvor in „Sinn und Sinnlichkeit" neben Emma Thompson gelegt. 2009 gewann sie den Oscar für die weibliche Hauptrolle in „Der Vorleser".

Birgit Prinz
* Frankfurt am Main
25. Oktober 1977,
deutsche Fußball-
spielerin

2003 bis 2005 war Prinz dreimal in Folge Welt-
fußballerin des Jahres. Nicht zuletzt auf ihre
Leistung ist es zurückzuführen, dass die deutsche Mannschaft das US-Frauenteam als Kicke-
rinnenvormacht hat ablösen können. Prinz trug
182 Mal das Nationaltrikot seit 1994, war 2003
und 2007 Weltmeisterin und mit ihrem Verein
1. FFC Frankfurt neun Mal deutsche Meisterin.

Hilary Hahn
* Lexington (Virginia)
27. November 1979,
amerikanische Vio-
linvirtuosin

Gern tritt Hahn als Solistin mit deutschen
Orchestern auf, stammen doch ihre Vorfahren
aus der Pfalz. So brachte sie Papst Benedikt XVI.
2007 zum 80. Geburtstag zusammen mit den
Stuttgarter Sinfonikern ein Ständchen. Seit
dem sechsten Lebensjahr gibt sie Konzerte
(inzwischen fast 1000), spielt Platten ein
(Mozart, Bach, aber auch Modernes) und macht
Filmmusik.

In London feierte die zwölfjährige Mae ihr
umjubeltes Debüt mit dem Violinkonzert von
Tschaikowski und brach danach zu ihrer ersten
Welttournee auf. Der Schwerpunkt ihrer Kunst
liegt zwar auf klassischen Kompositionen von
Barock bis Romantik, doch spielt sie auch
modernste Stücke, wofür sie ihre Guadagnini-
Geige mit einem elektrischen Instrument ver-
tauscht.

Vanessa Mae
* Singapur 27. Okto-
ber 1978, thailän-
disch-englische
Violinvirtuosin

Der Stern von Gabetta ging 1998 in München
auf, wo sie bei einem Wettbewerb ganz vorn landete. Sie studierte in Madrid, Basel, wo sie seit
2005 selbst unterrichtet, und Berlin. Ihrem
Guadagnini-Instrument aus dem 18. Jahrhundert entlockt die blonde junge Frau Kaskaden
warmer, leidenschaftlicher Töne. Ihre CDs (u.a.
Vivaldi, Schostakowitsch) sind hoch begehrt.

Sol Gabetta
* Córdoba 1981,
argentinische
Cellistin

Register

Bildnachweis

Interfoto: S. 10 o. li., 10 u. li., 11 o. re., 12 o. re., 12 u. li., 13 o. re., 13 u. li., 14 o. li., u. re., 16 o. li., 17 o. li., 17 o. re., 17 u. li., 18 o. li., 18 o. re., 25 u. re., 26 u. li., 26 u. re., 27 o. re., 29 o. li., 29 u. li., 29 u. re., 31 o. li., 31 u. re., 32 u. re., 35 o., 36 o. li., 37 o. li., 39 o. re., 40 o. li., 41 o. re., 43 o. re., 43 u., 48 u. re., 49 o. re., 49 o. li., 49 u., 50 o. re., 51 o. li., 52 o. re., 52 u., 53 o. li., 53 o. re., 53 u., 54 o. li., 54 u., 54 o. re., 55 u., 56 o., 56 u., 57 o. li., 57 o. re., 57 u., 58 o., 58 u. li., 59 u. li., 59 u. re., 60 u., 61 o. re., 61 o. li., 62 o. li., 62 o. re., 62 u. li., 63 u. li., 63 u. re., 64 u. re., 65 o. re., 65 u. re., 65 o. li., 66 u. li., 66 u. re., 67 o. li., 67 o. re., 67 u. li., 67 u. re., 68 o. li., 68 o. re., 68 u., 69 o. li., 69 o. re., 69 u., 70 u., 71 o., 71 u. re., 71 u. re., 72 o. li., 72 u., 73 u. li., 74 o., 74 u., 75 o. li., 75 u., 76 o., 76 u. li., 77 o. re., 77 u. li., 77 u. re., 78 o. li., 79 o. li., 79 u. li., 80 o. li., 80 o. re, 80 u., 81 o. li., 81 o. re., 82 o. li., 82 o. re., 83 o. li., 83 u., 84 o. re., 84 u., 85 o. re., 86 u. re., 86 o., 87 o., 87 u. re., 88, 89 o. re., 90 o., 90 u., 91 o. li., 91 o. re., 91 u., 92, 93 o., 93 u. re., 93 u. li., 94 o. li., 94 o. re., 94 u. re., 95 o. li., 95 o. re., 95 u., 96 o. re., 96 u. li., 97 o. li., 97 u., 98 o. re., 98 u., 99 o., 99 u. li., 99 u. re., 100 o. li., 100 u., 101 o. li., 101 u. li., 102 o., 103 u., 104 o. li., 104 u. re., 105 o. re., 107 o. li., 107 u., 108 o. re., 108 o. li., 109 o. re., 109 o. li., 110 u., 112 o. li., 112 o. re., 113 o. re., 117 o. re., 119 o. li., 119 o. re., 119 u., 121 o. re., 121 o. li., 121 u. li., 122 o. li., 122 u., 126 o., 126 u., 127 u. li., 128 o. li., 128 o. re., 128 u. li., 132 o. li., 132 u., 132 o. li., 133 o. re., 133 u. li., 134 o. li., 134 o. re., 135 o. li., 135 u., 136 o., 139 o. li., 140 o. li., 140 o. re., 141 o. re., 143 o. re., 146 o. li., 147 o. li., 147 o. re., 149 o. li., 149 o. re., 149 u., 151 u. li., 152 o. li., 152 u. li., 152 u. li., 154 o. li., 154 u., 155 o. re., 155 u. li., 156 o., 157 o., 159 u., 160 o. li., 160 u. li., 162 o. li., 162 u., 163 o. li., 163 o. re., 165 o. re., 165 u., 167 o., 168 u. re., 168 o., 169 o. li., 169 u., 170 o. re., 171 o. li., 171 o. re., 171 u., 172 o. li., 172 u., 173 o. li., 174 u., 175 u., 177 u., 178 o., 178 u. li., 180 u. li., 183 o. li., 183 u. re., 185 u. li., 187 o. re., 187 u. li., 188 o. li., 189 o. re., 190 o. re., 191 o., 192 o., 193 o. li., 194 u. li., 194 u. re., 197 u. re., 198 o. re., 198 u. li., 199 o., 199 u. re., 200 o. re., 200 u., 201 u., 202 o. li., 202 o. re., 203 o. re., 203 u. re., 204 o. re., 205 o. li., 206 o. li., 206 u. li., 207 o. li., 207 o. re., 207 u. re., 208 o. re., 208 o. li., 208 u. li., 209 o. re., 211 o. li., 211 u., 212 u., 213 o. re., 213 u., 217 o. re., 217 u., 219 o. li., 220 o. li., 220 u., 221 o., 222 o. li., 224 o. re., 224 u., 225 o., 225 u. li., 225 u. re., 226 u. li., 227 u. li., 228 u., 228 o., 230 o. li., 231 u. li., 223 o. li., 232 o. re., 233 o., 234 u., 234 o. re., 235 o. li., 237 o., 238 u. li., 239 u., 241 o. li., 241 u., 242 u., 243 o. li., 243 u., 244 o. li., 244 u., 246 o., 246 u. re., 247 o. li., 247 u., 249 u. re., 250 o. re., 250 u., 252 u., 255 o. li., 255 u. re., 259 u. li., 260 o. re., 260 o. li., 261 o. re., 261 u., 262 u. li., 262 o. li., 262 u. re., 265 u. re.266 o. li., 267 o. li., 270 o. li., 270 u., 271 o., 272 u., 273 o. li., 273 o. re., 275 o. li., 275 u. li., 275 u. re., 276 u. re., 276 o. re., 277 o. re., 277 u., 278 o., 278 u. re., 279 o. li., 280 u. li., 281 o. re., 281 o. li., 282 o. re., 283 u. li., 284 u. re., 289 u. li., 290 o. li., 291 o. li., 291 o. re., 292 u., 293 o., 293 u. li., 293 u. re., 295 o. li., 295 u., 296 u., 297 o., 301 o. li., 303 o. li., 304 u., 304 o. li 306 u., 307 o. li., 311 o., 312 u. li., 314 o. li., 314 u., 315 o. li., 317 u. li., 319 o. li., 321 o. li., 321 u., 323 u. li., 325 u. li., 326 u. li., 327 u. li., 331 o. re.

Picture alliance: S. 10 u. re., 11 o. re., 14 o. li., 15 o., 15 u., 16 o. re., 17 u. re., 19 o., 19 u., 20 o. re., 21 o. re., 21 u., 24 u. re., 26 o. li., 32 o., 33 o. li., 34 o., 36 o. re., 36 u., 37 u., 39 u., 40 o. re., 42 o. li., 42 o. re., 43 o. li., 44 o., 45 u. re., 45 u. li., 48 o., 48 u. li., 64 o., 65 u. li., 78 o., 87 u. li., 89 o., 100 o. re., 111 o. li., 111 o. re., 117 u. li., 123 u. li., 124 o., 139 o. li., 140 u., 144 o., 145 u. re., 148 o., 148 u., 153 o. re., 157 u. li., 159 o. li., 160 o. li., 166 o. re., 166 u., 169 o. re., 173 u., 175 o., 177 o. li., 178 u. re., 189 u., 190 o. li., 193 u. li., 193 u. re., 197 u. li., 198 o. li., 203 o. li., 205 u., 210 o. re., 210 u., 211 o. re., 214 u. re., 215 o. li., 216 o., 216 u. li., 216 u. re., 218 u. li., 219 o. re., 219 u., 221 u. li., 222 o. re., 223 o. re., 227 o., 227 u. re., 229 u., 230 o. li., 231 o. li., 231 o. re., 231 u. re., 233 u., 240 o., 242 o. li., 245 o., 246 u. li., 257 o. li., 258 o. re., 259 o. li., 259 u. li., 260 u., 261 o. li., 263 u. li., 265 o. li., 265 o. re., 266 u. li., 269 o. re., 273 u., 274 o. li., 275 o. re., 279 u. li., 284 u. li., 285 u. li., 287 u., 288 o. li., 289 u. re., 294 u. li., 297 u. li., 298 o. li., 300 o. re., 300 o. li., 301 u. li., 301 o. re., 302 o. li., 308 u. li., 309 u. re., 310 o. re., 312 u. re., 313 u. re., 318 u. re., 319 u. li., 322 u., 323 o., 324 o. li., 324 u. li., 325 o. li., 325 u. re., 327 o., 327 u. re., 329 o. li., 329, o. re., 329 u., 331 u. li., 331 u. re.

Sonstige Bildquellen: angelqueen.com: S. 251 o. re; AP: S. 240 u. li.; Auxilium Christianorum: S. 66 o.; Archiv der Theodor Kramer Gesellschaft: S. 152 o. re.; Arme Schwestern vom heiligen Franziskus: S. 98 o. li.; Artothek: S. 51 u.; artmembers: S. 318 o. li.; Beatrix Müller: S. 27 u. re., 28 u. re., 34 u. re., 82 u.; Butchokoy: S. 131 o. re.; Corbis: S. 179 o., 251 u. re., 276 u. li.; Chris Moyles: S. 134 u. li.; clearbrian: S. 264 o.; D. Cliff Kugoma: S. 126 u. li.; Dchristi: S. 64 u. li; filmpress: S. 252 o. li.; flickr: S. 257 o. re., 33 o. re., 26 u. re; getty images: S. 117 o. li., 138 o. re., 151 u. re., 180 o., 184 u. li., 185 u. re., 222 u. li., 236 u., 251 u. li., 268 o. re., 285 o. li.; Icarusfilms: S. 196 o.; KitBear: S. 28 u. li.; KitLKat: S. 156 o. li.; laif: S. 156 o. re., 212 o. re.; Lene Voigt Gesellschaft: S. 164 o. li.; Ligue Braille: S. 127 u. re.; Little Lime: S. 262 o. re.; Mark Manthey: S. 38 o. li.; Martin Roell: S. 25 o. li.; Narrative: S. 310 o. li.; Österreichisches Literaturarchiv: S. 250 o. li.; portable antiquities: S. 20 o. li.; Salvator-Missionen: S. 105 u.; Schwestern vom armen Kinde Jesus: S. 96 o. li.; Suhrkamp Verlag: S. 236 o. li.; Ullstein Bilderdienst: S. 116 o., 124 u., 131 o. li., 131 u. li., 133 o. li., 137 u. li., 153 o. li., 159 o. li., 172 o. li., 182 o. li., 184 o. re., 193 o. re., 205 u. re., 206 u. li., 230 o. re., 253 o. li., 256 u. re., 274 u.; Verlag Freies Geistesleben: S. 230 u. re.

Rest: Naumann & Göbel Verlagsgesellschaft mbH

Trotz sorgfältiger Recherche war es nicht möglich, die Rechteinhaber aller Abbildungen ausfindig zu machen. Wir bitten etwaige Rechtsnachfolger, sich bei uns zu melden.